U0707797

國家出版基金項目

唐仲英基金會資助項目

國家社會科學基金重大項目

日本京都大學藏珍稀漢籍十一種　册三　楊海崢　主編

附釋音春秋左傳註疏

〔西晉〕杜預　註
〔唐〕孔穎達　疏

北京大學出版社
PEKING UNIVERSITY PRESS

日本京都大學藏珍稀漢籍十一種　册三

目録

附釋音春秋左傳註疏 卷二七—卷三三

1005
東方文化學院京都研究所

附釋音春秋左傳註疏卷第二十七 成十一年盡十五年

杜氏註　孔穎達疏

經十有一年春王三月公至自晉正月公在晉不書諱見止

疏注正月至見止○正義曰襄二十九年正月公在楚傳曰釋不朝正于廟也彼以踰年故書正月公在楚此亦踰年不書正月公在晉者爲諱見止故正月不以告朝祭春秋上下公之在晉諱與不諱恐皆不書此言諱見止者以此兼有諱義故詳之也宣五年傳公如齊高固使齊侯止公請叔姬焉夏公至自齊書過也注云公既見止連昏於鄰國之臣厭尊毀列累其先君而於廟行飲之禮故書以示過宣七年公會晉侯云云于黑壤傳稱晉侯以公不朝又不聘止公于會不與公盟八年公至自晉注云義與五年書過同此亦見止還而告至但不言義與書過同者公實不貳於楚晉以無罪止公非所當諱故依法告至然則正月諱不告者正月公猶被執守臣若其告廟當云公被晉執故諱而不告公還不以爲恥故告至耳○晉侯使郤犨來聘己丑及郤犨盟

郤犫郤克從父兄弟○犫天由反○【疏】注郤犫至兄弟○正義曰案世本郤豹生冀芮芮生缺缺生克也又云豹生義義生步揚揚生州州即犫也如彼文則犫與克俱是豹之曾孫當爲從祖昆弟服虔以爲從祖昆弟杜云從父昆弟或父當是祖字誤耳○夏季孫行父如晉○秋叔孫僑如如齊○僑其驕反○○冬十月

傳十一年春王三月公至自晉晉人以公爲貳於楚故止公公請受盟而後使歸前年七月公如晉留至是乃得歸○○郤犫來聘且涖盟公請受盟故使大夫來臨之○涖音利又音類○聲伯之母不聘聲伯之母叔肸之妻不聘無媒禮○聘本亦作娉匹政反肸許乙反媒亡回反穆姜曰吾不以妾爲姒昆弟之妻相謂爲姒穆姜宣公夫人宣公叔肸同母昆弟○姒音似【疏】注昆弟之妻相謂爲姒○正義曰世人多疑娣姒之名皆以爲兄妻呼弟妻爲娣弟妻呼

兄妻爲姒因即惑於傳文不知所以爲說今謂母婦之號隨夫尊卑娣姒之名從身長幼以其俱來夫族其夫雖秩既同尊卑無以相加遂從身之少長喪服小功章曰娣姒婦報傳曰娣姒婦者弟長也以弟長解娣姒言娣是弟姒是長也公羊傳亦云娣者何弟也是其以弟解娣自然以長解姒長謂身之年長非夫之年長也釋親云長婦謂穉婦爲娣婦娣婦謂長婦爲姒婦止言婦之長穉不言夫之大小今穆姜謂聲伯之母爲姒昭二十八年傳叔向之嫂謂叔向之妻爲姒二者皆呼夫弟之妻爲姒豈計夫之長幼乎釋親又云女子同出謂先生爲姒後生爲娣孫炎云同出謂俱嫁事一夫也事一夫者以己生先後爲娣姒則知娣姒以己之年非夫之年也故賈逵鄭玄及杜注皆云兄弟之妻相謂爲姒言兩人相謂謂長者爲姒知娣姒之名不計夫之長幼也

生聲伯而出之嫁於齊管于奚生二子而寡以歸聲伯聲伯以其外弟爲大夫外弟管于奚之子爲魯大夫○而嫁其外妹於施孝叔孝叔魯惠公五世孫郤犨來聘求婦於聲伯聲伯奪施氏

婦以與之婦人曰鳥獸猶不失儷儷耦也○儷力計反

疏注儷耦也○正義曰禮記訓儷為兩皮言儷皮儷兩也故為耦子將若何曰吾不能死亡言不與郤犨懼能忿致禍○婦人遂行生二子於郤氏郤氏亡晉人歸之施氏施氏逆諸河沈其二子沈之於河○沈徐直蔭反注同一音如字婦人怒曰已不能庇其伉儷而亡之伉敵也○已音以又音紀庇必利反又音祕伉苦浪反

疏注伉敵也○正義曰伉者相當之言故為敵也伉儷者言是相敵之匹耦又不能字人之孤而殺之字愛也將何以終遂誓施氏約誓不復為之婦也傳言郤犨淫縱所以亡也○復扶又反下文注復出皆同○夏季文子如晉報聘且涖盟也郤犨文子交盟急以晉之君其意一也故經書求盟舉重略輕

疏注郤犨至略輕○正義曰晉自來盟

於魯魯臣往盟於晉俱是相要其意一也意既同矣可書一以包二宜舉重而略輕遣使爲輕君親爲重故郤犨書聘又書盟文子直書如晉略言其聘而已衛與隧難以爲他卿來敵魯君春秋所諱魯卿出敵他國顯書名氏則是郤犨來盟爲輕行又盟晉侯爲重公書郤犨之盟則是舉輕略重何得云舉重略輕蘇氏釋云所言輕重者自謂魯之君臣盟爲輕君盟爲重二國各稟君命奉使而行非關敵公之義其意不同不得相難。○周公楚惡惠襄之偪也惠王襄王之族○惡烏路反且與伯與爭政伯與周卿士○伯與音餘本亦作與不勝怒而出及陽樊陽樊晉地王使劉子復之盟于鄄而入三日復出奔晉王既復之而復出奔以自絕於周爲明年書周公出奔傳鄄周邑○鄄音絹○秋宣伯聘于齊以脩前好鞌以前之好○好呼報反注同○晉郤至與周爭鄇田鄇溫別邑今河內懷縣西南有鄇人亭○鄇音侯字林音候鄇人本又作候人如字王命劉康公單襄公訟諸晉郤至曰温吾故也故不敢失言温郤氏舊邑○單音善〔疏〕注言温郤氏舊邑○正義曰郤是温之別邑本從温内分出温屬晉郤屬周温是郤氏舊邑郤氏既已得温則謂從温而分出者亦宜從温而屬郤氏故郤至爭之其劉子單子之言襄王勞文公而賜之温於時郤已分矣賜晉以温不賜以郤也狐氏陽氏先處温邑於時亦不得郤郤本未嘗屬晉故爲王官之邑○劉子單子曰昔周克商使諸侯撫封各撫有其封内之地蘇忿生以温爲司寇與檀伯達封于河蘇忿生周武王司寇蘇公也與檀伯達俱封於河内○檀徒丹反○〔疏〕注蘇忿生公也○正義曰尚書立政云周公若曰大史司寇蘇公此傳與彼俱言蘇公爲司寇明是一人此言克商即爲司寇是爲武王司寇蘇氏即狄又不能於狄而奔衛事在僖十年襄王勞文公而賜之温在僖二十五年○勞力報反■狐氏陽氏先處之狐溱陽處父先食温地○溱側巾反而後及子若治其

故則王官之邑也子安得之晉侯使郤至勿敢爭傳言郤至貪所以亡。宋華元善於令尹子重又善於欒武子聞楚人既許晉糴茷成而使歸復命矣在往年。蕈尸沈反冬華元如楚遂如晉合晉楚之成爲明年盟宋西門外張本。秦晉爲成將會于令狐晉侯先至焉秦伯不肯涉河次于王城使史顆盟晉侯于河東史顆秦大夫。令力丁反顆苦果反晉郤犫盟秦伯于河西就盟王城范文子曰是盟也何益齊盟所以質信也齊一心質成也會所信之始也始之不從其何質乎秦伯歸而背晉成爲十三年伐秦傳。背音佩卷内皆同

經十有二年春周公出奔晉○夏公會晉侯衛侯于瑣澤 瑣澤地闕○瑣素果反依字宜作璅 ○秋晉人敗狄于交剛 交剛地闕○冬十月

傳十二年春王使以周公之難來告 周公奔在前年○難乃旦反○ 書曰周公出奔晉凡自周無出周公自出故也 天子無外故奔者不言出周公爲王所復而自絶於周故書出以非之 (疏)注天子至正義曰凡言出者謂出其封内天子以天下爲家本無出封之理以無外之故雖有出奔之人史策皆不言出昭二十六年尹氏召伯毛伯以王子朝奔楚實出而不言出是其事也襄王藏於四夷之孝不顧天下之重故書云出居于鄭是周公王既復之而又自出故書云出奔是不避言出而言出皆所以罪責之也鄭玄荅孫皓曰凡自周無出者周無放臣之法罪大者刑之小則宥之以爲實無出法案書流宥五刑則宥者流之非不出也舜放四罪投之四裔安得不出畿乎君如

周禮無流放之文則云周無放臣之法禮三諫不從待放於郊然則周臣三諫不從終是不蒙王放欲令諫者何所措身
左傳發凡自是書策之例因即以爲周制謂其實無此者就文害意爲説何甚○宋華元克合
晉楚之成終前年事夏五月晉士燮會楚公子罷
許偃二子楚大夫○能音皮○癸亥盟于宋西門之外曰凡
晉楚無相加戎好惡同之同恤菑危備救凶
患若有害楚則晉伐之在晉楚亦如之交贄
往來道路無壅贄幣也○好惡並如字又上呼報反下烏路反菑音災贄本又作摯之二反壅
於勇反【疏】注贄幣也○正義曰傳言交贄往來謂聘使來去也聘禮賓執圭以通命執幣以致享故知贄是幣
謂聘享之幣也謀其不協而討不庭討背叛不來在王庭者有渝此
盟明神殛之殛誅也○渝羊朱反殛本又作極紀力反注同俾隊其師無

克胙國俾使也隊失也○俾本亦作卑必爾反隊直類反注同胙才故反鄭伯如晉
聽成聽猶受也晉楚既成鄭往受命會于瑣澤成故也晉既與楚成合諸侯以申
成好○好呼報反盡年皆同狄人間宋之盟以侵晉而不設
備○間宋間廁之間秋晉人敗狄于交剛○晉郤至如
楚聘且涖盟楚子享之子反相爲地室而縣
焉縣鍾鼓也○相息亮反縣音玄注同郤至將登登堂金奏作於下
擊鍾而奏樂【疏】注擊鍾而奏樂○正義曰作樂謂之奏奏樂先擊鍾故周禮大司樂樂師每事皆云令奏鍾鼓
以鍾先擊故先言鍾也鍾以金爲之謂之金奏故鍾師掌金
奏鄭玄云金奏擊金以爲奏樂之節金謂鍾及鎛也鄭玄燕
禮注云以鍾鎛播之鼓磬應之所謂金奏也是金爲奏節之
初故傳言金奏作於下作樂先擊鍾鼓注云擊鍾而奏樂也
禮記仲尼燕居云兩君相見入門而縣興升堂而樂闋郊特
牲曰賓入大門而奏肆夏示易以敬也鄭玄云賓朝聘者朝

聘連言之則兼享朝賓聘客皆入門即奏樂矣今其實朝賓入門而奏樂聘客則至庭乃奏樂此郤至將登堂始奏樂者縣當在庭而楚之爲地室而縣待客將登乃奏皆所以見異故欲以驚賓矣燕享聘客皆當入門奏肆夏若燕己之羣臣則有王事之勞者乃得以樂納賓其常燕有升歌間合而已無納賓之樂也故燕禮記云若以樂納賓則賓及庭奏肆夏鄭玄云卿大夫有王事之勞者則奏此樂焉是燕己之臣無王事之勞者不以樂納賓也驚而走出

子反曰日云莫矣寡君須矣吾子其入也賓曰君不忘先君之好施及下臣貺之以大禮重之以備樂貺賜也○莫音暮本亦作暮施以豉反重直用反○【疏】驚而至備樂○正義曰卒聞地下鍾聲出其不意故驚而走出其實爲驚怖因即飾辭辭樂言己不敢當大禮隱其驚走之意○如天之福兩君相見何以代此下臣不敢言此兩君相見之禮【疏】注言此至之禮○正義曰仲尼燕居云兩君相見入門而縣興是賓入門作樂爲兩君相見之禮也而燕

禮雜兼聘問之賓以燕已臣爲主而云若以樂納賓燕已之臣尚有以樂納賓之法則燕享聘客必以樂納賓矣故鄭玄郊特牲注云賓朝聘者朝聘並言則君臣同樂郤至不敢同君故以之爲辭耳非謂禮不得也子反曰如

天之福兩君相見無亦唯是一矢以相加遺

焉用樂言兩君戰乃相見無用此樂○遺唯季反焉於虔反䟽注言兩至此樂○正義曰子反意言晉楚並是大國不肯相朝唯戰乃相見耳相見之時唯當用是一矢以相加陵相遺與耳無爲用此樂也寡君

須矣吾子其入也賓曰傳諸交讓得賓主辭者多曰賓主以明之䟽注傳諸至明之○正義曰知傳諸交讓得賓主辭者多曰賓主此傳每稱郤至爲賓文十二年傳稱西乞術爲賓并稱主人曰之類是也若讓之以一矢禍之大者其何福之爲世

之治也諸侯間於天子之事則相朝也王事間缺則脩私好○治直吏反下注治世同閒音閑注同○於是乎有享宴之禮享以

訓共儉享有體薦設几而不倚爵盈而不飲肴乾而不食所以訓共儉○享許文反薦又許亮反本亦作饗宴於見反徐於顯反倚於綺反【疏】注享有至共儉○正義曰享有體薦宣十六年傳文也設几而不倚爵盈而不飲昭五年傳文也禮聘義記曰聘之禮至大禮也酒清人渴而不敢飲也肉乾人飢而不敢食也彼言聘禮即是享聘賓之禮此事皆所以教訓恭儉也宴以示慈惠宴則折俎相與共食○折之設反○【疏】注宴則至共食○正義曰宣十六年傳云宴有折俎宴則節折其肉升之於俎相與共啗食之所以表示慈惠也○共儉以行禮而慈惠以布政政以禮成民是以息百官承事朝而不夕不夕言無事○朝[illegible]遙反朝日朝徐音朝旦之朝【疏】朝而不夕○正義曰旦見君謂之朝莫見君謂之夕哀十四年傳稱子我夕晉語稱叔向夕皆謂夕見君也人臣事少故百官承奉職事皆朝朝而莫不夕不夕言無事也○此公侯之所以扞城其民也扞蔽也言享宴結好鄰國所以蔽扞其民○扞戶旦反○【疏】注扞蔽至其民○正義曰扞者扞禦寇難

故為蔽也言燕享結好與鄰國通和甲兵不興人得安息所以蔽扞其民若如城然故云所以扞城其民也○故

詩曰赳赳武夫公侯干城詩周南之風赳赳武貌干扞也言公侯之與武夫止于扞難而已○赳居黝反一音居虯反難乃旦反干戶旦反本亦作扞又如字下同疏注詩周至而已○正義曰詩周南兔罝之篇言兔罝之人亦是賢者其人乃是赳赳然雄武之夫與公侯共扞城其民也引詩之意言世治無事公侯之與武夫謀共儉慈惠之禮與人扞難而已不侵伐鄰國也干扞釋言文○及其亂也諸

侯貪冒侵欲不忌爭尋常以盡其民八尺曰尋倍尋曰常言爭尺丈之地以相攻伐○冒莫報反又亡比反○疏注八尺至攻伐○正義曰周禮考工記云人長八尺及長尋有四尺崇於人四尺車戟常崇於殳四尺是八尺曰尋倍尋曰常喻其少故言爭尺丈之地以相攻伐盡殺其民孟子曰戰城以戰殺人盈城爭地以戰殺人盈野是謂盡殺其民也略其武夫以為己腹

心股肱爪牙略取也言世亂則公侯制禦武夫以從己志使侵害鄰國為搏噬之用無已○搏音

齧噬，市制反。【疏】注略取至無已。○正義曰：武夫有武，能爲人之扞敵。出治則公侯同於武夫，同其腹心，相與扞己民而已，不侵犯他人也。出亂則使武夫同於公侯，其公侯欲得抗竟寬土，則制禦武夫，以從己志，使武夫爲己腹心股肱爪牙，令之侵害鄰國，搏噬也。噬，齧也。犬能搏噬，譬之於犬，爲搏噬之用，無已時也。

故詩曰：赳赳武夫，公侯腹心。舉詩之正，以駮亂義。詩言治世則武夫能合德公侯，外爲扞城，內制其腹心。○駮，邦角反。【疏】注舉詩至腹心。○正義曰：此亦兔罝之篇，美賢人之事，而引之以證出亂，故解之。此舉詩之正以駮出亂之義。詩言治世則武夫能合德公侯，外則扞城其民，內則制其腹心也。以其人心則本貪，縱之則害物矣。美公侯能以武夫制己腹心，自守扞難而已，不害人也。

天下有道，則公侯能爲民干城，而制其腹心。亂則反之。略其武夫以爲己腹心爪牙。○爲，于僞反，如字。【疏】天下至反之。○正義曰：天下有道之時，則公侯能爲扞城禦難，而使武夫制其己之腹心，不侵犯鄰國也。亂則反之，不復扞蔽己民，乃以武夫從己腹心，將武夫爲股肱爪牙，以侵害他國，是反治世也。既其世爲仇敵，常有

相害之心子一反言一矢相加以懷戰鬭之意故郤至言此治則自守世亂則相侵害各上一矢之言皇輯以爲和好故說之也

今吾子之言亂之道也不可以爲法然吾子主也至敢不從遂入卒事歸以語范文子

文子曰無禮必食言吾死無日矣夫言晉楚不能以和以反相伐爲十六年鄢陵戰張本○語魚據反夫音扶本亦無此字復扶又反鄢謁晚反漢書音偃一建反

疏無禮至矣夫○正義曰以一矢爲辭是無禮也食言是其棄背盟也背盟必相伐故爲死亡無日矣

冬楚公子罷如晉聘且涖盟報郤至 十二月晉侯及楚公子罷盟于赤棘晉地

經十有二年春晉侯使郤錡來乞師將伐秦也侯伯當召兵而乞師謙辭○錡魚綺反

疏注將伐至謙辭○正義曰晉雖是侯伯恐不肯畀與其兵召兵或容辭說言乞則

不得不與釋例曰乞師者深求過理之辭執謙以逼成其計是鮮乞爲謙意○三月公如京師伐秦道過京師因朝王○過古禾反又古卧反疏注伐秦至朝王○正義曰公本爲伐秦道過京師因往朝王不稱朝而言公如京師者以明公朝于王所王不在京師故指言王所據王言之不得不稱朝此則王在京師京師是國之揔號不斥王身不可稱朝故依尋常朝聘鄰國之文稱如而已劉炫云魯朝聘皆言如不果彼國必成其禮或在道而還如者書其始發言往而已言公朝王所者發國不爲朝王至彼遇王朝之朝訖乃書故稱朝也此過京師亦宜稱朝言如者發雖王爲伐秦即有朝王之意書其初發故言如也○夏五月公自京師遂會晉侯齊侯宋公衛侯鄭伯曹伯邾人滕人伐秦○曹伯盧卒于師五同盟○盧本亦作廬力吴反疏注五同盟○正義曰盧以宣十五年即位十七年盟于斷道成二年于袁婁又于蜀五年于蟲牢七年于馬陵九年于蒲凡六同盟不數宣公斷道爲五○秋七月公至自伐秦傳無○冬葬曹

宣公

傳十三年春晉侯使郤錡來乞師將事不敬將事致君命孟獻子曰郤氏其亡乎禮身之幹也敬身之基也郤子無基（疏）禮身至無基○正義曰幹以樹木為喻基以牆屋為喻樹木以本根為幹有幹故枝葉茂焉牆屋以下土為基有基乃牆屋成焉為人身以禮敬為本必有禮敬身乃得存郤子無基則亦無幹但言有所以不復得言幹耳且先君之嗣卿也受命以求郤錡師將社稷是衛而惰棄君命也不亡何為郤克子故曰嗣卿為十七年晉殺郤錡傳○惰徒臥反○三月公如京師宣伯欲賜欲王賜己請先使王以行人之禮禮焉不加厚○使所吏反孟獻子從王以為介而重賄之介輔相威儀者獻子相公以禮

物王重賄之○從才用反疏注宣伯至賄之○正義曰周語
音界相息亮反下同○云簡王八年魯成公來朝使
叔孫僑如先聘且告見王孫說與之語說言於王曰魯叔孫
之來有異焉其幣薄而言諂殆請之也若請之必欲賜也且
其狀方上而銳下宜觸冒人王其勿賜若貪陵之人來而盈
其願是不賞善也且財不給王使私問諸魯魯云請之也王
遂不賜禮如行人孔晁云行人使人也以使人之禮禮之不
[illegible]聘者之賜禮也又曰魯侯至仲孫蔑爲介王孫說與之語
說讓說以語王王厚賄之公及諸侯朝王遂從劉康公成肅公
會晉侯伐秦劉康公王季子劉成二公不書兵不加秦成子受脤于社
不敬脤宜社之肉也盛以脤器故曰脤宜出兵祭社之名○脤市軫反盛音成疏注脤宜至之名○正
義曰宜者祭社之名脤是盛肉之器受脤于社受祭社之胙
肉也周禮掌蜃祭祀共蜃器之蜃鄭玄云飾祭器之屬也春
秋定十四年秋天王使石尚來歸蜃蜃之器以蜃飾因名焉
鄭衆云脤可以白器令色白是盛以脤器故曰脤也既言宜
社又自解宜名釋天云起大事動大衆必先有事乎社而後
出謂之宜孫炎曰有事祭也宜求見祐也是宜者出兵祭社

劉子曰吾聞之民受天地之中以生所謂命也是以有動作禮義威儀之則以定命也能者養之以福（養威儀以致福）不能者敗以取禍是故君子勤禮小人盡力勤禮莫如致敬盡力莫如敦篤敬在養神篤在守業國之大事在祀與戎祀有執膰（膰祭肉○盡津忍反下同膰音煩）

疏 注膰祭肉○正義曰詩說祭祀之禮云爲俎孔碩或燔或炙又曰旨酒欣欣燔炙芬芬毛傳云傳火曰燔燔祭肉有燔而薦者因謂祭肉爲膰也

戎有受脤神之大節也（交神之大節）今成子惰棄其命矣（惰則失中和之氣）其不反乎（爲成肅公卒于瑕張本）

疏 民受至反乎○正義曰天地之中謂中和之氣也民者人也言人受此天地中和之氣以得生育所謂命也命者教命之意若有所稟受之辭

故孝經說云命者人之所稟受度是也命雖受之天賦短長有本順理則壽考逆理則夭折是以有動作禮義威儀之法則以定此命言有法則命之長短得定無法則夭折無恒也故人有能者養其威儀禮法以往適於福或本分之外更得延長也不能者敗其威儀禮法而自取禍或本分之内仍有減割也爲其求福畏禍之故君子勤禮以臨下小人盡力以事上勤禮莫如致敬盡力莫如用心敦篤敬之所施在於養神朝廷百官事神必敬篤在守業草野四民勿使失業也國之大事在祀與戎宗廟之祀則有執膰兵戎之祭則有受脤此是交神之大節也今成子受脤而惰是自棄其命矣亟必在近此行其不得反乎爾之往也養之以福壽將爲者嚮福也敗以取禍謂禍及身也福則人之所欲作往就之辭禍則人之所惡作自來之語也敬則所施有處故言致敬也厚則唯在己身無所同致故重言敦篤也敦謂篤厚篤謂愼是於祭未受而敗之互相見也劉炫云命者冥也言其生育之性得之於冥兆也 ○夏四月戊午晉侯使呂相絶秦（呂相魏錡子蓋口宣己命○相息亮反注同）曰昔逮我獻公及穆公（晉獻公秦穆公○逮音代一音大計反）相好戮力

同心由之以明盟誓重之以昏姻穆公夫人獻公之女○好呼報反同戮力相承音六嵇康力幽反呂静字韻與飂同字林音遼疏戮力同心○正義曰孔安國以戮力爲陳力以論語有陳力就列故也戮力猶言勉力努力耳天禍晉國文公如齊惠公如秦辟驪姬也不言狄梁舉所恃大國○辟音避驪力知反無祿獻公即世穆公不忘舊德俾我惠公用能奉祀于晉僖十年秦納惠公○俾本或作卑必爾反下及注同又不能成大勳而爲韓之師僖十五年秦伐晉獲惠公疏又不至之師○正義曰言秦既納惠公又不能遂成大功而復伐晉爲此韓之師也下云亦悔于厥心謂秦悔伐晉也亦悔于厥心用集我文公集成也是穆之成也成功於晉文公躬擐甲胄跋履山川草行爲跋○擐音患胄直又反跋蒲末反踰越險阻征東之諸

侯虞夏商周之胤而朝諸秦則亦既報舊德矣鄭人怒君之疆埸我文公帥諸侯及秦圍鄭晉自以鄭貳於楚故圍之鄭非侵秦也晉以此誣秦事在僖三十年○疆居良反埸音亦秦大夫不詢于我寡君擅及鄭盟詢謀也盟者秦伯兼言大夫○詢思巡反擅市戰反諸侯疾之將致命于秦致死命而討秦時無諸侯蓋諸侯遥致此意○

【疏】注致死至此意○正義曰劉炫以為誣秦今知不然者凡誣秦者謂加之罪傳辭少略者可得稱誣今傳云諸侯疾之將致命于秦文公恐懼綏靜諸侯又云我有大造于西傳文既詳明諸侯實有此意若無諸侯何得稱為大造且秦師襲鄭鄭亦疾秦此則諸侯之義也劉以為實無諸侯而規杜過非也

文公恐懼綏靜諸侯秦師克還無害則是我有大造于西也造成也言晉有成功於秦○恐曲勇反無祿文公即世穆為不弔不見

弔傷【疏】注不見弔傷○正義曰曲禮云知生者弔知死者傷知生而不知死弔而不傷知死而不知生傷而不弔鄭玄云人恩各施於所知弔傷皆謂致命辭也雜記諸侯使人弔辭曰寡君聞君之喪寡君使某如何不淑此施於生者傷辭未聞也說者有衍弔辭云皇天降災子遭罹之如何不淑此施於死者盖傷辭畢退皆哭是弔傷之事

蔑死我君寡我襄公寡弱也○死我君本或以我字在死上【疏】蔑死至襄公○正義曰輕蔑文公以爲死無知矣謂襄公寡弱而陵忽之

迭我殽地奸絶我好伐我保城殄滅我費滑伐保城誣之費滑滑國都於費今緱氏縣○迭直結反徐音逸殽戶交反奸音干費扶味反滑于八反緱古侯反【疏】奸絶我好○正義曰奸亂斷絶不復與我和好也○注伐保至氏縣○正義曰伐我涑川俘我王官傳皆無文今謂此爲誣者於時輕行襲鄭不得在道用兵故知此伐保城是誣之也春秋之時更無費國秦惟滅滑不滅費知費即滑也國都於費國邑並舉以圓文耳

散離我兄弟撓亂我同盟滑晉同姓○撓乃卯反徐許高反

傾覆我國家

我襄公未忘君之舊勳紲文公之勳○覆芳服反下同而懼社稷之隕是以有殽之師在僖三十三年○隕于敏反下同猶願赦罪于穆公晉欲求解於秦穆公弗聽而即楚謀我天誘其衷成王隕命秦使鬬克歸楚求成事見文十四年文元年楚弑成王○見賢遍反

【疏】注秦使至成王○正義曰文十四年傳云初鬬克囚于秦秦有殽之敗使歸求成僖三十三年秦敗于殽文元年楚弑成王故其謀不成也

穆公是以不克逞志于我逞快也○逞敕景反穆襄即世康靈即位文六年晉襄秦穆皆卒○康公我之自出晉外甥○又欲闕翦我公室傾覆我社稷帥我蝥賊以來蕩搖我邊疆蝥賊食禾稼虫名謂秦納公子雍○闕其月反徐如字蝥莫侯反爾雅蟲食苗者爲蟊食節爲賊

【疏】注蝥賊至虫名○正義曰釋虫云食根蟊食節賊是食禾稼之虫也

蝥賊害晉者蟲食禾然彼晉自召蝥賊非秦罪也我是以有令狐之役在文七年康猶不悛入我河曲悛改也○悛七全反伐我涑川俘我王官涑水出河東聞喜縣西南至蒲坂縣入河○涑息錄反又音速字林同俘芳夫反翦我羈馬我是以有河曲之戰在文十二年東道之不通則是康公絕我好也言康公自絕故不復東通晉○復扶又反及君之嗣也君秦桓公我君景公引領西望曰庶撫我乎望秦撫恤晉○君亦不惠稱盟不肯稱晉望而共盟○稱尺證反注同利吾有狄難謂晉滅潞氏○難乃旦反入我河縣焚我箕郜芟夷我農功芟夷傷也○箕音基一音其郜古報反芟所銜反夷本亦作薙音夷虔劉我邊陲虔劉皆殺也○【疏】注虔劉皆殺也○正義曰劉殺釋詁文方言云虔殺也重言殺者亦圓文耳我是

殽有輔氏之聚聚衆也在宣十五年○聚才喻反注同疏注聚衆也○正義曰謂聚衆以拒秦也以上有殽之師令狐之役河曲之戰不用重文故變文言聚古人為文亦有辭耳君亦悔禍之延延長也而欲徼福于先君獻穆晉獻秦穆○徼古堯反使伯車來命我景公伯車秦桓公子曰吾與女同好弃惡復脩舊德以追念前勳言誓未就景公即世我寡君是以有令狐之會令狐會在十一年申厲公之命宜言寡人稱君誤也○女音汝下文皆同好呼報反一音如字復音服又扶又反寡君請者亦作寡人疏注令狐至誤也○正義曰劉炫以為臣之出使自稱己君皆曰寡君今呂相雖奉君兼有己語稱寡君正是其理杜何知宜為寡人稱君為誤今刪定知劉說非者以呂相奉厲公之命而往絕秦則皆是厲公之言不得兼有己語案隱十一年鄭伯告許大夫云假手于我寡人今呂相稱厲公之命還與自稱無異亦當云我寡人故知稱君為誤劉以稱寡君為是以規杜過非也君

文不祥祥善也背棄盟誓白狄及君同州及與也疏白狄及君同州○正義曰周禮職方氏正西曰雍州其川涇汭其浸渭洛皆秦地也正北曰并州其澤藪曰昭餘祁其川虖池嘔夷皆晉地也是秦屬雍而晉屬并白狄蓋狄之西偏屬雍州也君之仇讎而我之昏姻也季隗廧咎如赤狄之女也白狄伐而獲之納諸文公○隗五罪反廧在良反咎音羔疏季隗至文公○正義曰三年晉衛伐廧咎如傳曰討赤狄之餘焉知咎如是赤狄也文公所奔之狄不言赤白以其伐赤不應赤自相伐知白狄伐之也其女雖是赤狄之種而由白狄以納文公得以白狄爲昏姻也且此辭多誣欲親狄以曲奏故引狄爲昏姻耳晉人自數伐狄寧復顧昏姻也杜以傳有季隗之事引之以證昏姻宋必晉於白狄處無昏姻君來賜命曰吾與女伐狄寡人不敢顧昏姻畏君之威而受命于吏君有二心於狄曰晉將伐女狄應且憎是用告我言狄雖應荅秦而心實憎秦無信○應應對之應注

同。楚人惡君之二三其德也，亦來告我曰：秦背令狐之盟，而來求盟于我，昭告昊天上帝、秦三公、楚三王，三公，穆、康、共。三王，成、穆、莊。○惡，烏路反，下同。昊，户老反。共音恭。疏昭告昊天上帝○正義曰：禮，諸侯不得祭天，其盟不主天神。鄭玄觀禮注云：巡守之盟，其神主日；諸侯之盟，其神主山川。襄十一年亳城北之盟，其載書云「司慎、司盟、名山、名川」，注云：二司，天神。唯告天之別神，不告昊天上帝。此秦、楚爲盟，告天帝者，春秋之時，不能如禮，且此辭多誣，未必是實。晉與諸國結盟，皆不告昊天上帝，何由秦、楚獨敢告之？蓋欲示楚人惡秦之深，言其所告處重耳。曰：余雖與晉出入，出入猶往來。余唯利是視。不穀惡其無成德，是用宣之，以懲不壹。諸侯備聞此言，斯是用痛心疾首，暱就寡人。疾亦痛也。暱，親也。○懲，直升反。暱，女乙反。疏以懲不壹○正義曰：楚道秦人用心不壹，其盟不足與，因宣示諸侯，以懲創不壹之人寡人帥以聽命唯好是求君若惠顧諸侯矜哀寡人而賜之盟則寡人之願也其承寧諸侯以退承君之意以寧靜諸侯豈敢徼亂徼要也要一遙反君若不施大惠寡人不佞其不能諸侯退矣敢盡布之執事俾執事實圖利之俾使也【疏】寡人不佞○正義曰服虔云佞才也不才者自謙之辭也論語云焉用佞禦人以口給屢憎於人則佞非善事而以不佞爲謙者佞是口才捷利之名本非善惡之稱但爲佞有善有惡耳爲善敏捷是善佞爲惡敏捷是惡佞但君子欲訥於言而敏於行言之雖多情或不信故云焉用佞耳秦桓公既與晉厲公爲令狐之盟而又召狄與楚欲道以伐晉諸侯是以睦於晉晉辭多誣秦故傳據此三事以正秦罪○道音導晉欒書將中軍荀

庚佐之庚代荀首○將子匠反凡將某軍者放此以意求之士燮將上軍代荀庚郤錡佐之代士燮韓厥將下軍代郤錡荀罃佐之代趙同趙旃將新軍代韓厥旃之然反郤至佐之代趙旃郤毅御戎欒鍼爲右郤毅郤至弟欒鍼欒書子○鍼其廉反孟獻子曰晉帥乘和師必有大功帥軍帥乘車士○帥所類反乘繩證反注同五月丁亥晉師以諸侯之師及秦師戰于麻隧秦師敗績獲秦成差及不更女父不更秦爵戰敗績不書以爲晉直秦曲則韓役書戰時公在師復不須告克獲有功亦無所諱盖經文闕漏傳文獨存○隧音遂差初佳反徐初宜反更音庚女音汝復扶又反

（疏）注不更至獨存○正義曰秦之官爵有此不更之名知女父是人之名字不更是官爵之號漢書稱商君爲法於秦戰斬一首者賜爵一級其爵名一爲公士二上造三簪褭四不更五大夫六公大夫七官

大夫八公乘九五大夫十左庶長十一右庶長十二左更十三中更十四右更十五少上造十六大上造十七駟車庶長十八大車庶長十九關內侯二十徹侯商君者商鞅也秦孝公之相封於商號爲商君案傳此有不更女父襄十一年有庶長鮑庶長武春秋之世已有此名蓋後世以漸增之商君定爲二十非是商君盡新作也其名之義難得而知耳傳言戰敗而經不書按以意測之不知其故以爲秦曲晉直不以曲者爲直故不書戰則僖十五年韓之戰秦直晉曲書戰于韓也欲以爲不告故不書當時公親在師復不須告也欲以爲無功諱負則克獲有功亦無所諱也再三發度不識所以故云蓋經文闕漏傳文獨存也經文依史官策書策書所無故經文遂闕也傳文采於簡牘簡牘先有故傳文獨存也

曹宣公卒于師師遂濟涇及侯麗而還涇水出安定東南經扶風京兆高陵縣入渭也○經音經麗力馳反【疏】注涇水至渭也○正義曰釋例曰涇水出安定朝那縣西東南經新平扶風至京兆高陵縣入渭迓晉侯于新楚迓迎也既戰晉侯止新楚故師還過迎之麻隧侯麗新楚皆秦地○迓本又作訝五嫁反【疏】注迓迎至秦地○正義曰經書公會晉侯齊侯宋公衛侯

鄭伯曹伯邾人滕人伐秦是役時諸侯親行也傳云晉師以諸侯之師及秦師戰則知諸侯不親行也蓋皆別次以待之
新楚當是晉侯次之處也以傳不言其次晉侯或聞戰勝而後處故云止新楚也成肅公卒于
瑕終劉子之言瑕晉地○六月丁卯夜鄭公子班自訾求
入于大宮不能殺子印子羽訾鄭地大宮鄭祖廟十年與出奔許今欲
還為亂子印子羽皆穆公子○班本亦作般同訾子斯反大音泰下同印一刃反反軍于市己
巳子駟四帥國人盟于大宮子駟穆公子遂從而盡
焚之焚燒也殺子如子駹孫叔孫知子如公子班弟子駹班弟孫
叔子如子孫知子駹子○駹武邦反疏注子如至駹子○正義曰子如即是子班據傳可知以外無文見其同時
被殺必是近親相傳為此說耳○曹人使公子負芻守使公子欣
時逆曹伯之喪二子皆曹宣公庶子○芻初俱反守手又反欣時如字徐云或作欵亦音欣案

公羊傳作喜時宜音洲秋負芻殺其大子而自立也宣公大子諸
侯乃請討之晉人以其役之勞請俟他年冬
葬曹宣公既葬子臧將亡子臧公子欣時國人皆將
從之不義負芻故成公乃懼成公負芻告罪且請焉請留子臧
乃反而致其邑還邑於成公爲十五年執曹伯傳
經十有四年春王正月莒子朱卒無傳九年盟于蒲○
夏衛孫林父自晉歸于衛晉納之故曰歸○秋叔孫僑
如如齊逆女成公逆夫人最爲得禮而經無納幣者文闕絶也○（疏）注成公至正
義曰釋例曰成公逆女及夫人至最爲得禮故詳其文丘明
謂之微而顯婉而成章也然則杜以傳文詳知其最得禮也
釋例又云成公娶夫人而不納幣此經文闕也貴聘而賤逆
失禮之微者傳猶詳之言其不終若實不納幣非所略也是

言闕之意也闕絶者闕而文斷絶蓋寡仲尼脩定後其文始闕若修時已闕傳應言其故也○鄭公子喜帥師伐許。○九月，僑如以夫人婦姜氏至自齊。○冬十月庚寅，衛侯臧卒。九同盟。[疏]注五同盟○正義曰臧父速以二年八月卒而臧代立其年十一月衛大夫與公盟于蜀三年孫良夫來盟六年于蟲牢七年于馬陵九年于蒲皆魯衛俱在是五同盟也○秦伯卒。無傳二年大夫盟於蜀而不書名例在隱七年

傳十四年春，衛侯如晉，晉侯強見孫林父焉，林父以七年奔晉晉欲歸之○強其丈反注同見賢遍反下同又如字閒定公不可。夏，衛侯既歸，晉侯使郤犨送孫林父而見之。衛侯欲辭，定姜曰：「不可。定姜定公夫人是先君宗卿之嗣也，同姓之卿[疏]注同姓之卿○正義曰世本孫氏出於衛武公至林父八世是同姓也大國

又以為請不許將亡雖悪之不猶愈於亡乎君其忍之違大國必見伐故亡。為如字或于偽反惡烏路反安民而宥宗卿不亦可乎衛侯見而復之復林父位。宥音又衛侯饗苦成叔成叔卻犨甯惠子相相佐礼惠子甯殖。相息亮反注同苦成叔傲甯子曰苦成家其亡乎古之為享食也以觀威儀省禍福也故詩曰兕觵其觩旨酒思柔詩小雅言君子好礼飲酒皆思柔德雖設兕觵觩然不用以兕角為觵所以罰不敬觩陳設之貌○傲五報反本又作敖音同下同食音嗣兕徐辭姊反觵古橫反觩徐音虯又巨彪反一音巨秋反好呼報反〔疏〕注詩小至之貌○正義曰詩小雅桑扈之章言設爵不用之意君子好礼與於燕者皆思柔順之德无過可罰故雖設觵爵不用之也兕是獸名觵是爵称知兕觵以兕角為觵也周礼小胥職云觵其不敬者是所以罰不敬也異義韓詩說觵五升所以罰不敬也觵廓也著明之貌君子有過廓然明著詩毛傳說觵大七升許慎云觵罰有過一飲七升爲過多當謂五升是也詩良耜云有觩其角則觩是角貌意指其兕觵言陳設不用故云陳設之貌小詩之彼交匪傲萬福來求彼之交於事而不惰傲乃萬福之所求踈詩曰至來求○正義曰兕觵罰酒之爵言古之王者與羣臣燕飲無失禮者用兕觵之爵其觩然空陳設之無所罰在席飲美酒者皆能思柔順中和故不用也彼飲燕君子與人交接非有傲慢之心故萬種福祿求來歸之今夫子傲取禍之道也爲十七年郤氏亡○秋宣伯如齊逆女稱族尊君命也踈舍族尊君命○正義曰宣元年已發尊君命尊夫人之例今復發者彼以喪娶嫌非禮且公子非族故重明之向作賈言難左氏叔孫僑如舍族爲尊夫人案襄二十七年豹及諸侯之大夫盟復何所尊亦舍族春秋之例一事再見者亦以省文耳左氏爲短鄭衆云左氏以豹違命故貶之而去族今僑如無罪而亦去族故以爲尊夫人也春秋有事異文同則此類也○八月鄭子罕伐許敗焉爲許所敗○敗

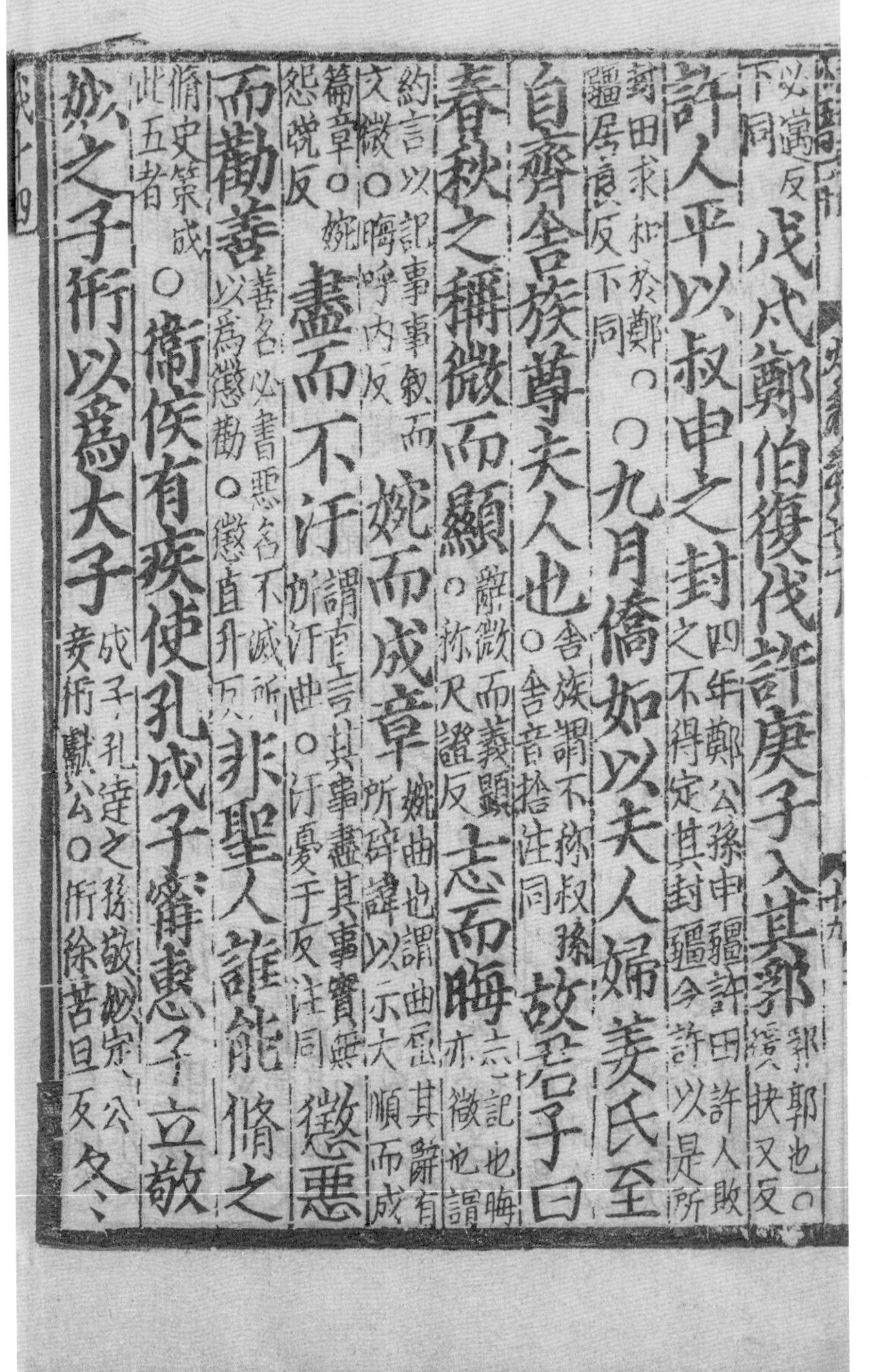
必萬反下同 戊戌鄭伯復伐許庚子入其郛郛郭也○郛芳扶反
許人平以叔申之封四年鄭公孫申疆許田許人敗之不得定其封疆今許以是所封田求和於鄭○疆居良反下同○九月僑如以夫人婦姜氏至
自齊舍族尊夫人也舍族謂不稱叔孫○舍音捨注同故君子曰
春秋之稱微而顯辭微而義顯○稱尺證反志而晦志記也晦亦微也謂約言以記事事叙而文微○晦呼內反婉而成章婉曲也謂曲屈其辭有所辟諱以示大順而成篇章○婉怨晚反盡而不汙謂直言其事盡其事實無所汙曲○汙憂于反注同懲惡
而勸善善名必書惡名不滅所以為懲勸○懲直升反非聖人誰能脩之脩史策成此五者○衛侯有疾使孔成子甯惠子立敬
姒之子衎以為大子成子孔達之孫敬姒定公妾衎獻公○衎苦旦反冬
成十四

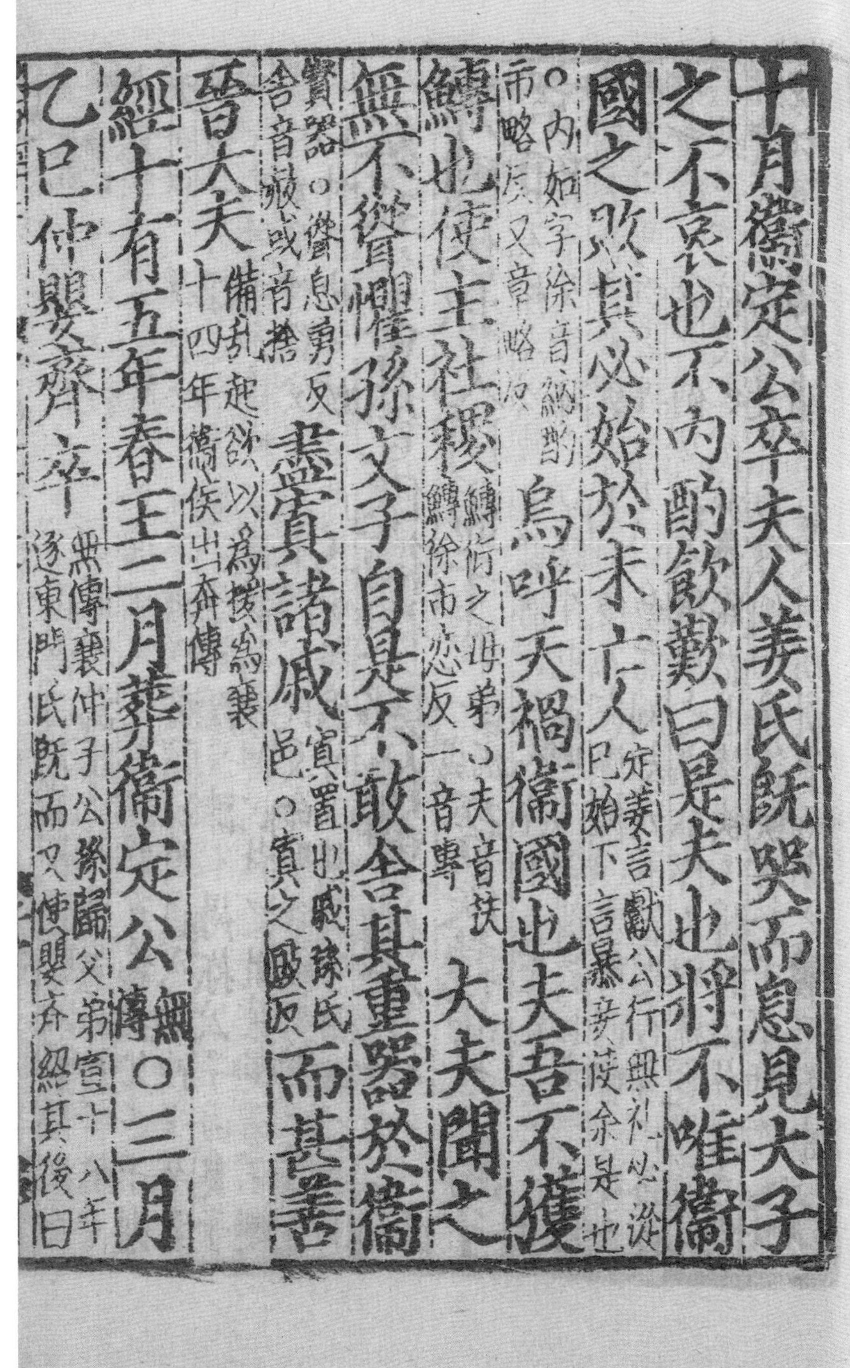
十月衛定公卒夫人姜氏既哭而息見大子
之不哀也不内酌飲歎曰是夫也將不唯衛
國之敗其必始於未亡人定姜言獻公行無禮必從己始下言暴妾使余是也
○内如字徐音納歎市略反又音略次烏呼天禍衛國也夫吾不獲
鱄也使主社稷鱄衍之母弟○夫音扶鱄徐市戀反一音專大夫聞之
無不聳懼孫文子自是不敢舍其重器於衛
寶器○聳息勇反舍音捨或音赦盡寘諸戚寘置也戚孫氏邑○寘之豉反而甚善
晉大夫備乱起欲以為援為襄十四年衛侯出奔傳
經十有五年春王二月葬衛定公無傳○三月
乙巳仲嬰齊卒無傳襄仲子公孫歸父弟宣十八年逐東門氏既而又使嬰齊紹其後曰

仲氏疏注襄仲至仲氏○正義曰公羊穀梁皆以嬰齊為仲遂之子歸父之弟也以為歸父之弟則同其言稱仲之意則異公羊以為弟無後兄之義使嬰齊為歸父之子則為仲遂之孫故以王父字為氏穀梁以為宣八年仲遂卒首為殺子赤踈之不使稱公子父既見踈不得稱公子故其子由父亦踈之不得稱公孫故別言仲氏杜之此注其言不明當以為襄仲歸父本以東門為氏及命嬰齊紹歸父之後改之曰仲氏也劉炫云仲遂受賜為仲氏故其子孫稱仲氏耳

○癸丑公會晉侯衛侯鄭伯曹伯宋世子成齊國佐邾人同盟于戚○成音城晉侯執曹伯歸于京師不稱人以執者曹伯罪不及民歸之京師禮也疏注不稱至禮也○正義曰諸傳於其事之下發凡例者杜皆於經之下引傳而言傳例曰今傳因曹伯發凡杜不引傳例者據稱人以執為例去云不然則否曹伯稱侯以執從不然之例故杜不得引之也不稱人以執者曹伯罪不及民其稱人之例於義為然也諸侯不得相治故歸之京師使天子治之是禮也釋例曰執諸侯當歸于京師而或以歸或歸于諸侯皆失其所從實而顯之義可知也公

至首會無傳○夏六月宋公固卒四同盟疏注四同盟　正
義曰固父鮑以二年八月卒而固代立其年十一月宋大夫與公盟于蜀五年于蟲牢七年于馬陵九年于蒲皆魯宋俱
在是四同盟○楚子伐鄭。秋八月庚辰葬宋共公
三月而葬速○共音恭○宋華元出奔晉宋華元自晉歸
于宋華元欲挾晉以自重故以出納告○挾音協疏注華元至納告　正義曰案傳華元奔晉魚石
即議止之魚石自止華元于河上元如至河本未至晉既書奔晉又書自晉歸者華元既出宋即來告華元既歸宋復求
告十八年傳例曰凡去其國國逆而立之曰入復其位曰復歸諸侯納之曰歸此是魚石止之宜從國逆之例而爲諸侯
納之文書曰自晉歸者華元與欒書相善布懼桓族欲挾晉以自重以晉納告于諸侯春秋從而書之以示元之本情故
也○宋殺其大夫山不書氏明背其族宋魚石出奔楚公子目夷之曾孫
○冬十有一月叔孫僑如會晉士燮齊

高無咎宋華元衛孫林父鄭公子鰌邾人會吳于鍾離吳夷未嘗與中國會今始來通晉帥諸侯大夫而會之故殊會明本非同好鍾離楚邑淮南縣○燮息協反咎其九反鰌音秋好呼報反○許遷于葉許畏鄭南依楚故以自遷為文葉今南陽葉縣也○葉舒涉反

傳十五年春會于戚討曹成公也討其殺太子而自立事在十三年執而歸諸京師書曰晉侯執曹伯不及其民也惡不及民凡君不道於其民諸侯討而執之則曰某人執某侯稱人示眾所欲執不然則否謂身犯不義者

【疏】凡君至則否　正義曰春秋執諸侯多矣或名或否此例不言之者釋例曰諸侯見執者已在罪賤之地名與否非例所加故但言執某侯也天生民而樹之君使司牧之勿使失性若乃肆於民上人懷怨讟諸侯致討則稱某人執

其侯衆詞之文也諸侯雖身犯不義而惡不及民則不稱人以執之晉人執曹伯是也諸侯無加民之惡而稱人以執皆時之赴告欲重其罪以加民爲辭國史承以書策而簡牘之記具存夫子因示虚實傳隨而著其本狀以明得失也

諸侯將見子臧於王而立之子臧辭曰前志有之曰聖達節聖人應天命不拘常礼○見賢遍反應應對之應拘九于反次守節謂賢者下失節愚者妄動爲君非吾節也雖不能聖敢失守乎遂逃奔宋

（疏）聖達至守乎　正義曰節分也人生天地之間性命各有其分聖人達於天命識已知分若以曆數在已則當奉承靈命不復拘君臣之交上下之礼舜禹受終湯武革命是聖達節者也若自知已分不合高位得而不取與而不受子臧季札備公子郢與公子閭如此之類皆守節者也下愚之人不識已分妄張妄作取非其理干紀亂常如此之輩古今多矣州吁無知之等皆失節者也子臧自以身是庶子不合有國故言爲君非吾節也雖不能爲聖敢失其守節者乎

○夏六月宋共公卒爲下

宋亂楚也○楚將北師鄭侵衛子囊曰新與晉盟而背之無乃不可乎子反曰敵利則進何盟之有晉楚盟在十二年子囊莊王子公子貞○囊乃郎反申叔時老矣在申老歸本邑聞之曰子反必不免信以守禮禮以庇身信禮之亡欲免得乎言不得免○庇必利反又音祕楚子侵鄭及暴隧遂侵衛及首止鄭子罕侵楚取新石新石楚邑○隧音遂欒武子欲報楚韓獻子曰無庸庸用也使重其罪民將叛之背盟數戰罪也○數所角反無民孰戰爲明年晉敗楚於鄢陵傳○秋八月葬宋共公於是華元爲右師魚石爲左師蕩澤爲司馬蕩澤公孫壽之孫（疏）注蕩澤公孫壽之孫

正義曰：世本云：公孫壽生大司馬固，固生司馬澤也。華喜者，之玄孫者，又云督生世子家，家生秀老，老生司徒鄭，鄭生司徒喜也。公孫師，莊公之孫者，又云莊公生右師戊，戊生司城師也。鱗朱，鱗矔孫者，又云桓公生公子鱗，鱗生東鄉矔，矔生司徒文，文生大司寇子奏，奏生小司寇朱也。向戌，桓公曾孫者，又云桓公生向父肸，肸生司城訾守，守生小司寇鱣及合左師，左師即向戌也。華喜爲司徒，華父督之玄孫。公孫師爲司城，莊公孫。向爲人爲大司寇，鱗朱爲少司寇，鱗，矔孫。○少，詩照反，下同。矔，古乱反。向帶爲大宰，魚府爲少宰。蕩澤弱公室，殺公子肥。輕公室以爲弱，故殺其枝黨。肥，文公子。○帶音帶，本又作帶。大音泰。華元曰：我爲右師，君臣之訓，師所司也。今公室卑而不能正，不能討蕩澤。吾罪大矣。不能治官，敢賴寵乎？乃出奔晉。二華，戴族也，華元、華喜。司城，莊族也，六官者皆桓族也〔魚石蕩澤向爲人鱗朱向帶魚府皆出桓公〕魚石將止華元魚府曰右師反必討是無桓氏也〔恐華元還討蕩澤并及六族〕魚石曰右師苟獲反雖許之討必不敢〔言畏桓族強〕且多大功國人與之不反懼桓氏之無祀於宋也〔華元大功克合晉楚之成劫子反以免宋圍〕右師討猶有戍在〔向戍桓公曾孫言其賢華元必不討○戍音恤〕桓氏雖亡必偏〔偏不盡〕魚石自止華元于河上請討許之乃反使華喜公孫師帥國人攻蕩氏殺子山〔喜師非桓族故使攻之〕書曰宋殺大夫山言背其族也〔蕩氏宋公族還害公室故去族以示其罪○去起呂反〕魚石向爲人鱗朱向帶魚府出舍於睢上〔睢水名五大夫〕

畏同族罪及將出奔○雎音雖徐許惟反又音綏華元使止之不可冬十月華元自止之不可乃反五子不止華元還魚府曰今不從不得入矣不得復入宋○復扶又反右師視速而言疾有異志焉若不我納今將馳矣登丘而望之則馳騁而從之五子亦馳逐之○登丘而望之則馳絕句騁勑景反則決睢澨澨水涯決壞也○澨市利反涯本又作崖魚佳反一音宜壞音怪閉門登陴矣左師二司寇二宰遂出奔楚四大夫不書獨魚石告○陴婢支反

疏注四大夫石告○正義曰襄元年傳謂此五人為五大夫故除去魚石謂之四大夫也彼四大夫所以不書者宋人獨以魚石告不以四人告也服虔云魚石帥故書以為四人非卿故不書杜不然者案文七年傳云宋成公卒於是公子成為右師公孫友為左師樂豫為司馬鱗矔為司徒公子蕩為司城華御事為司寇六卿和公室哀二十六年傳宋景公無子於是皇緩

爲右師皇非我爲大司馬皇懷爲司徒靈不緩爲左師樂茷爲司城樂朱鉏爲大司寇六卿三族降聽政據彼二文則向爲人爲大司寇亦是卿也若五人皆告爲卿則書向爲人亦當書之何以獨書魚石杜言獨以魚石告正爲向爲人不書故也或少司寇二宰等六卿之外亦是卿官合書名氏猶如魯之三卿外别有公孫嬰齊臧孫許但非六卿等世掌国政也華元使向戌爲左師老佐爲司馬樂裔爲司寇以靖國人老佐戴公五世孫○裔以制反○晉三郤害伯宗譖而殺之及欒弗忌欒弗忌晉賢大夫伯州犂奔楚伯宗子○犂力兮反韓獻子曰郤氏其不免乎善人天地之紀也而驟絶之不亡何待既殺伯宗又及弗忌故曰驟也爲十七年晉殺三郤傳○驟仕救反初伯宗每朝其妻必戒之曰盜憎主人民惡其上子好直言必及於難狂傳見韓婦人之言不可廢○惡

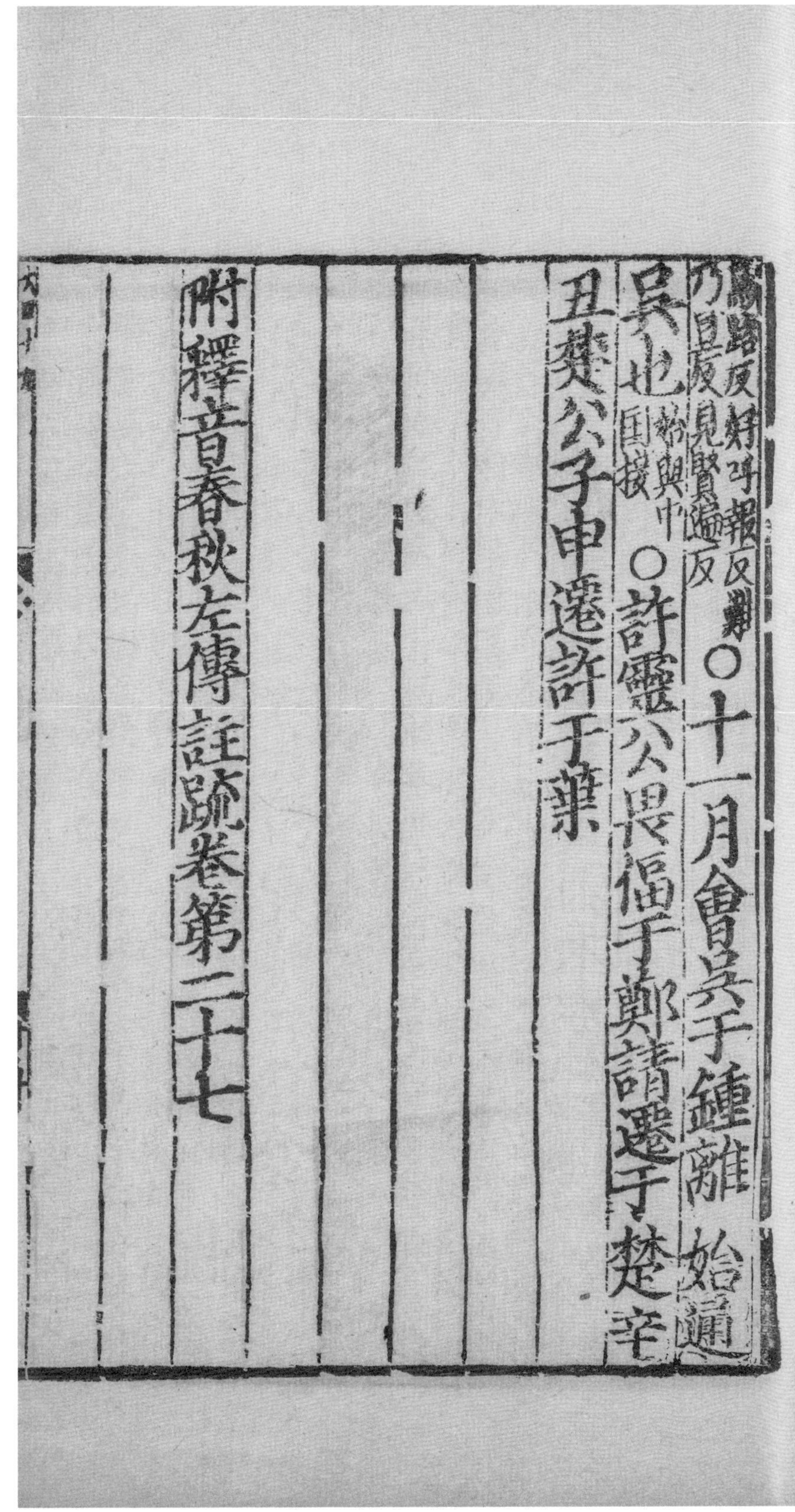

駱路反好呼報反鄉乃旦反見賢遍反○十一月會吳于鍾離始通吳也將與中國接○許靈公畏偪于鄭請遷于楚辛丑楚公子申遷許于葉

附釋音春秋左傳註疏卷第二十七

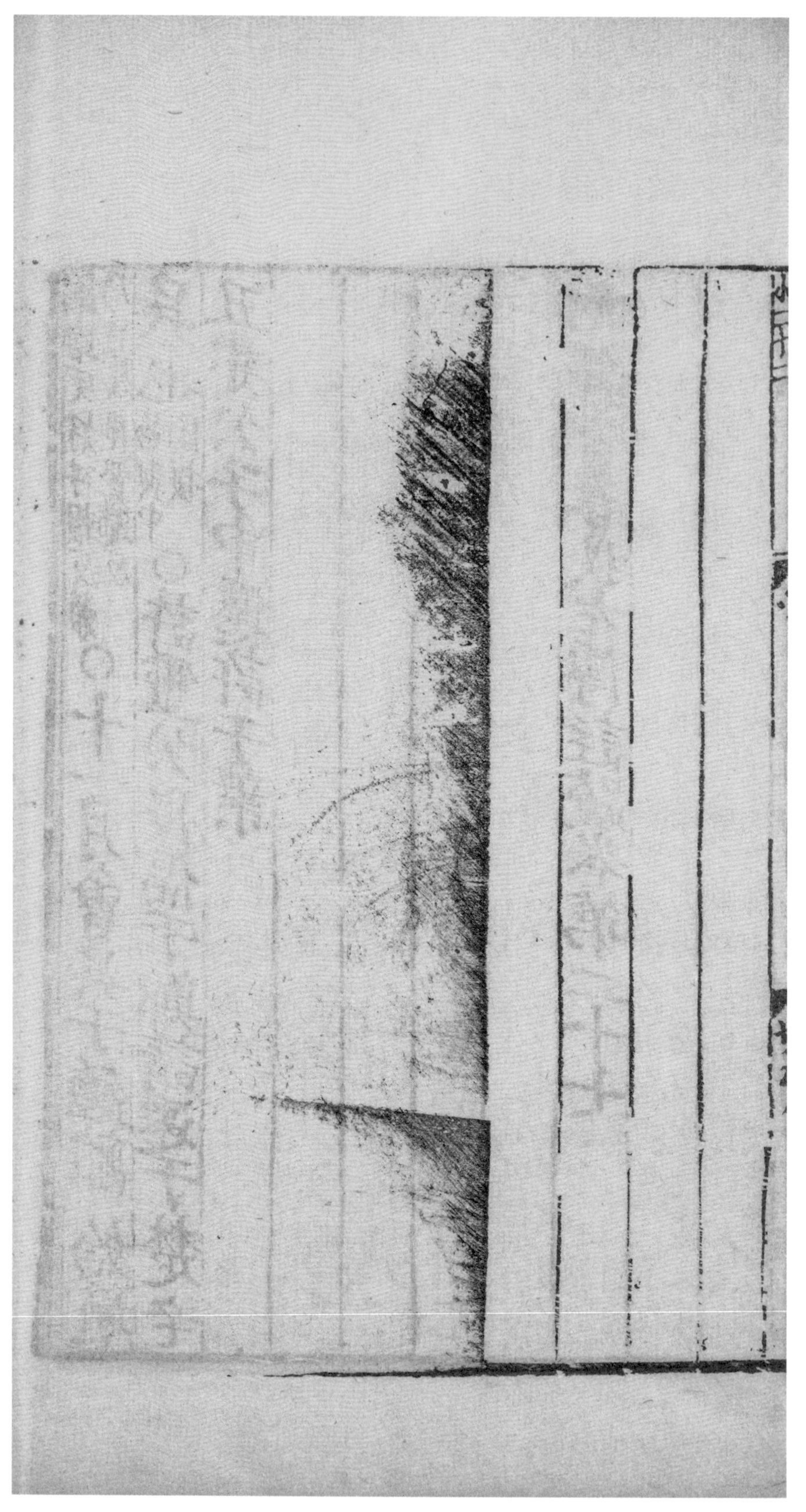

附釋音春秋左傳註疏卷第二十八 成十六年盡十八年

杜氏註　孔穎達疏

經十有六年春王正月雨木冰無傳記寒過節冰封著樹。○雨木冰如字公羊傳云雨而木冰也樹子付反著直略反疏正月雨木冰。○正義曰正月今之仲冬時猶有雨未是盛寒雨下即著樹爲冰記寒甚之過其節度公羊穀梁皆云雨而木冰是冰封著樹也今世時有之皆寒甚所致也○夏四月辛未滕子卒不書名未同盟。○鄭公子喜帥師侵宋喜穆公子子罕也○六月丙寅朔日有食之無傳。○晉侯使欒黶來乞師將伐鄭黶欒書子。○黶於斬反徐於玷反疏注黶欒書子。○正義曰十八年悼公之入黶尚爲公族大夫此時欒書尚在黶未爲卿而得名見經者襄二十九年鄭公孫段未爲卿而見經杜云蓋以攝卿行然則此亦當以攝卿故書○甲午晦晉侯及楚子鄭伯戰于鄢陵楚子鄭師敗績楚師未大崩楚子傷目而退故曰楚子敗績鄢陵鄭地今屬潁川郡○鄢謁晚反又於建反（疏）注楚師至敗績○正義曰此戰楚師未至於敗而楚子身傷故書楚子敗績也泓之戰宋公傷股師亦敗績故書師敗而不書宋公敗也君將不言帥師以君重於師也戰陳以師相敵死亡既多率師爲重故師敗君傷者唯書師敗而已不復書君身敗也劉炫又云君君將被殺獲者爲重既書師敗又書殺獲即韓之戰獲晉侯大棘之戰獲華元雞父之戰獲胡沈之君是也楚殺其大夫公子側側子反背盟無禮卒以敗師故書名○秋公會晉侯齊侯衛侯宋華元邾人于沙隨沙隨宋地梁国寧陵縣北有沙隨亭不見公不及鄢陵戰故不諱者恥輕於執止（疏）注不及至執止○正義曰諸公被執者皆諱不書執此會晉侯不肯見公不諱之者公爲国內有故不及戰期雖不見公非公之罪是爲恥輕於執止故直書之以示譏公之意異公改過無後犯及歸書公至自會以無罪不諱故依法告廟也公至自會無傳○公會尹

于晉侯齊國佐邾人伐鄭尹子王卿士子爵○曹伯歸自京師為晉侯所赦故書歸諸侯歸國或書名或不書名或言歸自某或言自某歸無傳義例從告辭○九月晉人執季孫行父舍之于苕丘苕丘晉地舍之苕丘明不以歸不稱行人非使人○苕音條使所吏反（疏）注苕丘至使人○正義曰昭十三年晉人執季孫意如以歸此言舍之苕丘明其不以歸也大夫因使被執無罪者則書行人以見無罪於時行父從公伐鄭在軍見執雖則無罪不稱行人以其非使人故也季孫意如得釋而歸書意如至自晉此行父得釋不書至者釋例曰賈氏以為書執行父舍于苕丘言失其所不書至者刺晉聽讒執之示己無罪也案傳因之苕丘以別晉都無義例也公待于鄆與行父俱歸獻於公尊故不書行父至耳若欲示無罪則宜於執見義今既直書其執處絕不書至乃所以示終於見執非示無罪也穀梁以行父至不致者為公在故與杜義合也冬十月乙亥叔孫僑如出奔齊公未歸命國人逐之○十有二月乙丑季孫行父及

晉郤犨盟于扈邑晉許魯平故盟○公至自會無傳伐而以會致史異文○乙酉刺公子偃魯殺大夫皆言刺義取於周禮三刺之法○刺本又作刾七賜反爾雅云殺也

傳十六年春楚子自武城使公子成以汝陰之田求成于鄭汝水之南近鄭地○近附近之近鄭叛晉子駟從楚子盟于武城爲晉伐鄭起○夏四月滕文公卒○鄭子罕伐宋滕宋之與国鄭因滕有喪而伐宋故傳舉滕侯卒侵伐經傳異文經從告傳言實他皆放此宋將鉏樂懼敗諸汋陂敗鄭師也樂懼戴公六世孫將鉏樂氏族○鉏仕魚反徐音在魚反汋七藥反徐音酌一音市藥反陂彼宜反

（疏）注樂懼至氏族○正義曰樂懼是戴公六世孫世本有文也將鉏爲樂氏之族不知所出杜譜於樂氏之下樂鉏將鉏爲一人傳無樂鉏之文不知其故何也退

舍於夫渠不儆宋師不儆備○夫音扶儆京領反鄭人覆之敗諸汋陵獲將鉏樂懼宋恃勝也汋陂夫渠汋陵皆宋地○覆徐救反一音扶又反又若又反○衛侯伐鄭至于鳴鴈為晉故也鳴鴈在陳留雍丘縣西北○為于偽反○晉侯將伐鄭范文子曰若逞吾願諸侯皆叛晉可以逞逞快也晉厲公無道三郤驕故欲使諸侯叛冀其懼而思德若唯鄭叛晉國之憂可立俟也欒武子曰不可以當吾世而失諸侯必伐鄭乃興師欒書將中軍士燮佐之代荀庚疏欒書至燮佐之○正義曰晉語云鄢陵之役晉伐鄭荊救之欒武子將上軍范文子將下軍與此異者彼孔晁注云上下中軍之一下此傳曰欒書將中軍士燮佐之又曰欒范以其族夾公行引此為正是彼謂分中軍為二將將上而佐將下郤錡將上軍

代士燮荀偃佐之代郤錡偃荀庚子韓厥將下軍郤至佐新軍荀罃居守荀罃下軍佐於是郤犫代趙旃將新軍新上下軍罷矣。守手又反

疏注荀罃至罷矣。正義曰十三年傳云韓厥將下軍荀罃佐之又此年末傳云知武子佐下軍郤犫將新軍是其文也三年作六軍其新三軍將佐六人皆賞鞌之功死亡不復存至此唯有韓厥在耳郤至佐新軍不言中下是新軍唯一知新上下軍於是罷矣

郤犫如衛遂如齊皆乞師焉欒黶來乞師孟獻子曰有勝矣畢讓有礼故知其將勝楚戊寅晉師起鄭人聞有晉師使告于楚姚句耳與往句耳鄭大夫與往非使也為先歸張本。句古侯反與音預使所吏反楚子救鄭司馬將中軍子反令尹將左子重右尹子辛將右公子壬夫過申子反入見申叔時叔時老在申。過古禾反曰師其何如

對曰德刑詳義禮信戰之器也器猶用也德以施惠刑以正邪詳以事神義以建利禮以順時信以守物民生厚而德正財足則思無邪○邪似嗟反注皆同用利而事節動不失利則事得其節時順而物成羣生得所上下和睦周旋不逆動順理求無不具下應上○應對之應各知其極無二心故詩曰立我烝民莫匪爾極烝衆也極中也詩頌言后稷立其衆民無不得中正○烝之承反注同疏注烝衆至中正○正義曰烝衆釋詁文極中常訓也詩頌思文之篇美后稷之德周語云昔我先王世后稷故杜以先王言之言先王后稷立其衆人無不得其中正也當堯之末洪水滔天人不粒食皆失其正性后稷教人耕稼以養之各復本性故無不得中正也是以神降之福時無災害民生敦厖和同以聽敦厚也厖大也○厖

莫降【疏】注敦厚龎大也。○正義曰皆釋詁文也言人之生計若財物足皆豐厚而多大管子曰倉廩實而知禮節衣食足而知榮辱讓生於有餘爭生於不足是其人生厚大則心和而聽上命也莫不盡力以從上命致死以補其闕（闕戰死者）此戰之所由克也今楚內棄其民（不施惠）而外絕其好（義不建利○好呼報反）瀆齊盟（不祥事神○瀆徒木反）而食話言（信不守物○話戶快反）奸時以動（禮不順時周四月今二月妨農業○奸音干本或作干）【疏】注禮不至農業○正義曰沈氏云晉亦奸時所以無大災者以鄭既有罪晉人討之楚黨有罪之鄭故獨謂之奸時而疲民以逞（刑不正邪而苟快意○疲本亦作罷音皮下注同）【疏】注刑不至快意○正義曰魯語曰大刑用甲兵其次用斧鉞故大者陳之原野小者致之市朝則征伐之刑刑之大者刑不正邪而苟快意正謂伐晉是也此六句言商無上六事隨便而言故與上不次服虔以外絕其好爲刑不正邪也食話言爲義不建利也疲民以逞爲信不守物也杜以食話言是言之不信也快意征伐是刑之失所也故不從舊說民不知信進退罪也人恤所底其誰致死底至也○底徐音旨又之履反【疏】注底至也　正義曰底聲近至故爲至也在上之信不著於人號令無常動皆恣意或作東作西或欲遲欲速每事如此不可測量人不知所進退獲罪人各愛其身不知性命所至誰肯致死戰也子其勉之吾不復見子矣言其必敗不反○復見扶又反一本無復字復扶又反【疏】劉曰至子矣○正義曰叔時此對首尾相成先舉六名云戰之器也言有此六事乃可以戰若器用然也自德以施惠至信以守物就六事施用之處也自民生厚至方由克言能用六事得戰勝之意也自今楚內棄其民至疲民以逞言楚不行六事也民不知信以下言楚必敗之意也德者得也自得於心美行之大名有大德者以德撫人是德用之以施恩惠也有姦邪者斷以刑罰是刑用之以正邪辟也詳則祥也古字同耳釋詁云祥善也李巡曰祥福之善也事神得福乃名爲祥是祥用之以事神也義者宜也物皆得宜利乃生焉故義所以生利益也禮者履也其所踐履當適時要故禮所以順時事也言而無信物將散矣故信所以守物也人君用

此道以撫下民民之生計豐厚財用足則民之德皆正矣德
謂人之性行論語云民德歸厚矣即是正也此一句覆上正德
以施惠由上施恩惠故民生計豐厚也財用有𥝠益而每事
得節飢則有食寒則有衣其事皆得節矣此一句覆上義以
建利也政不擾民時節皆順春種夏耨而物得成矣此一句
覆上禮以順時也自上及下和睦相親周旋運轉不有違逆
上之所求下無不具下民自知其中無復二心故詩美先王
成立我之衆民無不於汝先王得其中正言先王善養下民
使得中也自上下和睦以下至莫匪爾極總論在上德義禮
三事以教於下則在下之人皆無邪慝以信自守即包上刑
以正邪信以守物二句也聖王先成於民而後致力於神民
既如此是以明神下之福祐時無水旱災害此覆上詳以事
神也故下民生計皆豐厚而多大人皆和同其心以聽進正
無不益己之力以從上命戰陳之上有被殺傷者皆致其死
命以備其空闕之處此戰之所由得而勝也今楚內棄其國
內之民不行施惠是無德也外絕其鄰國之好不得其利是
無義也與晉結盟而復背之瀆齊同之盟是無詳也與人
要言今背其語食消善言是無信也夏之二月農事正煩奸
犯時節而動兵伐人是無禮也晉人無罪苟欲伐之疲勞下
民以快己欲是無刑也六事皆無是無器也無器而戰其可

（勝乎。上若有信，民知所適；上既無信，不知所從。從前言則違後令，從後令則背前言。人既不知存亡之信，其進與退皆得罪也。人人憂其所至，不知已之性命將至何處，其誰肯致死而戰也。子其勉力爲之，此行也必敗，吾不復得見子矣。知其必死，與之長歎也。）姚句耳先歸，子駟問焉，對曰：「其行速，過險而不整。速則失志，（不思慮也。）不整喪列。志失列喪，將何以戰？楚懼不可用也。」

五月，晉師濟河。聞楚師將至，范文子欲反，曰：「我偽逃楚，可以紓憂。（紓，緩也。○喪，息浪反，下同。紓音舒。）夫合諸侯，非吾所能也，以遺能者。我若群臣輯睦以事君，多矣。」武子曰：「不可。」

六月，晉、楚遇於鄢陵。范文子不欲戰。郤至曰：「韓之戰，惠公不振旅；（衆散敗也。在僖十五年。○遺，唯季反，下注）

問遺也同輯又作集音同亦七入反箕之役先軫不反命死於狄也在僖三十三年
邲之師荀伯不復從荀林父奔走不復故道在宣十二年○從徐子容反音或如字
皆晉之恥也子亦見先君之事矣見先君成敗之事今
我辟楚又益恥也文子曰吾先君之亟戰也
有故亟數也○亟去吏反數所角反秦狄齊楚皆彊不盡力子
孫將弱今三彊服矣齊秦狄敵楚而已唯聖人
能外內無患自非聖人外寧必有內憂驕亢則內變患生
也○亢苦浪反盡釋楚以為外懼乎甲午晦楚晨壓
晉軍而陳壓笮其未備○盡津忍反壓於甲反徐於輒反陳直覲反下及注皆同笮側百反軍
吏患之范匄趨進匄士燮子○匄本又作丐古害反曰塞井夷

竈，陳於軍中，而疏行首。疏行首者，當陳前決開營壘爲戰道。○行，戶郎反，二音如字，注同。壘，力軌反。晉楚唯天所授，何患焉？文子執戈逐之，曰：「國之存亡，天也，童子何知焉？」欒書曰：「楚師輕窕，固壘而待之，三日必退。退而擊之，必獲勝焉。」郤至曰：「楚有六間，不可失也。其二卿相惡，子重子反。○窕，勑彫反，又勑弔反。惡，如字，又烏路反。王卒以舊，罷老不代。○卒，子忽反，下皆同。鄭陳而不整，不整列。蠻軍而不陳，蠻夷從楚者不結陳。陳不違晦，晦，月終，陰之盡，故兵家以爲忌。

疏 注晦月至忌。○正義曰：日爲陽精，月爲陰精，兵尚殺害，陰之道也。行兵貴月盛之時，晦是月終，陰之盡也，故兵家以晦爲忌，不用晦日陳兵也。昭二十三年七月戊辰晦，吳敗楚師于雞父，吳犯兵忌而戰勝者，杜云「違兵忌晦戰，擊楚所不意」。彼知楚有可敗之機，晦是兵家所忌，揆楚之情，必以吳爲不動故以晦日掩之擊楚不備故也在陳而囂囂喧嘩也○囂許驕反徐讀曰嚻五高反注及後同喧本又作諠況元反嘩本又作譁音華合而加囂陳合宜靜而益有聲各顧其後莫有鬭心人恤其所底舊不必良以犯天忌我必克之楚子登巢車以望晉軍巢車車上為櫓○巢說文作轈云兵車高如巢以望敵也字林同櫓音魯【疏】注巢車車上為櫓○正義曰說文云轈兵高車加巢以望敵也櫓澤中守草樓也是巢與櫓俱是樓之別名子重使大宰伯州犁侍于王後州犁晉伯宗子前年奔楚○大宰音泰官名大者多同以意求之王曰騁而左右何也騁走也曰召軍吏也皆聚於中軍矣曰合謀也張幕矣曰虔卜於先君也虔敬也幕音莫○徹幕矣曰將發命也甚囂且塵上矣曰將塞

并夷竈而爲行也夷平也。上時掌反行戶郎反下夾公行同皆乘矣左右執兵而下矣曰聽誓也左將帥右車右。乘繩證反下同將子匠反下去將同帥所類反下元帥同疏注左將帥右車右。正義曰兵車唯元帥在中御者在左也其餘將帥皆御者在中將帥在左也左右執兵而下唯御者特車不下耳戰乎曰未可知也乘而左右皆下矣曰戰禱也禱請於鬼神。禱丁老反或丁報反伯州犂以公卒告王公晉侯苗賁皇在晉侯之側亦以王卒告賁皇楚鬭椒子宣四年奔晉。賁扶云反皆曰國士在且厚不可當也晉侯左右皆以伯州犂在楚知晉之情且謂楚衆多故憚合戰與苗賁皇意異。憚徒旦反疏注晉侯至意異。正義曰服虔以此皆曰之文在州犂賁皇之下解云賁皇州犂皆言曰晉楚之士皆在君側且陳厚不可當以爲州犂言晉彊賁皇言楚彊故云皆曰也君如服言賁皇既言楚不可當何故復請分良以擊其左右故杜不用其說晉侯左右皆爲此言以憚伯州犂耳苗賁皇言於晉侯曰楚之良在其中軍王族而已請分良以擊其左右而三軍萃於王卒萃集也○萃似醉反必大敗矣公筮之史曰吉其卦遇復䷗震下坤上復無變疏注震下至無變○正義曰說卦震爲雷坤爲地復象曰雷在地中復服虔云復亥也陰盛於上陽動於下以喻小人作亂於上聖人與道於下萬物復萌制度復理故曰復也其筮六爻無變者故言其所遇之卦而已曰南國蹙射其元王中厥目此卜者辭也復陽長之卦陽氣起子南行推陰故曰南國蹙也南國勢蹙則離受其咎離爲諸侯又爲目陽氣激南飛矢之象故曰射其元王中厥目○蹙子六反射食亦反注及下射之同中丁仲反注同長丁丈反激古狄反疏注此卜至厥目○正義曰此實筮也而言卜者卜筮通言耳此既不用周易而別爲之辭蓋卜筮之書更有此類筮者隊而言耳服虔以爲陽氣觸地射出爲射之象杜以陽氣激南爲飛矢之象二者無所依馮各以意說

傳失終於無驗是非無以可明今以杜言離爲諸侯者案杜譜云大明生於東君西酉鐵象鄭玄云象日出東方而西行也詩鄭箋云日君象也說卦離爲日故爲諸侯國蹷王傷不敗何待公從之從其言而戰有淖於前淖泥也○淖乃孝反徐徒較反乃皆左右相違於淖違辟也步毅御晉厲公欒鍼爲右步毅即郤毅彭名御楚共王潘黨爲右石首御鄭成公唐苟爲右欒范以其族夾公行二族強故在公左右○共音恭夾古洽反疏注二族至左右○正義曰劉炫云族者屬也屬謂中軍以中軍夾公耳非謂宗族之兵今知非者杜云二族者順傳之文無妄言宗族之事劉意杜以爲宗族妄規其過非也陷於淖欒書將載晉侯鍼曰書退國有大任焉得專之在君前故子名其父大任謂元帥之職○焉於虔反疏國有至專之○正義曰言國有元帥之大任何得專意救之而爲御也○注在

君至其父。正義曰曲禮曰父前子名君前臣名鄭玄云對至尊無大小皆相名以君至尊爲在君前故子名其父且侵官冒也載公爲侵官。冒莫報反徐莫北反失官慢也去將而歸失官也離局姦也遠其部曲爲離局。離力志反注同遠于萬反有三罪焉不可犯也乃掀公以出於淖掀舉也。掀徐許言反一云捧轂舉之則公軒起也一曰掀引也顛根反一音虛斤反字林云舉出也火氣也又丘近反【疏】注掀舉也。正義曰說文云掀舉出也公在於淖知掀當爲舉也癸巳潘尫之黨與養由基蹲甲而射之徹七札焉黨潘尫之子蹲聚也一發達七札言其能陷堅。尫烏黃反之黨一本作潘尫之子□注一云黨潘尫之子也則傳文不得有子字古本此及襄二十三年申鮮虞之傳皆無子字蹲在尊反徐又在損反□音才官反札側八反徐側乙反【疏】潘尫之黨。正義曰潘尫之子其名爲黨襄二十三年申鮮虞之傳辭□此同古人爲文略言耳以示王曰君有二臣如此何憂於

戰（二子以射夸王。○夸苦瓜反）王怒曰大辱國（賤其不尚知謀。○知音智）詰
朝爾射死藝（言女以射自多必當以藝死也詰朝猶明朝是戰日。○朝如字注同女音汝）呂
錡夢射月中之退入於泥（呂錡魏錡。○射食亦反下至發射呂錡皆同）占
之曰姬姓日也（周世姬姓尊）異姓月也（異姓卑）必楚王
也射而中之退入於泥亦必死矣（錡自入泥亦死象。○中丁
仲反下及注皆同）及戰射共王中目王召養由基與之
兩矢使射呂錡中項伏弢（弢弓衣。○項戶講反弢他刀反）以一矢
復命（言一發而中）郤至三遇楚子之卒見楚子必
下免冑而趨風（疾如風）楚子使工尹襄問之以
弓（問遺也）疏 注問遺也。○正義曰遺人以物謂之爲問問弦多以琴問子貢以弓論語云問人於他邦

皆是也曰方事之殷也殷盛也有韎韋之跗注君子也韎赤色跗注戎服若袴而屬於跗與袴連○韎莫拜反又音妹徐莫蓋反跗方于反注之樹反袴苦故反屬章玉反【疏】注韎赤至袴連○正義曰鄭玄詩注云韎茅蒐染也韎聲也韋昭云茅蒐今絳草也急疾呼茅蒐成韎也茅蒐即今之蒨也賈逵云一染曰韎釋器云一染謂之縓一入赤爲縓赤色也跗注兵戎之服自要以下而注於脚跗謂屬袴於下與跗相連周禮司服凡兵事韋弁服鄭玄云韋弁以韎韋爲弁又以爲衣裳晉郤至衣韎韋之跗注是也鄭以跗當爲幅幅謂裁韋若布帛之幅相縫屬鄭言以爲衣裳則衣裳不連聘礼君使卿韋弁歸饔餼鄭玄云其服盖韎布以爲衣而素裳鄭以彼非戎事當爲素裳明衣裳不連跗注言連者謂要脚連耳若然在軍之服其色皆同所謂均服振振上下同色郤至與衆同服所以獨見識者礼法雖有此服軍士未必盡然郤至服必鮮華故楚王偏識之識見不穀而趨無乃傷乎恐其傷郤至見客免胄承命曰君之外臣至從寡君之戎事以君之靈

閒蒙甲胄閒猶近也○近如字一本或作與音預不敢拜命介者不拜○介音界【疏】注介者不拜○正義曰曲禮云介者不拜爲其拜而蓌拜鄭玄云蓌則失容節蓌猶詐也慮其筋甲折○敢告不寧君命之辱以君辱賜命故不敢自安【疏】注以君至自安○正義曰劉炫以爲案上云無乃傷乎恐其傷也荅云敢告不寧告其身不傷且魏犨云不有寧也以傷爲寧此與魏犨相似今知不然者案僖二十八年魏犨云以君之靈不有寧也謂不有被傷以自寧也知不與彼同者以彼云不有寧謂不有損傷此自云不寧既無有字又非無被傷之狀與魏犨不同也案當時注敢告不寧君命之辱宜連讀之若敢告不寧則句爲句則君命之辱一句零行無所依附故知與彼不同劉君不尋其意以爲與魏犨相似而規杜非也爲事之故敢肅使者言君辱命來問以有軍事不得荅命故肅使者肅手至地若今撎○爲于僞反使所吏反注及下同撎伊志反揖也字林云舉首下手也【疏】注言君至今撎○正義曰周禮大祝辨九拜九曰肅拜鄭司農云肅拜但俯下手今時撎是也說文云撎舉手下手也其勢婦人今謂之小別晉宋儀注貴人待賤人賤人拜貴人撎

三肅使者而退。晉韓厥從鄭伯，從逐。其御杜溷羅曰：「速從之，其御屢顧，不在馬，可及也。」韓厥曰：「不可以再辱國君。」乃止。二年鞌之戰，韓厥已辱齊侯。○溷，户昏反，本亦作…反。郤至從鄭伯，其右茀翰胡曰：「諜輅之，余從之乘而俘以下。」欲遣輕兵單進，以距鄭伯車前，而自後登其車以執之。○茀，府勿反。翰，戶旦反，徐音韓。諜音牒。輅，五嫁反。乘，繩證反，又如字。（疏）注「欲遣」至「執之」。○正義曰：《說文》云：「諜，軍中反間也。」兵書有反間之法，謂諜爲敵國之人，入其軍中，伺候間隙，以反告己軍。令闚之細作人也。此欲令諜邀鄭伯，則非一人細作。於時鄭伯退走，鼓杜以爲鄭兵單進，遮鄭伯之前，逆距鄭伯，使鄭伯前視輕兵，不復顧後，得自後登其車以執之也。鄭軍罵走，輕兵獨出其間，亦諜之類，故翰胡得以諜言之。郤至曰：「傷國君有刑。」亦止。石首曰：「衛懿公唯不去其旗，是以敗於熒。」乃內

旌於弢中 熒戰在閔二年○去起呂反弢戶高反旌音精 疏 内旌於弢中○正義曰旌謂麾伯所建之旗弢是盛旌之囊也田犯禮全羽爲旞析羽爲旌謂注旄竿首者也但以旗竿首皆有析羽故旌爲之緫名故此傳鄭伯與子重所建皆以旌言之其鄭伯所建當是交龍之旂子重所建當是熊虎之旗周禮中秋教治兵辨旗物諸侯載旂軍吏載旗鄭玄云軍吏諸軍帥也凡旌旗有軍衆者畫異物無者帛而已子重爲將自然當建熊虎之旗 唐苟謂石首曰子在君側敗者壹大我不如子子以君免我請止乃死 敗者壹大謂軍大崩也言石首亦君之親臣而就御與車右不同故石首當御君以退己當死戰 楚師薄於險 薄迫也 叔山冉謂養由基曰雖君有命爲國故子必射 王有死藝命○冉如琰反爲于僞反射食亦反 乃射再發盡殪叔山冉搏人以投中 言二子皆有過人之能○發如字徐音廢殪於計反搏音轉中丁仲 車折軾晉師乃止

反所之敵反又市列反軾音式因楚公子茷為郤至見諸張本○茷扶廢反【疏】因楚公子
茷○正義曰晉語謂之王子發鉤蓋一名一字也欒鍼見子重之旌請曰
楚人謂夫旌子重之麾也彼其子重也日臣
之使於楚也子重問晉國之勇臣對曰好以
衆整曰又何如又問其餘○夫音扶麾許危反日人實反使所吏反下皃使者同好呼報反下
及注皆同臣對曰好以暇暇閒暇○閒音閑今兩國治戎行
人不使不可謂整臨事而食言不可謂暇食好
整之言○使所使反又如字請攝飲焉攝持也持飲往飲子重○往飲於鴆反公許
之使行人執榼承飲造于子重承奉也○榼苦臘反造七報反曰
寡君乏使使鍼御持矛御侍也是以不得犒從

著使其攝飲子重曰夫子嘗與吾言於楚必是故也不亦識乎知其以往言好暇故致飲○攝苦報反縱才用反受而飲之免使者而復鼓免脫也○復扶又反注及下同旦而戰見星未已子反命軍吏察夷傷夷亦傷也疏注夷亦傷也○正義曰服虔云金創爲夷杜以戰鬬五兵唯殳無刃所言傷者皆刃傷也何須於此獨辨金木故知夷亦傷也復言之耳補卒乘補死亡○乘繩證反下同繕甲兵繕治也展車馬展陳也○展陳如字雞鳴而食唯命是聽復欲戰晉人患之苗賁皇徇曰蒐乘補卒蒐閱也○徇似俊反蒐所留反秣馬利兵秣穀馬也○秣音末脩陳固列固堅也○陳直覲反又如字蓐食申禱申重也○蓐音辱重直用反明日復戰乃逸楚囚逸縱也○縱子用反王聞之召子反謀

穀陽豎獻飲於子反子反醉而不能見穀陽子反內豎○見賢遍反疏注穀陽子反內豎○正義曰鄭玄云豎未冠者之名故杜以爲內豎也案呂氏春秋云荊共王與晉厲公戰于鄢陵荊師敗共王傷臨戰司馬子反渴而求飲豎陽穀操酒而進之子反曰却酒也豎陽穀曰非酒也子反曰却酒也豎陽穀又曰非酒也子反受而飲之子反之爲人也嗜酒甘而不能絕於口醉戰既罷共王欲復戰而謀使召司馬子反子反辭以心疾共王駕往視之入幄中聞酒臭而還曰今日之戰不穀親傷所恃者司馬也而司馬又若此不穀無與復戰矣於是還罷師去之斬司馬子反以爲戮與此不同者傳依簡牘本紀彼采傳聞異辭所說爲殊其文亦異王曰天敗楚也夫余不可以待乃宵遁晉入楚軍三日穀食楚軍三日也○夫音扶三日穀本或作三日館穀誤也范文子立於戎馬之前曰君幼諸臣不佞何佞才也○君幼本或作君幼弱以及此君其戒之戒勿驕周書曰惟命不于常有

德之謂周書康誥言勝無常命惟德是與疏注周書至是與○正義曰周公稱成王之命告康叔以此言也唯上天之命不常於一人也言善則得之惡則失之唯有德者於是與之楚師還及瑕瑕楚地王使謂子反曰先大夫之覆師徒者君不在謂子玉敗城濮時子玉不在軍○覆芳服反子無以爲過不穀之罪也子反再拜稽首曰君賜臣死死且不朽王引過亦所以責子也臣之卒實奔臣之罪也子重使謂子反曰初隕師徒者而亦聞之矣盍圖之聞子玉自殺終二卿相惡○卒從此已前皆子忽反隕于敏反盍户臘反對曰雖微先大夫有之大夫命側側敢不義言以義命已不敢不受疏雖微至不義○正義曰微無也縱使雖無先大夫有此舊事今大夫將義命已敢不以爲之義乎側亡君師敢忘其

死王使止之弗及而卒戰之日齊國佐高無咎至于師無咎高固子衛侯出于衛公出于壞隤壞隤魯邑齊衛皆後非獨魯明晉以衛如故不見公○壞戶怪反徐音懷隤徒回反【疏】衛侯至壞隤○正義曰出于衛者已出衛竟也公出于壞隤始從壞隤而出猶未出魯竟下云公待於壞隤設守而後行是出国止於壞隤更從壞隤而出宣伯通於穆姜穆姜成公母欲去季孟而取其室季文子孟獻子○去起呂反將行穆姜送公而使逐二子公以晉難告會晉伐鄭難乃旦反○曰請反而聽命姜怒公子偃公子鉏趨過二子公庶弟○鉏仕居反【疏】注二子公庶弟○正義曰沈氏云以刺公子偃不云弟故也指之曰女不可是皆君也言欲廢公更立君○女音汝公待於壞隤申宮儆備申勑宮備○儆京領反設

守而後行，是以後。後晉楚戰期。○守，手又反。使孟獻子守于公宮。秋，會于沙隨，謀伐鄭也。鄭猶未服。宣伯使告郤犨曰：“魯侯待于壞隤，以待勝者。”觀晉楚之勝負。郤犨將新軍，且爲公族大夫，以主東諸侯。主齊魯之屬。取貨于宣伯，而訴公于晉侯。訴，譖也。晉侯不見公。○曹人請于晉曰：“自我先君宣公卽世，在十三年。國人曰：‘若之何？憂猶未弭。’弭，息也。旣葬，國人皆將從子臧，所謂憂未息。○弭，亡氏反。而又討我寡君，前年晉侯執曹伯。以亡曹國社稷之鎭公子，謂子臧逃奔宋。是大泯曹也。泯，滅也。先君無乃有罪乎？言今君無罪而見討，得無以先君故。若有罪，則君列諸會矣。諸侯雖有篡弑之罪侯伯已與之會則不復討前年會于戚曹伯在列盟畢乃執之故曹人以為無罪○篡初患反弑音試復扶又反下及下文復請同（疏）注諸侯至無罪○正義曰諸侯篡立當由天子但春秋之世王政不行若篡弑而立則侯伯既列於會便是已成為君臣之得弑之鄰國不得復討往年為戚之會主為討曹但晉侯既列於會盟畢乃始執之故曹人以為無罪也宣元年會于平州以定公位齊非侯伯而得公位定者齊非侯伯乃是彊鄰既得與會即為黨援晉若討魯齊必救之於是晉國竟不伐魯是由會齊而公位遂定也

君唯不遺德刑遺失也

以伯諸侯豈獨遺諸敝邑敢私布之為曹伯歸不以名告傳○伯如字又音霸（疏）注為曹至告傳○正義曰諸侯被執及歸或名或否雖從告辭傳不為例但諸侯尊貴不斥其名曲禮曰諸侯不生名諸侯失地名滅同姓名是諸侯稱名者是罪責之事彼告者亦量其舉之善否惡之則以名告故釋例曰蔡侯般弑父自立楚子欲顯行刑誅以章伯業誘而殺之蔡人深怨故稱名以告春秋從而書之是告者謂其有罪則稱名以告謂其無罪則告不以名此曹人訴君無罪晉侯從而釋之言其無罪而歸故曹人不以名告下云晉

侯謂子臧反吾歸而君是晉人告其歸也此傳說曹伯無罪是爲經不以名告之傳也○七月公會尹武公及諸侯伐鄭將行姜氏命公如初復欲使公逐季孟公又申守而行諸侯之師次于鄭西我師次于督揚不敢過鄭督揚鄭東地○守手又反下注同過古卧反又古禾反○子叔聲伯使叔孫豹請逆于晉師豹叔孫僑如弟也僑如於是遂作亂豹因奔齊

疏注豹叔至奔齊○正義曰此時十月也至十月而僑如奔齊昭四年傳稱穆子去叔孫氏及庚宗遇婦人使私爲食而宿焉後生豎牛適齊娶於國氏生孟丙仲壬乃云宜伯奔齊穆子饋之則似豹在齊多年僑如始往故服虔以爲叔孫豹先在齊矣此時從國佐在師聲伯令人就齊師使豹豹不忘宗國聞白國佐爲魯請逆杜不然者若豹以前在齊則非復魯臣聲伯正可因之以請不得云聲伯使豹聲伯安得專使背叛之臣也又聲伯豈無魯人可使而崎嶇艱險遠使他國之人乎今傳言聲伯使豹明在魯軍得爲聲伯使耳下云聲伯食使者而後食不言食豹而言食

使者明豹因請逆遂即不還還者豹之介耳於時魯師在鄭從鄭向齊塗出於魯豹必過魯乃去故得宿於庚宗彼傳因
言宿於庚宗遂誘娶於國氏生二子耳二子之生必在僑如奔後豹之還魯雖無歸年而襄二年豹見於經豎牛已能奉
雉故杜以爲此年去彼年歸故下注云傳因言其終爲食於鄭郊師逆以至
聲伯戚叔孫以必須所逆晉師至乃食聲伯四日不食以待之食使
者使者豹之介○食使音嗣使所吏反注同介音界下文取介大國同而後食言其急也○而後食
二本作聲伯而後食○諸侯遷于制田滎陽宛陵縣東有制澤知武子佐
下軍武子荀罃以諸侯之師侵陳至于鳴鹿陳國武平縣西
南有鹿邑遂侵蔡未反侵陳蔡不書公不與○與音預諸侯遷于潁上
戊午鄭子罕宵軍之宋齊衛皆失軍將主與軍相失宋衛
不書後也○將子匠反〔疏〕注將主至後也○正義曰服虔以失軍爲失其軍糧傳稱諸侯遷于潁上子罕宵軍之

之則軍諸侯之營不軍其輜重安得爲失軍糧也故杜以爲將主與軍相失謂從裏進散相失耳此諸侯即伐鄭之諸侯也經書公會尹子晉侯齊國佐邾人伐鄭不書宋衞傳言宋衞皆失軍則宋衞在塞而不書後至故也曹人復請于晉晉侯謂子臧反吾歸而君以曹人重子臧故子臧反曹伯歸子臧自宋還子臧盡致其邑與卿而不出不出仕○宣伯使告郤犫曰魯之有季孟猶晉之有欒范也政令於是乎成今其謀曰晉政多門不可從也政不由君寧事齊楚有亡而已蔑從晉矣蔑無也若欲得志於魯請止行父而殺之行父季文子也我斃蔑也蔑孟獻子時留守公宮○斃婢世反而事晉蔑有貳矣魯不貳小國必睦不然歸必叛矣

九月晉人執季文子于苕丘公還待于鄆鄆魯西邑東郡廩丘縣東有鄆城○廩力甚反使子叔聲伯請季孫于晉郤犨曰苟去仲孫蔑而止季孫行父吾與子國親於公室親魯甚於晉公室○去起呂反下同對曰僑如之情子必聞之矣聞其姦慝情○慝吐得反下文同若去蔑與行父是大弃魯國而罪寡君也若猶不弃而惠徼周公之福使寡君得事晉君則夫二人者魯國社稷之臣也若朝亡之魯必夕亡以魯之密邇仇讎仇讎謂齊楚○夫音扶朝如字疏若朝至夕亡○正義曰朝亡之謂朝失蔑與行父也魯必夕亡謂亡屬他國也下文亡而為讎是欲棄晉而屬事齊楚亡而為讎治之何及言魯屬齊

楚則還爲篇反犨郤犨曰吾爲子請邑對曰嬰齊魯之常隸也隸賤官。爲于僞反敢介大國以求厚焉介因也承寡君之命以請承奉也若得所請吾子之賜多矣又何求范文子謂欒武子曰季孫於魯相二君矣二君宣成。相息亮反妾不衣帛馬不食粟可不謂忠乎信讒慝而棄忠良若諸侯何子叔嬰齊奉君命無私不受郤犨請邑。衣於既反。食音嗣如字對上句讒作嗣音謀國家不貳謂四日不食以堅事晉圖其身不忘其君辭邑不食皆先君而後身若虛其請是棄善人也子其圖之乃許魯平赦季孫冬十月出叔孫僑如而盟之僑如奔齊

於三年諸大夫共盟以僑如爲戒

十二月，季孫及郤犫盟于扈，歸，刺公子偃，（偃與鉏俱爲妻所指，而獨殺偃，偃與謀。○偃與音預。）召叔孫豹于齊而立之。（近此七月，聲伯使豹請逆於晉，聞魯人將討僑如，豹乃辟其難，先奔齊，生二子，而魯乃召之，故襄二年豹始見經傳，於此因言其終。○難乃旦反，見賢遍反。）○齊聲孟子通僑如，（聲孟子，齊靈公母，宋女。）使立於高、國之閒，（位比二卿。）僑如曰：「不可以再罪。」奔衛，亦閒於卿。（傳亦終言僑如之佞。○閒，徐音閒厠之閒，讀者或如字。）○晉侯使郤至獻楚捷于周，與單襄公語，驟稱其伐。（伐，功也。）

【疏】晉侯至其伐。○正義曰：周語稱郤至見召桓公，與之語，召桓公以告單襄公，非郤至自與襄公語也。襄公論郤至將死，蓋召桓公語耳，非語諸大夫也。其文與此小異，其意與此大同，周語辭而此傳略。先賢或以爲國語非丘明所作，爲其或有與傳不同故也。驟稱其伐，謂數數自稱其功。周語説郤至自稱其伐之言多矣，其辭不可具載。

單子語諸大夫曰溫季其亡乎溫季郤至。語魚據反【疏】溫季其亡乎。○正義曰周語單襄公告召桓公云人有言曰兵在頸者其郤至之謂乎即見論郤至之失乃曰以吾觀之兵在其頸不可久也位於七人之下佐新軍位八人【疏】位於七人之下。○正義曰此時欒書將中軍士燮佐之郤錡將上軍荀偃佐之韓厥將下軍荀罃佐之欒黶將新軍郤至佐之是位在七人之下。而求掩其上稱己之伐掩上功。【疏】注稱己至上功。○正義曰周語曰郤至自稱己有大功欲求晉國之政召桓公謂之曰吾子則賢矣晉國之舉不失其次吾懼政之未及子也至謂召桓公曰何次之有先大夫荀伯下軍之佐以為政趙宣子未有軍行而以為政今欒伯自下軍往是三子也吾又過之無不及也若佐新軍而以之為政不亦可乎將必求之是掩上功。怨之所聚亂之本也多怨而階亂何以在位怨為亂階夏書曰怨豈在明不見是圖逸書也不見細微也。○見賢遍反又如字注同【疏】夏書至可乎。○正義曰夏書五子之歌第一章也其爲人所怨者豈必在明白之處乎其於人所不見當於是圖謀之此書之言將謂慎其細小之事者也今乃明明言之道已欲掩其上此事其明其可乎言必不可也杜不見古文故云逸書將慎其細也今而明之其可乎言郤至顯稱己功所以明怨咎

經十有七年春衛北宮括帥師侵鄭括成公曾孫○括古活反○夏公會尹子單子晉侯齊侯宋公衛侯曹師邾人伐鄭晉未能服鄭故假天子威周使二卿會之晉爲兵主而猶先尹單尊王命也單伯稱子蓋降爵○六月乙酉同盟于柯陵柯陵鄭西地○柯古何反○秋公至自會無傳○齊高無咎出奔莒○九月辛丑用郊無傳九月郊祭非礼明矣書用郊從史文〔疏〕注九月至史文○正義曰傳例啓蟄而郊今九月郊祀是非礼明矣公羊傳曰用者何用者不宜用也九月非所用郊也谷梁傳曰夏之始可以承春以秋之

未承春之始蓋不可矣九月用郊用者不宜用也賈逵以二傳爲說諸書用者不宜用也釋例曰辛丑用郊文異而丘明不發傳因時史之辭非聖賢意也劉賈以爲諸言用皆不宜用反於礼者也施之用郊似若有義至於用幣用鄫子諸若此比皆當須書用以別所用者也若不言用則事敘不明所謂辭窮非聖人故造此用以示義也且諸嘗祀三望之類奚獨皆不書用邪案左氏傳用幣于社傳曰得礼用有用牢於齊師孔子以爲義無不宜用之例也丘明云我師豈欺我哉

○晉侯使荀罃來乞師無傳將伐鄭○冬公會單子晉侯宋公衛侯曹伯齊人邾人伐鄭鄭猶未服故也○十有一月公至自伐鄭無傳○壬申公孫嬰齊卒于貍脤十一月無壬申日誤也貍脤闕○貍力之反脤市軫反○【疏】注十一至脤闕○正義曰杜長曆推十一月丁亥朔六日壬辰十六日壬寅二十六日壬子十日丙申二十二日戊申不知壬申二字何者爲誤長曆云公羊穀梁傳及諸儒皆以爲十月十五日也十月庚午圍鄭十三日也推至壬申誠在十五日然據傳曰十一

月諸侯還自鄭壬申至于貍脤而卒此非十月分明誤在日也又杜於土地之篇凡有地名二十六所不知所在之國貍脤即是其一不知是何国之地故直云闕也杜又稱舊說曰壬申十月十五日貍脤魯地也傳曰十月庚午圍鄭則二日未得反魯竟也釋例又曰魯大夫卒其竟內則不書地傳稱季平子行東野卒于房是也以此益明貍脤非魯地矣以下有十二月丁巳朔逆而推之故諸舊說皆以壬申爲十月十五日也公羊穀梁傳以爲待公至然後卒大夫故十月之日書在十一月之下於左傳則不通故杜以爲日誤。

十有二月丁巳朔日有食之 無傳。

邾子貜且卒 無傳五同盟。貜俱縛反徐居碧反且子餘反

疏注五同盟。正義曰貜且以文十四年即位宣十七年盟于断道成二年于蜀五年于蟲牢七年于馬陵九年于蒲十五年于戚此年于柯陵凡七同盟而云五者既以杜數同盟之例但有君盟者不數大夫之盟此二年盟蜀十七年盟柯陵皆邾之大夫故不數之劉炫并數二盟而規其過非也。

晉殺其大夫郤錡郤犨郤至。

楚人滅舒庸

傳十七年春王正月鄭子駟侵晉虛滑虛滑晉二邑滑故滑國爲秦所滅時屬晉後屬周○虛起居反疏注虛滑至屬周○正義曰僖三十三年秦人滅滑經書入則是滅而不有不知滅後屬何國也此言侵晉知此時屬晉耳襄十八年傳楚公子格侵費滑胥靡注云胥靡鄭邑不言費滑杜意當以費滑爲周邑也然則若是周邑當言侵周以別之定六年傳稱鄭伐周馮滑胥靡時胥靡亦爲周邑蓋費滑胥靡周鄭之閒襄時屬鄭定時屬周衛北宮括救晉侵鄭至于高氏不書救以侵告高氏在陽翟縣西南夏五月鄭大子髡頑侯獳爲質於楚侯獳鄭大夫○髡苦門反獳乃侯反質音致楚公子成公子寅戍鄭○公會尹武公單襄公及諸侯伐鄭自戲童至于曲洧曲洧新汲縣治曲洧城臨洧水○戲許宜反洧于軌反治直吏反疏注洧水○正義曰釋例云洧水出滎陽密縣西北陽城山東南至潁川長平縣入潁○晉范文

子反自鄢陵前年鄢陵戰還使其祝宗祈死祝宗主祭祀祈禱者曰君驕侈而克敵是天益其疾也難將作矣愛我者惟祝我使我速死無及於難范氏之福也六月戊辰士燮卒傳言厲公無道故賢臣憂懼因禱自裁○侈尺氏反又尸氏反難乃旦反下同祝之又反

【疏】注傳言至自裁○正義曰劉炫以為士燮及昭子之卒適與死會非自殺今知非者以傳云使祝宗祈死又云祝我使我速死無及於難是其欲死之意叔孫昭子心懷憂懼亦與此同身皆並卒故知自裁若其二人之死適與死會春秋之內唯有兩人願死何得身死皆與相當故杜觀傳文以為自殺劉以為偶然而死以規杜非也何休膏肓以為人生有三命有壽命以保度有隨命以督行有遭命以摘暴若聞死可祈也故杜以為因禱自裁也傳記此事者欲見厲公無道賢臣憂懼○

乙酉同盟于柯陵尋戚之盟也戚盟在十五年○楚子重救鄭師于首止諸

僕還長丈強。齊慶克通于聲孟子，與婦人蒙衣乘輦而入于閎。慶克，慶封父。蒙衣亦爲婦人服，與婦人相冒。閎，巷門。○與，如字，徐音預。閎音宏。冒，亡報反。【疏】于閎。○正義曰：《釋宮》云："宮中衖謂之壼，衖門謂之閎。"孫炎曰："衖，舍間道也。"李巡曰："閎，衖頭門也。"鮑牽見之，以告國武子。鮑牽，鮑叔牙曾孫。○武子召慶克而謂之。慶克久不出，伏匿於家。夫人所以怪之。而告夫人曰："國子謫我。"謫，譴責也。○謫，直革反。譴，遣戰反。夫人怒。國子相靈公以會，會伐鄭。○相，息亮反，下相施氏同。高、鮑處守。高無咎、鮑牽。○守，手又反。及還，將至，閉門而索客。蒐索姦人。○索，所白反，注同。孟子訴之曰："高、鮑將不納君，而立公子角，國子知之。"角，頃公子。○頃音傾。秋七月壬寅，刖鮑牽而逐高無咎。無咎

奔莒高弱以盧叛 弱無咎子盧高氏邑 ○刖音月又五刮反 齊人來召鮑國而立之 國鮑牽之弟文子 初鮑國去鮑氏而來為施孝叔臣施氏卜宰匡句須吉 卜立冢宰 句其俱反 ○施氏之宰有百室之邑與匡句須邑使為宰以讓鮑國而致邑焉施孝叔曰子實吉對曰能與忠良吉孰大焉鮑國相施氏忠故齊人取以為鮑氏後仲尼曰鮑莊子之知不如葵葵猶能衛其足 葵傾葉向日以蔽其根言鮑牽居亂不能危行言孫 ○知音智向許亮反本又作嚮行下孟反 ○冬諸侯伐鄭 前夏未得志故 十月庚午圍鄭楚公子申救鄭師于汝上十一月諸侯還 不書圍畏楚救不成

圍而還。【疏】汝上。○正義曰：釋例云汝水出南陽魯陽縣大盂山東出至河南梁縣東南經襄城潁川汝南至汝陰褒信縣入淮。○初聲伯夢涉洹，洹水出汲郡林慮縣東北至魏郡長樂縣入清水。○洹音桓，一音恒，今土俗音袁。慮，力於反。樂音洛，下樂平同。或與己瓊瑰食之，瓊玉瑰珠也。食珠玉，含象。○瓊，求營反。瑰，古回反。含，戶暗反，本亦作唅。【疏】注瓊玉至含象。○正義曰：瓊是玉之美者。廣雅云：玫瑰，珠也。呂靜韻集云：玫瑰，火齊珠也。含者或用玉或用珠，故夢食珠玉為含象也。詩毛傳云：瓊瑰，石而次玉。禮緯云：天子含用珠，諸侯用玉，大夫用碧。此聲伯得有瓊瑰者，案周禮天子含用玉，則禮緯之文未可全依，或可珠玉兼有，故釋例云珠玉曰含。泣而為瓊瑰，盈其懷。淚下化為珠玉，滿其懷。從而歌之曰：濟洹之水，贈我以瓊瑰。歸乎歸乎，瓊瑰盈吾懷乎。從，就也。夢中為此歌。懼不敢占也。還自鄭，壬申，至于貍脤而占之，曰：余恐死，故不敢占也。

今衆繁而從余三年矣無傷也言之之莫而
卒衆繁猶多也傳戒數占夢○莫音暮數所角反【疏】今衆至傷也○正義曰聲伯之意以初得此夢謂凶
在巳懼不敢占今衆既繁多而從余三年余之此夢凶災散在衆人不在巳也故云無傷○齊侯使
崔杼為大夫使慶克佐之帥師圍盧討高弱○杼直呂反
國佐從諸侯圍鄭以難請而歸請於諸侯○難乃旦反下及注
同遂如盧師殺慶克以穀叛疾克淫亂故殺之齊侯
與之盟于徐關而復之十二月盧降使國勝
告難于晉待命于清勝國佐子使以高氏難告晉齊欲討國佐故留其子於外清陽
平縣是為明年殺國佐傳○降下江反【疏】待命于清○正義曰欲遣國勝告難故令待進止之命於于清非
是使還待命○晉厲公侈多外嬖外嬖愛幸大夫○嬖必計反反自

鄢陵欲盡去羣大夫而立其左右○去羣，如字，上[illegible]反。自鄢陵，本作自鄢陵，去起呂反。胥童以胥克之廢也，怨郤氏，童，胥克之子。宣八年郤缺廢胥克。而嬖於厲公。郤錡奪夷陽五田，五亦嬖於厲公。郤犨與長魚矯爭田，執而梏之，梏，械也。○矯，居表反。梏，古毒反。又械，户戒反。與其父母妻子同一轅。繫之車轅。既，矯亦嬖於厲公。欒書怨郤至，以其不從己而敗楚師也，欲廢之。鄢陵戰，欒書欲固壘，郤至言楚有六間以取勝也。使楚公子茷告公曰：此戰也，郤至實召寡君，鄢陵戰，晉囚公子茷以歸。以東師之未至也，齊魯衛之師。與軍帥之不具也，曰此必敗，荀罃佐下軍居守，郤犨將新軍乞師，故言不具。○帥，所類反。守，手又反。吾因奉孫周以事君孫周晉襄公曾孫悼公君楚王也【疏】注孫周至悼公○正義曰晉世家云悼公周者其先祖父捷晉襄公少子也不得立號爲桓叔桓叔生惠伯談談生悼公周是周爲襄公曾孫也○公告欒書書曰其有焉不然豈其死之不恤而受敵使乎謂鄢陵戰時楚子問郤至以弓○使所吏反君盍嘗使諸周而察之嘗試也盍戶臘反使所吏反又如字郤至聘于周欒書使孫周見之公使覘之信覘伺也○覘勑廉反伺音司又絲嗣反遂怨郤至厲公田與婦人先殺而飲酒後使大夫殺傳言厲公無道先婦人而後卿佐郤至奉豕進之於公寺人孟張奪之寺人奄士郤至射而殺之公曰季子欺余季子郤至公反以爲郤至奪孟張豕○射食亦反厲公將作難胥童曰必

先三郤族大多怨去大族不偪〔不偪公室○偪彼力反下同〕敵多怨有庸〔言多怨者易有功○易以豉反〕公曰然郤氏聞之郤錡欲攻公曰雖死君必危郤至曰人所以立信知勇也信不叛君知不害民勇不作亂失茲三者其誰與我死而多怨將安用之〔言但死無用多其怨咨○知音智下同〕君實有臣而殺之其謂君何我之有罪吾死後矣若殺不辜將失其民欲安得乎〔言不得安君位〕待命而已受君之祿是以聚黨有黨而爭命〔爭死命也〕罪孰大焉〔傳言郤至無反心〕壬午胥童夷羊五帥甲八百將攻郤氏〔八百人也〕長魚矯請

無用衆公使清沸魋助之沸魋亦嬖人○沸甫味反魋徒回反抽戈

結衽衽裳際○衽而甚反徐音而鴆反而僞訟者僞與清沸魋訟三郤將

謀於榭榭講武堂【疏】注榭講武堂○正義曰楚語云榭不過講軍實焉是榭爲講武堂傳言將謀於

榭似仍未至榭猶在塗也下云殺駒伯苦成叔於其位位所坐之處則已至榭矣三郤處公殺已謀欲自安未及謀而已

死故云將耳非謂未至榭也或可將謀於榭是未至榭故杜云位所坐處也謂當時隨便所坐之處故長魚矯得僞訟而

殺之若已至榭不應就榭僞訟矯以戈殺駒伯苦成叔於其位位所

坐處也駒伯郤錡苦成叔郤犨○處昌慮反溫季曰逃威也遂趨郤至本意欲稟

君命而死今矯等不以君命而來故欲逃凶賊爲害故曰威言可畏也或曰畏當爲藏矯及諸其

車以戈殺之皆尸諸朝陳其尸於朝胥童以甲劫

欒書中行偃於朝矯曰不殺二子憂必及君

公曰一朝而尸三卿余不忍益也對曰人將
忍君（人謂書與偃○一朝如字）【疏】（一朝而尸三卿○正義曰一朝謂一旦也晉語說此事一旦而尸三
卿不可益也）臣聞亂在外爲姦在内爲軌御姦以德（
德綏遠○軌本又作宄音同御姦魚呂反下同）御軌以刑（刑治近也）不施而殺
不可謂德臣偪而不討不可謂刑德刑不立
姦軌並至臣請行遂出奔狄（行去也○識知字或式志反）公
使辭於二子（辭謝書與偃也）曰寡人有討於郤氏郤氏
既伏其辜矣大夫無辱其復職位（胥童劫而執之故云辱也）
皆再拜稽首曰君討有罪而免臣於死君之
惠也二臣雖死敢忘君德乃皆歸公使胥童

爲厲公遊于匠麗氏匠麗嬖大夫家欒書中行偃遂執公焉召士匄士匄辭辭不往也召韓厥韓厥辭曰昔吾畜於趙氏孟姬之讒吾能違兵畜養也違去也韓厥少爲趙盾所待養及孟姬之乱晉將討趙氏而厥去其兵示不與黨言此者明已無所偏助孟姬乱在八年○去起呂反下同少詩照反古人有言曰殺老牛莫之敢尸而況君乎二三子不能事君焉用厥也尸主也○焉於虔反

○舒庸人以楚師之敗也敗於鄢陵舒庸東夷國人道吳人圍巢伐駕圍釐虺巢駕釐虺楚四邑○道音導下及注同駕如字一音加釐力之反虺許鬼反遂恃吳而不設備楚公子櫜師襲舒庸滅之○閏月乙卯晦欒書中行偃殺胥童以其劫已

敗○橐他洛反民不與郤氏胥童道君爲亂故皆書曰

晉殺其大夫厲公以私欲殺三郤而三郤死不以無罪書偃以家怨害胥童而胥童受國討文明郤氏失民胥童道亂宜其爲國戮

【疏】注厲公至國戮○正義曰厲公以私欲殺三郤則三郤無罪經應直云晉殺其大夫不應稱名也又胥童爲欒書中行偃所殺乃直是兩下相殺今經書二者並爲國討之文故傳辨之言民不與郤氏郤氏有罪也胥童道君爲亂胥童有罪也故皆書曰晉殺其大夫以二者據其死狀皆非國討故傳正眞二者之罪解其並爲國討之意劉炫云杜言三郤不以無罪書正謂不書盜書盜即無罪也胥童之死本非國家所殺故特言胥童爭國討之其實傳意幷論郤氏受國討故云皆書曰晉殺其大夫也杜又云郤氏失民胥童道亂乃總釋傳並言二者皆爲國討之意也

經十有八年春王正月晉殺其大夫胥童傳在前年經在今春從告○庚申晉弑其君州蒲不稱臣君無道○齊殺

其大夫國佐國武子也○公如晉○夏楚子鄭伯伐
宋宋魚石復入于彭城傳例曰以惡入也彭城宋邑今彭城縣○復扶又反○
公至自晉○晉侯使士匄來聘○秋杞伯來朝
○八月邾子來朝○築鹿囿築牆為鹿苑○囿音又○己
丑公薨于路寢○冬楚人鄭人侵宋子重先遣鄭軍侵宋
鼓譟入而不言伐○塹遣政反○晉侯使士魴來乞師○魴音房○十
有二月仲孫蔑會晉侯宋公衛侯邾子齊崔
杼同盟于虛朾虛朾地闕○虛起居反朾他丁反○丁未葬我君成
公

傳十八年春王正月庚申晉欒書中行偃使

程滑弑厲公程滑晉大夫葬之于翼東門之外以車一乘言不以君礼葬諸侯葬車七乘。乘繩證反注同也【疏】注言不至七乘。正義曰周禮大行人上公貳車九乘侯伯七乘子男五乘謂生時副貳之車也其送葬亦當如之今唯注一乘是不以君礼葬也以晉是侯爵故指言侯礼七乘耳諸侯各依命數不是皆七乘也襄二十五年傳齊人葬莊公下車七乘杜以特言七乘明七乘非舊制故鄭注云齊舊依上公礼九乘以齊皆為侯伯因而用九九非侯之正法故此以正言之使荀罃士魴逆周子于京師而立之悼公周也生十四年矣大夫逆于清原周子曰孤始願不及此雖及此豈非天乎言有命也抑人之求君使出命也立而不從將安用君二三子用我今日否亦今日共而從君神之所福也傳言其少有才所以能自固。少詩照反對曰

羣臣之願也敢不唯命是聽庚午盟而入與諸
大夫盟館于伯子同氏晉大夫家館舍也辛巳朝于武宮武公
曲沃始命君会矣䟽辛巳朝于武宮○正義曰服虔本作辛未晉語亦作辛巳孔晁云以辛未盟入国辛巳朝祖廟
取其新也案晉語稱庚午大夫逆于清原傳云庚午盟而入逆曰即盟非辛未也傳與晉語皆云辛巳朝于武宮服本自
誤耳孔晁強欲合之非也逐不臣者七人夷羊五之屬也周子有兄而
無慧不能辨菽麥故不可立菽大豆也豆麥殊形易別故以為癡者之
候不慧盖世所謂白癡○菽音叔易以豉反別彼列反癡勑疑反○齊為慶氏之難
前年齊国佐殺慶克○爲于僞反難乃旦反故甲申晦齊侯使士華免
以戈殺國佐于內宮之朝華免齊大夫內宮夫人宮䟽注華免齊
大夫至夫人宮○正義曰杜世族譜於齊国雜人之中有華免而無士字此注以華免爲大夫則士者爲士官也官掌刑故

成十八

故使殺國佐也於夫人之宮有朝君子妾之處故云内宮之朝蓋齊侯召入與語而殺之師逃于夫
人之宮伏兵内宮恐不勝書曰齊殺其大夫國佐齊
命專殺以穀叛故也國佐本疾淫亂殺慶克齊以是討之嫌其罪不及死故傳明言
其三罪之使清人殺國勝勝國佐子前年待命于清者國弱來奔弱勝
之弟王湫奔萊湫國佐黨○湫子小反徐子爲反萊音來慶封爲大夫
慶佐爲司寇封佐皆慶克子既齊侯反國弱使嗣國
氏禮也佐之罪不及不祀○二月乙酉朔晉悼公即位
于朝朝朝廟五日而即位也厲公殺絶故悼公不以嗣子居喪○殺音試【疏】注朝廟至居喪○正義曰
辛巳距乙酉五日先定所脩之政待朝旦而後施之故五日也晉語云正月乙酉公即位孔晁云二月即位言正月者訛
者誤也厲公被殺而嗣絶故悼公自外而入即位之日即命百官施布政教與居喪即位其禮不同釋例曰厲公見殺悼

公自外紹立本非君臣無喪制也若然禮喪服小記云與諸侯爲兄弟者服斬鄭玄云謂卿大夫以下也與尊者爲親不敢以輕服服之言諸侯者明雖在異国猶來爲三年也計屬是文公之曾孫悼公之玄孫有緦麻之親法當服斬而云無喪制者悼之父祖去晉適周與本親隔絶無往來恩義屬既見殺悼即被迎迎之以爲晉君即與厲公體敵旦弃厲公以車一乘国内尚不以爲君不可責悼公服斬也緦使當爲之斬絶而別立亦非嗣矣

始命百官始爲政施舍己責施恩惠舍勞役止逋責○施舍如字一音始豉反逋布呉反逮鰥寡惠及微、鰥一古頑反振廢滯起舊德匡乏困救災患匡亦救也禁淫慝薄賦斂宥罪戾宥寬也○慝他得反斂力驗反宥音又戾力計反節器用鄭省也○省所景反下同時用民使民以時欲無犯時不縱私欲○縱本亦作從子用反使魏相士魴魏頡趙武爲卿相魏錡子魴士會子頡魏顆子武趙朔子此四人其父祖皆有勞於晉国○相息亮反頡戸結反顆苦果反〔疏〕注相魏至晉国

○正義曰晉語云使呂宣子佐下軍曰邲之役呂錡佐知莊子於下軍獲楚公子穀臣與連尹襄老以免其子鄢陵之役親射楚王而敗楚師以定晉國而無後其子不可不崇也使彘共子將新軍曰武子之季文子之母弟也武子宣法以定晉國文子勤身以定諸侯二子之德其可忘乎故以彘季并其宗使令狐文子佐之曰昔克潞之役秦來圖敗晉功魏顆以身退秦于輔氏親止杜回其勳銘于景鍾至于今不忘其子不可不興也敘言呂宣子魏相也彘共子士魴也令狐文子魏頡也又曰呂宣子卒公以趙文子能恤大事使佐下軍趙武父祖功名顯著故不復序之是四人父祖皆有勞於晉國

荀家荀會欒黶韓無忌為公族大夫使訓卿之子弟共儉孝弟無忌韓厥子○孝弟音悌本亦作悌

疏 荀家至孝弟○正義曰晉語云欒伯請公族大夫公曰荀家惇惠荀會文敏黶也果敢無忌鎮靖膏粱之性難正也故使惇惠者教之文敏者道之果敢者諭之鎮靖者脩之使茲四人者為公族大夫也公族大夫職掌教誨故使訓卿之子弟令之共儉孝弟晉語云韓獻子老使公族穆子受事于朝辭曰厲公之亂無忌備公族弗能死孔晁云備公族大夫則韓無忌先為公族大

夫今言使爲之者悼公始命百官更改新授之使士渥濁爲大傅使脩范

武子之法渥濁士貞子武子爲景公大傅○渥於角反〔疏〕使士渥至其使○正義曰晉君

曰君知士貞子之帥志傳聞而宣惠於教也使爲大傅知右行辛之能以數宣物定功也使爲司空知欒糾之能御以和

於正也使爲戎御知荀賓之有功力而不暴也使爲戎右是四人者皆公知其能而使之耳范武子爲大傅孤也士蔿爲

司空卿也皆前世能者其法可遵故使二大夫居其官而脩其法也二人皆是大夫非孤卿也右行辛爲

司空使脩士蔿之法辛將右行因以爲氏士蔿獻公司空也○行戶郎反蔿于委反

將子匠反下軍將同〔疏〕注辛將至爲氏○正義曰僖二十八年晉作三行三十一年即罷之以爲五軍其置三行

無多年歲彼云屠擊將右行未知此人即屠擊之子孫也爲是其相代屠擊也正以荀林父將中行遂以中行爲氏故謂

此人之先將右行因以爲氏耳弁糾御戎校正屬焉弁糾欒糾也校正主馬官○弁

皮彥反本又作卞同糾居黝反校戶孝反注同〔疏〕注弁糾至馬官○正義曰以晉語知是欒糾也周禮大御御官

廿八

老長別有戎僕掌御戎車春秋征伐之世以御戎為重蓋御戎當是御之尊者校正當周礼校人掌王馬之政襄九年傳曰命校正出馬知是主馬之官也周礼校人不屬大御此盡諸侯兼官或是悼公新法此傳所言諸官皆不得與周礼同也

使訓諸御知義 戎士尚節義也 疏 注戎士尚節義。正義曰此訓諸御謂諸是御車之人設令国有十乘乘有一御皆令此官教之戎士尚節義故訓之使知義如羊斟之徒是不知義也周礼校人主養馬耳不知御車此言校正屬焉乃云訓御蓋令校正助御戎訓御

荀賓為右司士屬焉 司士軍右之官 疏 注司士車右之官。正義曰周礼司士掌羣臣之版以詔王治其職非車右之類不得屬車右也周礼有司右上士也掌羣右之政凡国之勇力之士能用五兵者屬焉其下更有戎右中大夫齊右下大夫道右上士此三右或尊於司右而司右掌其政令春秋之世車右為尊此司士蓋周礼司右之類為車右屬官服虔以為司士主右之官謂司右也

使訓勇力之士時使 勇力皆車右也勇力多不順命故訓之以共時之使。共音恭本亦作供下文同 疏 注勇力至之使。正義曰所訓勇力之士皆謂為軍

右者也設令国有千乘乘有一台𢓨使此官訓之勇力之士失於彊㬥如魏犨之徒不順上命故訓之使共時之使不犯法也

御無共御立軍尉以攝之省卿戎御令軍尉攝御而已○省所景反令力呈反【疏】卿無至攝之○正義曰卿謂軍之諸將也若梁餘子養御罕夷解張御郤克之類往前恒有定員掌共卿御今始省其常員唯立軍尉之官臨有軍事使兼攝之令軍尉兼御御也

祁奚爲中軍尉羊舌職佐之魏絳爲司馬魏犨子也張老爲候奄

鐸遏寇爲上軍尉籍偃爲之司馬偃籍談父爲上軍司馬○鐸待洛反遏於葛反徐音謁

使訓卒乘親以聽命相親以聽上命○卒子忽反乘繩證反下及注皆同

程鄭爲乘馬御六騶屬焉使訓羣騶知禮程鄭荀氏別族乘馬御乘車之僕也六騶六閑之騶周禮諸侯有六閑馬乘車尚禮容故訓羣騶使知禮○騶側留反【疏】祁奚至知禮○正義曰晉語云公知祁奚之果而不淫也使爲元尉知羊舌職之聰敏肅給也

使佐之。知魏絳之勇而不亂也，使爲元司馬。知張老之知而不詐也，使爲元候。知鐸遏寇之共嚴而信彊也，使爲輿尉。知籍偃之惇師舊職而共儉也，使爲輿司馬。知程鄭爲端而不淫，且好諫而不隱也，使爲贊僕。晉語皆稱其才而用之，善公之知人也。言元尉、元司馬、元候者，此皆中軍之官。元，大也。中軍尊，故稱大也。輿尉、輿司馬皆特上軍官也。輿，衆也。官與諸軍同，故稱衆也。從車者爲卒，在車者爲乘。使此中軍與上軍軍尉、司馬各教其軍之上卒，使相親以聽在上之命。○注程鄭至知禮。○正義曰：荀氏別族，出本有文。周禮齊僕下大夫掌馭金路，以賓朝覲宗遇饗食皆乘金路。杜言乘馬御乘車之僕，則當彼齊僕也。晉語謂之贊僕，當時之官名耳。周禮掌馬之官無名騶者，襄二十三年傳稱豐點爲孟氏之御騶，則騶亦御之類。月令季秋，天子乃教田獵，命僕夫七騶咸駕，載旌旐，則騶是主駕之官也。鄭玄云：七騶謂趣馬，主爲諸官駕說者也。周禮趣馬下士掌駕說之頒，是騶爲主駕之官。駕車以共御者，程鄭爲乘馬御，御之貴者，故令掌騶之官亦屬之。校人職云：良馬二乘爲皁，皁一趣馬，趣馬下士。三皁爲繫，繫一馭夫，馭夫中士。六繫爲廏，廏一僕夫，僕夫上士。天子十有二閑，邦國六閑。鄭玄云：每廏爲一閑，閑有二百一十六匹。如彼計之，每廏有趣馬十八人，六閑之騶有一百八人，皆屬程馭而使總領之也戎車貴彊力乘車尚禮容故訓羣騶使知禮令教馬進退使合禮法也校人乘馬一師四圉三乘爲皁皁一趣馬三皁爲繫繫一馭夫六繫爲廄廄一僕夫六廄成校校有左右天子十二閑馬六種邦國六閑馬四種家四閑爲二種鄭玄云每廄爲一閑二百一十六匹易乾爲馬此應乾之策也校有左右則天子良馬五種各有四百三十二匹合二千一百六十匹駑馬三之四百三十二匹則千二百九十六匹合三千四百五十六匹詩云騋牝三千舉大數也玉路駕種馬戎路駕戎馬金路駕齊馬象路駕道馬田路駕田馬駑馬給宮中之役邦國六閑四種去種戎其齊道田各用一閑駑馬三之則千二百九十六匹大夫四閑二種去齊道田馬一閑駑馬三之則八百六十四匹四匹一師也十二匹一趣馬也三十六匹一馭夫也二百一十六匹一僕夫也

凡六官之長皆民譽也

大國三鄉晉時置六鄉爲軍師故總舉六官則知舉官兼凡非其人○長丁丈反帥所類反下之帥爲帥皆同也【疏】凡六至譽也○正義曰上已歷言諸官特爲公所知者更復總言所任皆得其人於時晉其六卿嘗各下各有統領羣官非一凡六官之在民上爲長者皆是有德有能之人是民所稱譽者也使魏相以下至程鄭爲乘馬御以上凡有八條之官魏絳等

爲卿一也荀家等爲公族大夫二也士渥濁爲大傅三也
行辛爲司空四也弁糾爲御戎五也荀賓爲右六也祁奚爲
中軍尉至籍偃爲司馬七也程鄭爲乘馬御八也自公族大
夫以下七條各云使爲某事而卿下不云使者以卿揔攝羣
職非偏主一事故也公族大傅司空不云某官屬焉者以其
當官自主事無餘官來屬其祁奚爲中軍尉及羊舌職張老
魏絳鐸遏寇籍偃雖是數官揔爲一條使訓卒乘親以聽命
此唯有中軍上軍無下軍之官者蓋時下軍無闕不別立其
官故也其卿無共御立軍尉以攝之○爲下祁奚爲中軍
尉亂緒也大略所叙皆尊官在前卑官在後○注大国至其
人○正義曰大国三卿是正法當時晉置六卿爲三軍之將
佐皆其帥也於是晉又更置新軍凡有四軍八卿但新軍或
置或廢故傳不數之耳六官之長非獨卿身乃謂其下凡爲
人之長者皆有民之美譽故揔舉六官則知羣官無非其人
者也舉不失職官不易方官守其業無相踰易疏舉不至易方○正義曰所
舉用者皆堪其官不有失職者也文任文官武任武官其用
爲官各守其業不踰易其方也若文人爲武武人爲文則違
方易務不能守其業矣爵不踰德量德授爵師不陵正旅不偪

師正軍將命卿也師二千五百人之師也旅五百人之師也言上下有礼不相陵偪疏注正軍至陵偪正義曰傳言不陵不偪者皆謂下不陵偪其上旅卑於師師卑於正卿正是軍將命卿也唯舉師旅不相陵偪言上下有礼皆不相陵偪也民無謗言所以復霸也此以上通言悼公所行未必皆在即位之年○復扶又反下及注復入皆同上時掌反疏所以復霸○正義曰霸者把也把持王政鄭玄云天子衰諸侯興故曰霸夏有昆吾商有豕韋大彭周有齊桓晉文此最彊者也故書傳通謂彼五人為五霸耳但霸是彊国為之天子既衰諸侯無王若有彊者即營霸業其數無定限也而何休以霸不過五不許悼公為霸以鄉曲之学足以為人傳稱文襄之霸襄承文後紹繼其業以後漸弱至悼乃彊故云復霸○公如晉朝嗣君也○夏六月鄭伯侵宋及曹門外曹門宋城門也遂會楚子伐宋取朝郟楚子辛鄭皇辰侵城郜取幽丘同伐彭城朝郟城郜幽丘皆宋邑○取朝郟字林古洽反郜古報反納

成十八

宋魚石向爲人鱗朱向帶魚府焉五子以十五年出奔楚獨書魚石爲師告以三百乘戍之而還書曰復入惡其依阻大国以兵威還故書復入○乘繩證反惡烏路反凡去其國國逆而立之曰入謂本無位紹繼而立復其位曰復歸亦国逆○復歸音服一音扶又反諸侯納之曰歸謂諸侯以言語告請而納之有位無位皆曰歸以惡曰復入謂身爲戎首稱兵入伐害国殄民者也此四條所以明外内之援辨逆順之辭通君臣取国有家之大例○以惡本或作以惡入曰復入

疏凡去至復入○正義曰釋例曰凡去其国者通謂君臣及公子母弟也国逆而立之本無位則稱入本有位則稱復歸齊小白入于齊無位也衛侯鄭復歸于衛復其位也諸侯納之有位無位皆曰歸衛孫林父蔡季是也身爲戎首則曰復入晉欒盈是也此所以明外内之援辨逆順之辭故經正魚石衛衎以表舊制傳稱凡例總而明之也衛人逆公子晉于邢宜稱入善其得衆公子友忠於社稷国人所思焉故閔公爲落姑之盟以復之夫衛公子晉納位而在邢魯之

季子勢弱而出奔感得民望享國有家是以聖人貴之張其
文也莊六年五國諸侯犯逆王命以納衛朔六其尊故字王
人謂之子突朔懼有違衆之犯而以國逆告華元實國迎欲
挾晉以自助故以外納赴春秋從而書之以示一子之情也
韓魏有與國之疆陳蔡有復國之常故晉趙鞅楚公子比皆
稱歸從諸侯納之例言非晉楚之所能制也侯孺嬖君以請
故曹伯有國逆之辭許始復國故許叔有國逆之文此皆時
史因周典以起時事之情也傳例稱諸侯納之曰歸今檢經
諸稱納者皆有興師見納之事不須例而自明故但言納而
不復言歸也衛侯鄭曹伯負芻皆見執在周晉魯請而復之
鄭書歸于衛負芻稱歸自京師所發事同而文異者例意本
在於歸不以他文爲義也賈氏又以爲諸歸國稱所自之國
所自之國有力也衆楚公子比去晉而不送是無援於外而
經書自晉陳侯吳蔡侯廬皆王所封可謂有力而不言自
楚此既明證又春秋稱入其例有二施於師旅則曰不地在
於歸復則曰國逆又以立爲例逆而不立則皆非例所入鄭
之良霄以寇而入入則見殺而後例之例稱凡去其國明非
夫子之制也周襄王王子猛不書出而書入襄王書出而不
書入凡自周無出故非春秋舊例也諸在例外稱入直是自
外入内記事者常辭義無所取而賈氏雖夫人姜氏之入皆

以爲例如此甚多又依放穀梁云稱納者内難之辭因附會諸納爲義至於納北燕伯于陽傳稱因其衆窮不能通乃云晉陽守距難故稱納此又無發經書楚人圍陳納頓子于頓則頓国之所欲也北燕伯傳有因衆之文不可言内難也又書納公孫寧義行父于陳陳縣而見復上下交驩二人雖有淫縱之闕今道楚臣陳賊討君葬臧權方盛傳稱有礼理無有難此皆先說之不安也沈氏云国逆而立之曰入唯謂国君知不錄臣者以臣而無位本賤不書故知臣無國逆之例也其復入者謂臣知者以君雖不君臣不可不臣君若入国臣無違拒之法且杜云身爲戎首猶兵入伐是戎首指臣爲文故知不得兼君也杜所以云两條不通君臣取国有家之大例即是事通君臣者此據大略而言不復曲細爲別也

宋人患之西鉏吾曰何也西鉏吾宋大夫○鉏仕居反徐在居反吾音魚西鉏吾人名也若楚人與吾同惡以德於我吾固事之也不敢貳矣惡謂魚石大國無厭鄙我猶憾言己事之則以我爲鄙邑猶恨不足此吾患也○厭於鹽反憾户暗反不然而收吾憎使贊其

政謂不同惡魚石而用之使佐政以間吾釁亦吾患也今將崇諸侯之姦而披其地崇長也謂楚今取彭城以封魚石披猶分也○間如字又間厠之厠釁許靳反披普彼反注同長丁丈反（疏）不然至吾患○正義曰不然謂不與吾同惡也而收取吾之所憎謂魚石是也欲以佐其楚国之政以爲間吾之釁隙而侵伐我如此則亦是吾之所患若晉用楚材皆爲楚国之患正爲是也以塞夷庚夷庚吳晉往來之要道楚封魚石於彭城欲以絕吳晉之道（疏）注夷庚至之道○正義曰夷平也詩序云由庚萬物得由其道是以庚爲道地此云以塞夷庚下云而懼吳晉知謂塞吳晉往來之要道也吳晉往來路由彭城楚取彭城以封魚石欲以斷絕吳晉往來之道使其不得往來故吳晉所以懼耳若其不然何以懼云懼吳晉也夷庚止謂吳晉往來之平道耳非山川險難之名故杜上注名不得指其所在逞姦而攜服毒諸侯而懼吳晉間吳晉之道故懼攜離也（疏）逞姦而攜服○正義曰逞快也封魚石爲快姦人也攜離也諸侯見楚助賊叛從者其心皆離是攜其叛從者之心吾庸多

矣非吾憂也且事晉何爲晉必恤之言宋常事晉何爲顧有此遠難○難乃旦反○公至自晉晉范宣子來聘且拜朝也拜謝公朝君子謂晉於是乎有禮有卑讓之禮也○秋杞桓公來朝勞公且問晉故公以晉君語之語其德政○勞力報反語魚據反注同杞伯於是驟朝于晉而請爲昏爲平公不徹樂張本【疏】驟朝于晉○正義曰詩云載驟駸駸是疾行之名從魯即疾朝于晉也○七月宋老佐華喜圍彭城老佐卒焉言所以不克彭城八月邾宣公來朝即位而來見也○見賢遍反○築鹿囿書不時也非上功時○己丑公薨于路寢言道也在路寢得君薨之道【疏】言道也○正義曰喪大記云君夫人卒於路寢是在路寢得君薨之道也○冬

十一月楚子重救彭城伐宋使偏師與鄭人侵宋子重為後鎮宋華元如晉告急韓獻子為政於是欒書卒韓厥代將中軍曰欲求得人必先勤之勤恤其急成霸安疆自宋始矣晉侯師于台谷以救宋台谷地闕○台勑才反一音臺

䟽成霸安疆○正義曰謂文公成霸安疆自宋為始言今宋有患不可不救也

遇楚師于靡角之谷楚師還畏晉強也靡角宋地晉士魴來乞師將救宋也季文子問師數於臧武仲武仲宣叔之子對曰伐鄭之役知伯實來下軍之佐也知伯荀罃今彘季亦佐下軍彘季士魴彘直例反如伐鄭可也伐鄭在十七年事大國無失班爵而加敬焉禮也從之從武仲言○十二月

孟獻子會于虛朾謀救宋也宋人辭諸侯而請師以圍彭城不敢煩諸侯故但請其師爲襄元年圍彭城傳孟獻子請于諸侯而先歸會葬○丁未葬我君成公書順也薨于路寢五月而葬國家安靜世適承嗣故曰書順也○適丁歷反【疏】書順也○正義曰自此以前莊宣薨于路寢桓莊僖文宣皆書葬矣今於此公薨之下言道也於葬之下言書順也獨發傳者隱桓閔皆爲人所殺僖公薨于小寢文公薨于臺下皆其薨不得道也莊宣雖薨于路寢莊則子般見殺宣則歸父出奔家國不安非是得道順禮唯成公耳故傳於此發之釋例曰魯君薨葬多不順制唯成公薨于路寢五月而葬國家安靜世適承嗣故傳見莊之緩舉成書順以包之是也

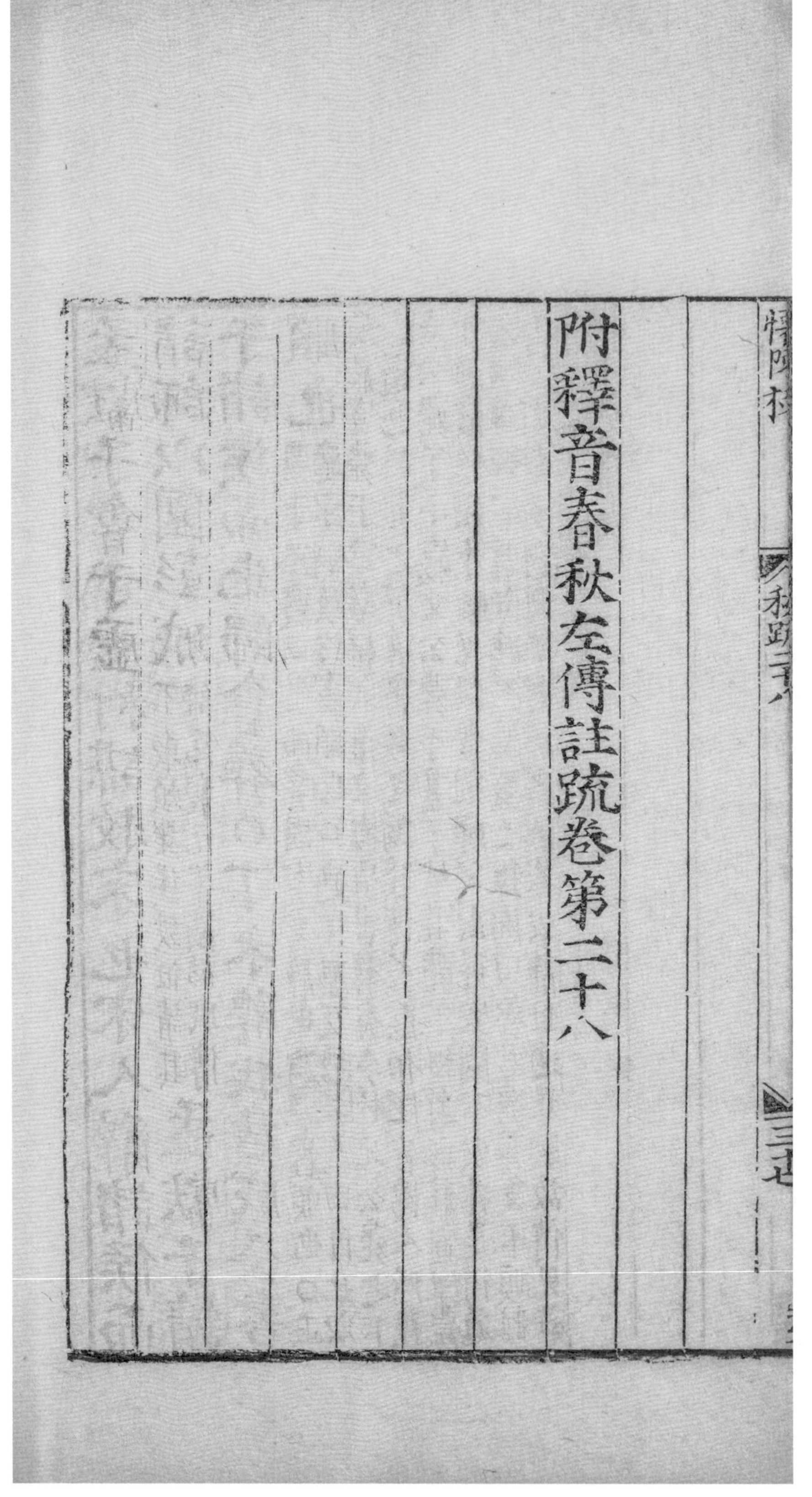

附釋音春秋左傳註疏卷第二十八

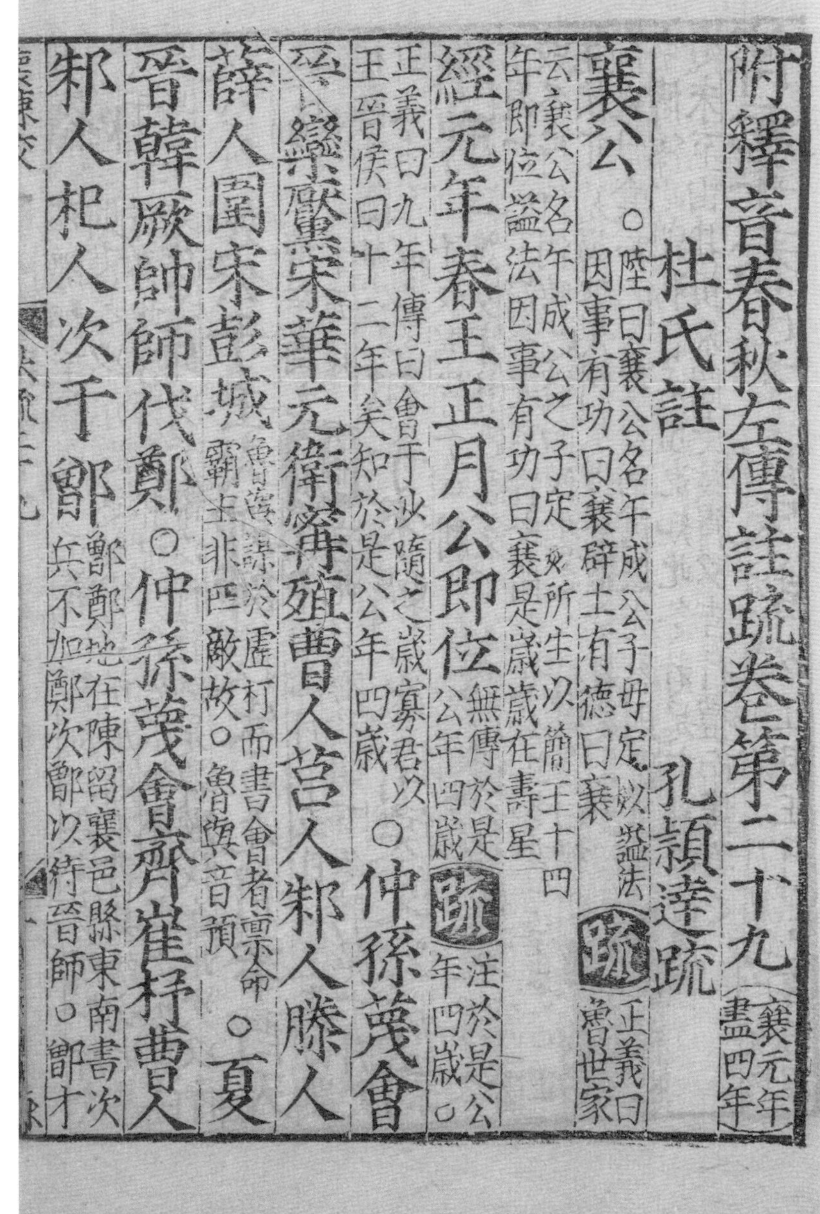

附釋音春秋左傳註疏卷第二十九（襄元年盡四年）

杜氏註　孔頴達疏

襄公 ○陸曰襄公名午成公子母定姒謚法因事有功曰襄辟土有德曰襄 疏 正義曰魯世家云襄公名午成公之子定姒所生以簡王十四年即位謚法因事有功曰襄是歲歲在壽星

經元年春王正月公即位 無傳於是公年四歲 疏 注於是公年四歲○正義曰九年傳曰會于沙隨之歲寡君以生王晉侯曰十二年矣知於是公年四歲 ○仲孫蔑會晉欒黶宋華元衛甯殖曹人莒人邾人滕人薛人圍宋彭城 魯爲宋討於虗打而書會者禀命霸主非匹敵故○魯與音預 ○夏晉韓厥帥師伐鄭○仲孫蔑會齊崔杼曹人邾人杞人次于鄫 鄫鄭地在陳留襄邑縣東南書次兵不加鄭次鄫以待晉師○鄫才

陵反【疏】注鄟鄭至晉師。正義曰釋例曰兵未有所加所次則書之以示遲速既書兵所加則不書其所次此書次于鄟者為此魯齊曹邾杞其兵皆不加鄭故書次也傳曰於是東諸侯之師次于鄟以待晉師是韓厥伐鄭此次以待之○秋楚公子壬夫帥師侵宋○九月辛酉天王崩無傳辛酉九月十五日【疏】注辛酉九月十五日。正義曰顯言此日者欲明下冬聘是十月之初為王崩日近赴人未至故也○邾子來朝○冬衛侯使公孫剽來聘剽子叔黑背子。剽匹妙反字林匹召反○晉侯使荀罃來聘冬者十月初也王崩赴未至皆未聞喪故各得行朝聘之禮而傳善之【疏】注冬者至善之。正義曰禮記曾子問曰諸侯相見揖讓入門不得終禮廢者幾孔子曰六天子崩大廟火日食后夫人之喪雨霑服失容則廢是王崩當廢禮也今傳釋此朝聘皆云禮也知此冬者是十月之初崩赴未至由其俱未聞喪故得以吉行禮而傳善之

傳元年春己亥圍宋彭城下有二月則此己亥為正月正月無己亥日誤

〔疏〕注下有至日誤○正義曰長曆推此年正月庚戌朔其月無己亥圖宋彭城經在正月之下傳文下有二月則己亥必是正月月不容誤知是日誤**非宋地追書也**成十八年楚取彭城以封魚石故曰非宋地夫子治春秋追書繫之宋〔疏〕注成十八至之宋○正義曰公羊傳曰宋華元曷爲與諸侯圍宋彭城爲宋誅也其爲宋誅奈何魚石走之楚楚爲之伐宋取彭城以封魚石成十八年傳曰楚伐彭城納魚石焉以三百乘戍之而還西鉏吾曰宗諸侯之姦而披其地不言取爲楚邑而云披地長姦是左氏之意亦爲楚以彭城封魚石爲國故注言封魚石也既列爲國非復宋地傳言追書是仲尼新意故云夫子治春秋追書繫之宋也言追書者其地已非宋有追來使屬宋耳非謂夫子在後追書前事若以追爲在後追前則仲尼新意皆是追書前事非獨此爲追書也**於是爲宋討魚石故稱宋且不登叛人也**登成也不與其專邑叛君故使彭城還繫宋○爲于僞反〔疏〕注登成至繫宋○正義曰登成釋詁文不與其專邑叛君不與楚得取邑封人故使彭城還繫於宋也釋例曰楚人棄君助臣取宋彭城以封叛者削正與僞雖非復宋地故追書繫宋不與楚之所得是其

義也言不登叛人則叛罪重矣不書魚石以彭城叛者孫林
父將戚而出故得書云孫林父入于戚以叛此則因楚之力
取彭城與宋交爭非欲出附他國故言復入也
若揔而言之但是背叛於君故云不登叛人也謂之宋志
稱宋亦以成宋志（疏）於是至宋志○正義曰魚石舊是宋人分選
取宋地以自封若其不繫於宋則成此魚石
爲一國之君夫子追繫於宋乃有二意於是爲宋討魚石宜
繫於宋且又不成此爲叛人使得取君之邑以爲一國之主
有此二意故繫之於宋謂之宋志者言宋人志在攻取彭城
故以魚石繫之於宋成此宋人之志○注稱宋至宋志○正
義曰此與隱元年謂之鄭志義勢同也鄭伯實不獲殺而經
書克謂之鄭志言鄭伯志於殺雖實不克殺而書之爲克見
鄭伯之志也此彭城實非宋地而經書爲宋謂之宋志言宋
人志在取之雖實非宋地而繫之於宋成宋人之志也夫子
脩春秋而傳於此二條特言謂之宋志謂之鄭志者夫子所
脩春秋或褒或貶皆是夫子之志非取國人之心此宋志鄭
志者以其錯是夫子所脩還取二國本志故也案下十年戍
鄭虎牢傳云非鄭地也言將歸焉杜云繫之于鄭以見晉志
即此類也於此三事傳例已
明故彼不云謂之晉志也
彭城降晉晉人以宋五

大夫在彭城者歸寘諸瓠丘彭城降不書賊略之瓠丘晉地河東東垣縣東南有壺丘五大夫魚石向爲人鱗朱向帶魚府○降戶江反注同寘之豉反瓠徐侯吳反一音戶故反垣音袁【疏】注彭城至略之○正義曰案莊八年郕降于齊師既書於經則知彭城之降亦合書也今不書者但以其賊故略之也晉欒盈復入于晉下云晉人殺欒盈而書於經此彭城降所以賊略不書者彼以殺之爲重來告故書此以降事爲輕故爲賊略齊人不會彭城晉人以爲討二月齊太子光爲質於晉光齊靈公太子○質音致○夏五月晉韓厥荀偃帥諸侯之師伐鄭入其郛荀偃不書非元帥○郛芳夫反元帥所類反【疏】韓厥至其郛○正義曰傳唯言諸侯之師不見諸侯之國未知諸侯之師是何國師也於是東諸侯之師次于鄫以待晉師則次鄫之師皆不與伐鄭此諸侯之師其中必無齊魯曹邾也案上圍彭城除此五國以外猶有宋衛莒滕薛下云晉侯衛侯次于戚以爲之援則衛師從伐明矣明年戚之會知武子云滕薛小邾之不至皆齊故於戚之會

始怪滕薛不来明此時伐鄭滕薛在矣東諸侯皆次于鄫莒在齊魯之東若其在此當與東人同次前圍彭城亦無小邾此時或無莒與小邾耳諸侯之師當是宋衛滕薛也賈逵云韓厥荀偃帥諸侯之師謂帥宋衛滕薛伐鄭齊魯曹邾杞次于鄫故諸侯之師不序也入郛不書者晉人先以鄭罪令於諸侯故書伐鄭入郛既敗鄭不復告故不書○注荀偃不書非元帥○正義曰魯師出征並舉諸將他國之師唯書元帥詳內略外春秋之常故杜為注復將一言之耳

敗其徒兵於洧上徒兵步兵洧水出密縣東南至長平入潁○洧于軌反

疏注徒兵步兵○正義曰論語云以吾從大夫之後不可徒行徒猶空也謂無車空行也步行謂之徒行故步兵謂之徒兵也隱四年傳云敗鄭徒兵注云時鄭不車戰則此亦然也

於是東諸侯之師次于鄫以待晉師齊魯曹邾杞

晉師自鄭以鄫之師侵楚焦夷及陳於是孟獻子自鄭先歸不與侵陳楚故不書○焦如字徐在堯反不與音預

疏注於是至不書○正義曰獻子先歸傳無其事正以不書侵楚侵陳知其必先歸矣若獻子從師則書不待告以獻子先

歸晉不告魯故侵陳楚皆不書也然不知獻子何以先歸傳旣不言未測其故也今贊云則先歸者以前年虛打會獻子先歸會葬今公雖即位年又幼小君旣新立故獻子先歸晉侯衛侯次于戚以爲之援爲韓厥援○秋楚子辛救鄭侵宋呂留呂留二縣合屬彭城郡鄭子然侵宋取犬丘譙國酇縣東北有犬丘城迂迴疑○酇才汗反又子旦反迂音于○九月邾子來朝禮也邾宣公○冬衛子叔晉知武子來聘禮也凡諸侯即位小國朝之小事大大國聘焉大事小以繼好結信謀事補闕禮之大者也闕猶過也禮以安國家利民人爲大○好呼報反

經二年春王正月葬簡王無傳五月而葬速○鄭師伐宋書伐從告○夏五月庚寅夫人姜氏薨○六月

庚辰鄭伯睔卒未與襄同盟而赴以名庚辰七月九日書六月經誤○睔古困反徐又胡忖反

疏注未與至經誤○正義曰睔以成六年即位九年盟于蒲十五年于戚又七年楚子重伐鄭諸侯救鄭而楚退同盟于馬陵諸侯雖不重序明亦與鄭同盟則是與成三同盟矣與其父盟於法得以名赴其子此云未與襄同盟而是以名者言其嘗與成同盟於法得以名赴襄也此類多矣注皆云與其父同盟而已此注特言未與襄同盟者以此時鄭既從楚嫌其已背前盟不合更以名赴故明之也此經云六月庚辰鄭伯睔卒傳言七月庚辰鄭伯睔卒經傳必有誤者杜以長歷校之此年六月壬寅朔其月無庚辰七月壬申朔九日得庚辰則傳與歷合知傳是而經誤也此經六月七日其文皆具所言誤者非徒字誤而已乃是書經爲誤七月之事錯書以爲六月故長歷云書於六月經誤言元本書之誤非字誤也○

晉師宋師衛甯殖侵鄭宋雖非卿師重故敘衛上○殖市力反

疏注宋雖至衛上○正義曰於例將卑師衆稱師將尊師少稱將此晉宋稱師不書將非卿也衛甯殖書將不稱師師少也晉爲兵主故當先書宋雖非卿以師爲重故序甯殖之上○

秋七月仲孫蔑

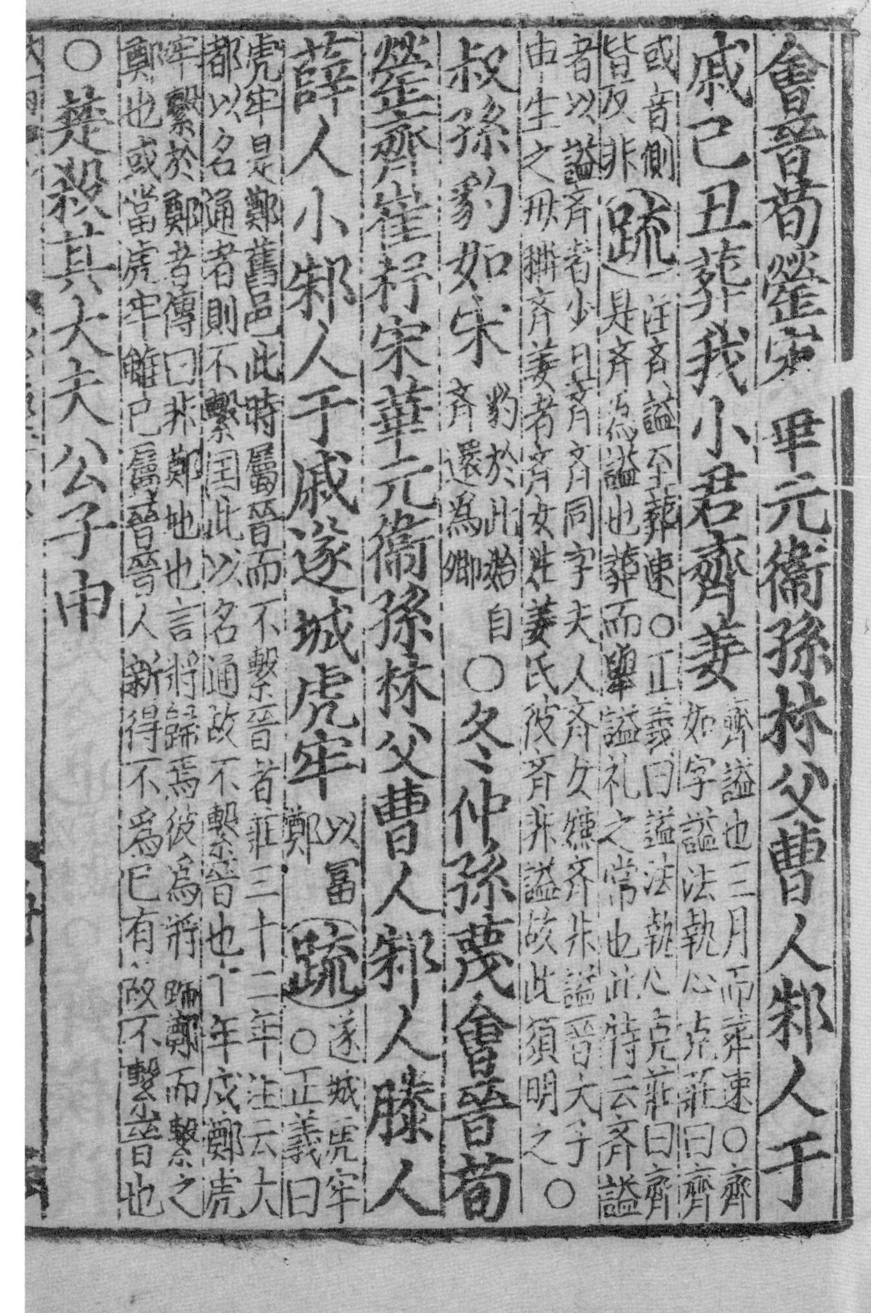

會晉荀罃宋華元衛孫林父曹人邾人于戚己丑葬我小君齊姜齊謚也三月而葬速○齊如字謚法執心克莊曰齊或音側皆反非

疏注齊謚至葬速○正義曰謚法執心克莊曰齊是齊爲謚也葬而舉謚禮之常也此特云齊謚者以謚齊者少且齊同字夫人齊女嫌齊非謚晉大子申生之死稱齊姜者齊女姓姜氏彼齊非謚故此須明之○

叔孫豹如宋豹於此始自齊還爲卿○冬仲孫蔑會晉荀罃齊崔杼宋華元衛孫林父曹人邾人滕人薛人小邾人于戚遂城虎牢以逼鄭

疏遂城虎牢○正義曰虎牢是鄭舊邑此時屬晉而不繫晉者莊二十二年注云大都以名通者則不繫國此以名通故不繫晉也十年戍鄭虎牢繫於鄭者傳曰非鄭地也言將歸焉彼爲將歸鄭而繫之鄭也或當虎牢雖已屬晉晉人新得不爲己有故不繫晉也

○楚殺其大夫公子申

傳二年春鄭師侵宋楚令也以彭城故○齊侯伐萊萊人使正輿子賂夙沙衛以索馬牛皆百匹夙沙衛齊寺人索簡擇好者○萊音來輿音餘本亦作與索所白反【疏】馬牛皆百匹○正義曰司馬法丘出馬一匹牛三頭則牛當稱頭而亦云匹者因馬而名牛曰匹并言之耳經傳之文此類多矣易繫辭云潤之以風雨論語云沽酒市脯不食玉藻云大夫不得造車馬皆從一而省文也齊師乃還君子是以知齊靈公之為靈也謚法亂而不損曰靈言謚應其行○應應對之應年末同行下孟反○夏齊姜薨初穆姜使擇美檟檟梓之屬○檟古雅反木名【疏】注檟梓之屬○正義曰釋木云槐小葉曰檟郭璞曰槐當為楸楸細葉者為檟又云大而皵楸小而皵檟樊光云大老也皵措皮也皮老而麤措者為楸小也小而麤措者為檟又云椅梓郭璞曰即楸也施彼所云楸梓皆檟之小別故云梓之屬也以首為櫬與頌琴櫬棺也頌琴琴名猶言雅琴皆欲以送終

○櫬初覲反【疏】注櫬棺至送終○正義曰以論死者言櫬知櫬是棺也四年注云櫬親身棺也以親近其身故以櫬為名焉禮記檀弓曰天子之棺四重水兕革棺一杝棺一梓棺二鄭玄云杝椵也所謂椵棺也梓棺二所謂屬與大棺也記文從內向外水兕革棺最近尸也次椑以椵為之次屬與大棺乃以梓為之檀弓又云君即位而為椑鄭玄云椑謂杝棺親尸者椑堅著之言也天子椑內又有水兕革棺喪大記云君大棺八寸屬六寸椑四寸如彼記文諸侯之棺三重親身之棺名之為椑椑則椵是也其椑用椵為之屬與大棺乃用梓耳此以梓為櫬者名之曰櫬其內必無棺也檟櫝為親其親必用梓也記唯言即位為椑不言櫬所用亦鄭玄據天子之棺其椑用杝即云椑謂杝棺也天子之椑自用杝則諸侯不必然據此傳文諸侯之椑必用梓也頌琴琴名詩為樂章琴瑟必以歌詩詩有雅頌故以頌為琴名猶如言雅琴也櫬琴同文而皆欲以送終也

季文子取以葬君子曰非禮也禮無所逆婦養姑者也虧姑以成婦逆莫大焉以齊姜成公母齊姜成公婦○養徐余亮反詩曰其惟哲人告之

誥言順德之行詩大雅哲知也誥善也言知者行事無不順○誥户快反知音致下同季孫於是爲不哲矣言逆德○爲不哲矣一本作不爲哲矣疏詩曰至哲矣正義曰詩大雅抑之篇也其惟有知之人告之以善言則順從之爲美德之行矣言之者行事無有不順從者今季孫逆之於是爲不知矣哲知釋言文也且姜氏君之妣也襄公適母故曰君之妣○妣必履反適丁歷反本又作嫡疏注襄公至之妣○正義曰曲禮曰生曰父曰母死曰考曰妣襄公是成公之妾定姒所生齊姜是其適母故曰君之妣也詩曰爲酒爲醴烝畀祖妣以洽百禮降福孔偕詩周頌烝進也畀與也偕徧也言敬事祖妣則鬼神降福季孫葬姜氏不以禮是不敬祖妣○烝之承反畀必利反注同洽户夾反偕音皆徧音遍疏詩曰至孔偕○正義曰詩周頌豐年之篇也豐有之年多稌多黍釀之爲酒爲醴以進與祖妣以洽百種之禮爲烝嘗之祭鬼神享之則下與福祐其周徧言今事妣失禮神將不福祐之也烝進畀與皆釋詁文偕訓爲俱俱亦徧之義也釋言云孔甚也○齊侯使諸

姜宗婦來送葬宗婦同姓大夫之婦婦人越疆送葬非禮○疆居良反【疏】注宗婦至非礼○正義曰諸姜同姓之女也宗婦同姓之婦也夫人齊姜是齊国之女故使其宗親之婦女來會葬也齊爲姜姓歷世多矣不可姜姓之女姜姓之婦分其皆來魯国莊二十四年大夫宗婦覿用幣者宗婦是同姓大夫之婦知此宗婦亦是同姓大夫之婦然則諸姜是齊同姓之女嫁與齊大夫之爲妻者也礼記檀弓云婦人不越疆而弔人是越疆送葬非礼也

召萊子萊子不會故晏弱城東陽以偪之爲六年滅萊傳東陽齊竟上邑○竟音境【疏】召萊子萊子不會○正義曰世族譜不知萊国之姓齊侯召萊子者不爲其姓姜也以其比鄰小国意陵蔑之故召之欲使從送諸姜宗婦來向魯耳萊子以其輕侮故不肯會

鄭成公疾子駟請息肩於晉欲辟楚役以負擔喻○擔都暫反公曰楚君以鄭故親集矢於其目謂鄢陵戰晉射楚王目○射食亦反非異人任寡人也言楚子任此患不爲他人盡在己○非異人任絕句任音壬一讀至

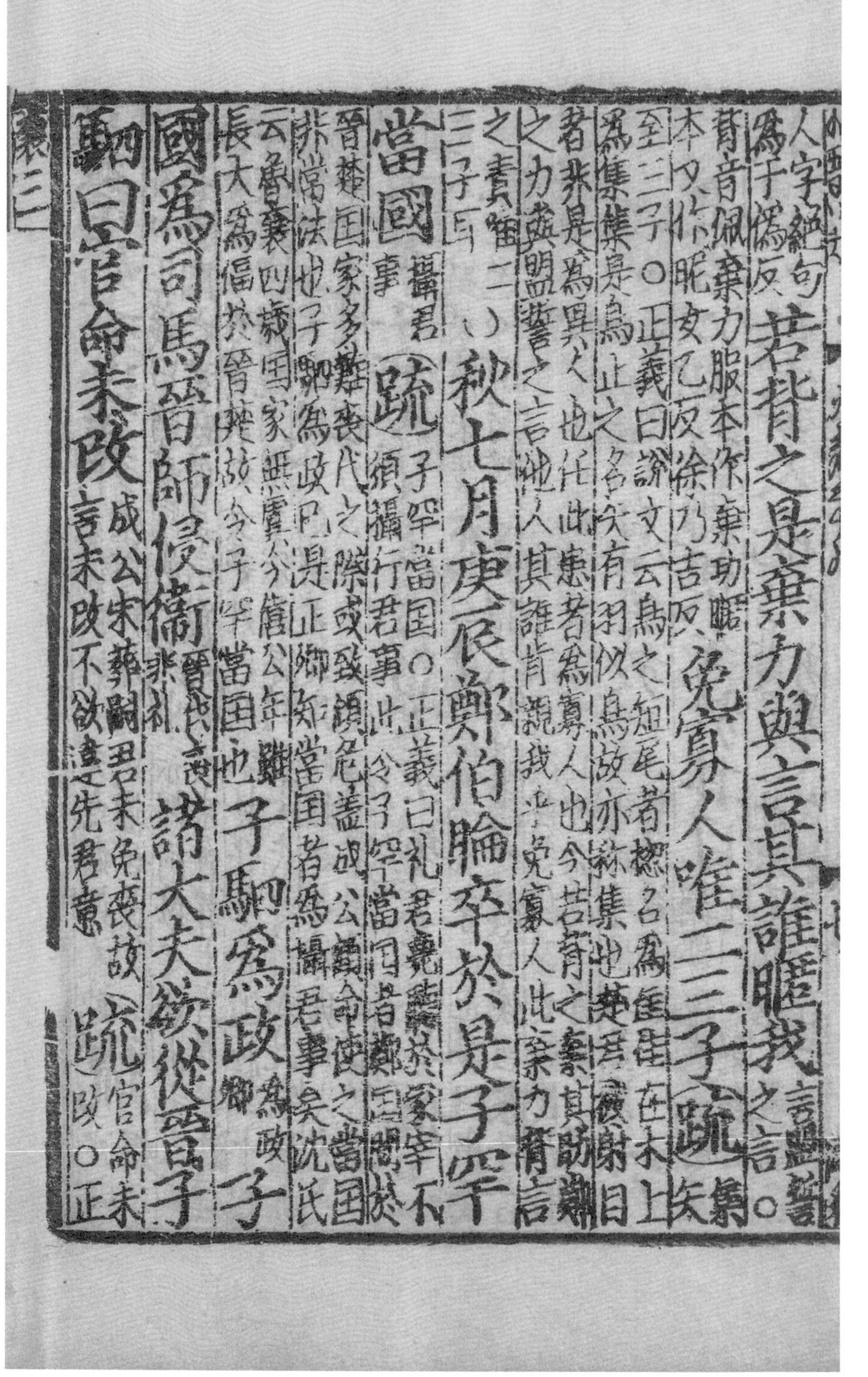

人字絕句爲于僞反若背之是棄力與言其誰暱我言盟誓之言○背音佩棄力服本作棄功暱女乙反徐乃吉反免寡人唯二三子疏集矢至二三子○正義曰說文云鳥之短尾者總名爲隹隹在木上爲集集是鳥止之名矢有羽似鳥故亦稱集也楚君親射目者非是爲異人也任此患者爲寡人也今若背之棄其勤勞之力與盟誓之言如此之人其誰肯親我乎免寡人此棄力背言之責者二三子耳

秋七月庚辰鄭伯睔卒於是子罕當國攝君事疏子罕當國○正義曰禮君薨聽於冢宰不須攝行君事也今子罕當國者鄭國困於晉楚國家多難喪代之際或致傾危蓋成公臨命使之當國非常法也子駟爲政即是正卿知當國者爲攝君事矣沈氏云鄭簡四歲國家無實令簡公年雖長大爲偪於晉楚故令子罕當國也子駟爲政爲政卿子國爲司馬晉師侵衛晉卿不書非禮諸大夫欲從晉子駟曰官命未改成公未葬嗣君未免喪故言未改不欲違先君意疏官命未改○正

義曰先君既葬嗣君正位乃得建官命臣十六年晉侯改服脩官是其事也先君未葬皆因舊事不得建官命臣故云官命未改庶事悉皆未改不可即違先君言此者不用從晉之意故也會于戚謀鄭故也鄭人數晉謀討之孟獻子曰請城虎牢以偪鄭虎牢舊鄭邑今屬晉知武子曰善鄫之會吾子聞崔子之言今不來矣元年孟獻子與齊崔杼次于鄫崔杼有不服晉之言獻子以告知武子疏注元年至武子○正義曰元年伐鄭次于鄫唯有韓厥荀偃於時武子季孫在軍當其此會始告之耳滕薛小邾之不至皆齊故也二國齊之屬寡君之憂不唯鄭言亦憂齊服○復扶又反下文罃假復會同罃將復於寡君而請於齊以齊事白晉君而請齊會之欲以觀齊志得請而告吾子之功也得請謂齊人應命告諸侯會於虎牢若不得請事將在齊將伐齊吾子之請諸

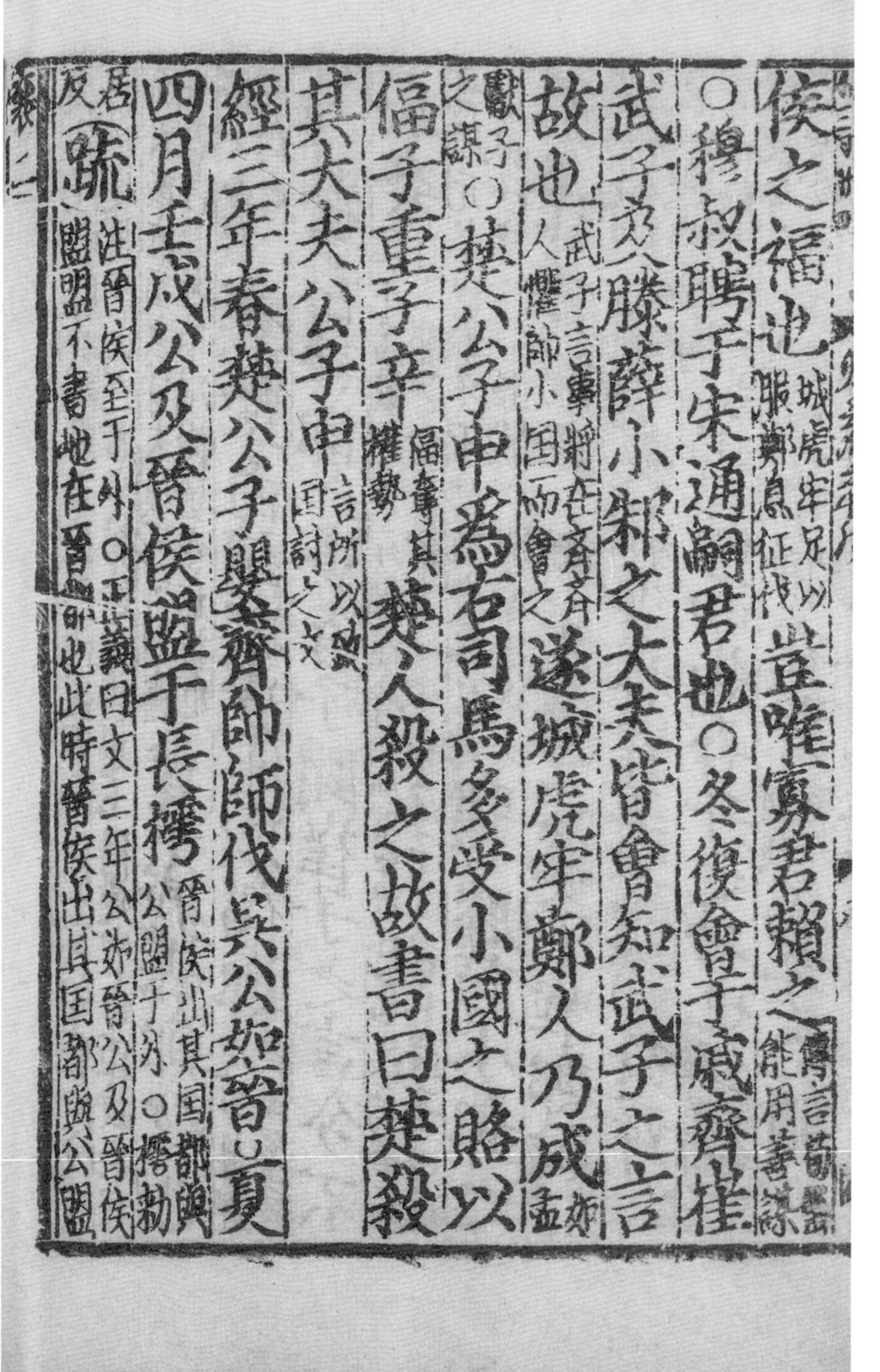

侯之福也（城虎牢足以服鄭，息征伐。）豈唯寡君賴之（傳言諸侯能用善謀。）

○穆叔聘于宋，通嗣君也。○冬，復會于戚，齊崔

武子及滕、薛、小邾之大夫皆會，知武子之言

故也（武子言事將在齊，齊人懼，帥小国而會之。）遂城虎牢，鄭人乃成（孟獻

子之謀。）○楚公子申為右司馬，多受小國之賂，以

偪子重、子辛（偪奪其權勢。）楚人殺之，故書曰楚殺

其大夫公子申（言所以致国討之文。）

經三年春，楚公子嬰齊帥師伐吳。公如晉。夏，

四月壬戌，公及晉侯盟于長樗（晉侯出其国都與公盟于外。○樗，勑

居反）【疏】注晉侯至于外○正義曰：文三年公如晉，公及晉侯盟，盟不書地，在晉國都也。此時晉侯出其国都與公盟

于長樗，蓋近城之地，盟訖還入於晉，故公歸書曰公至自晉也。文三年盟于晉都，此盟出城外者，出與不出皆由晉侯意耳。此或是悼公謙以待人，不敢使國君就已，出盟于外，若以相就然，故出城也。公至自晉。無傳。不以長樗至，本非會。【疏】注不以至非會。○正義曰：假令公朝於晉，更與晉侯餘處別會，即從會所而歸，亦得書曰公至自晉。何則？一行而有二事者，或以始致，或以終致，出自當時之意，書其所告之事而已，所告先後無定例也。但此盟于長樗，晉侯爲盟之故暫出城耳，本非刻期聚會之處，唯得以自晉告廟，不得以長樗告也。注言本非會，解其必不得以長樗致之意也。○六月，公會單子、晉侯、宋公、衛侯、鄭伯、莒子、邾子、齊世子光。己未，同盟于雞澤。雞澤在廣平曲梁縣西南。周靈王新即位，使王官伯出與諸侯盟，以安王室，故無譏。○單音善。【疏】注雞澤至無譏。○正義曰：諸侯不得盟天子之臣，天子之臣不得與諸侯聚盟，盟則加以貶責。僖二十九年翟泉之盟，貶王子虎稱人，是其事也。僖八年洮之盟，王人在列，傳曰謀王室也，諸侯共謀王室，不譏王人在盟，是由襄王新立，命遣尊嚴耳。此盟單子在列，於經亦無譏文靈王以往年新立明是王新即位使王官之伯出與諸侯結盟以安王室故無所譏與洮之盟同也釋例曰未有臣而盟君臣而盟君是子可盟父故春秋王世子以下會諸侯者皆同會而不同盟洮之盟王室有子帶之難襄王懼不得立告難于齊遣王人與諸侯盟故傳釋之曰謀王室以明王勑其來盟非諸侯所敢與也踐土之盟王子虎臨諸侯而不與同歃故經但列諸侯而傳具載其實此實聖賢之垂意以爲將來之永法也一年之間諸侯輯睦具戴天子而翟泉之盟子虎在列君子以爲非天子之命亂上下常節故不存魯侯而人子虎以示篤戒也今雞澤之會單子與盟亦王所命也杜言王使盟者傳無其文正以經無貶責知是命使盟也

陳侯使袁僑如會陳疾楚政而來屬晉本非召會而自來故言如會○僑其驕反

疏注陳疾至如會○正義曰凡盟主召其同好之國刻期而與結盟來不及期則加兵責他國後期則沒其國而不序於列魯君後期則總稱諸侯不復國別歷序文七年公會諸侯晉大夫盟于扈是也僖二十八年踐土之盟陳侯如會此袁僑如會皆本非同好慕義而來喜其來而不責其晚故言陳疾楚政而來屬晉本非召會而袁僑自來故言如會解其後至特書而不貶之意也七年鄭伯髡頑如會自是被召而來

其人未見諸侯在道而卒故書如會爲卒張本與此異也戊寅叔孫豹及諸侯之大夫及陳袁僑盟諸侯既盟袁僑乃至故使大夫別與之盟言諸侯之大夫則在雞澤之諸侯也殊袁僑者明諸侯大夫所以盟盟袁僑也據傳盟在秋長歷推戊寅七月十三日經誤疏注諸侯至經誤○正義曰諸侯盟會歷序國君其下云某人某人皆是大夫也若卿來則書卿名氏文十四年公會宋公陳侯衛侯鄭伯許男曹伯晉趙盾于新城如此之類其事多矣此袁僑來若及盟即序於列當在世子光下今諸侯既盟袁僑乃至不可特爲袁僑更復重盟若其不與之盟則又逆陳來意以袁僑是大夫故使大夫盟之若其陳侯自來諸侯雖則盟訖亦當更與之盟不得使大夫也凡諸侯盟會皆先目後凡上文雞澤之會既以具序諸侯此總言諸侯大夫則雞澤諸侯足以明矣故不復具序諸國從省文耳諸侯大夫既以總書而獨見叔孫豹者經據魯史魯史所記詳內略外僖十五年牡丘之盟下公孫敖帥師及諸侯之大夫救徐獨[illegible]魯臣亦此類也言諸侯之大夫其內可以兼袁僑而殊袁僑言及陳袁僑盟者明此諸侯之大夫所以爲此盟者正爲盟陳袁僑耳且上文雞澤之會其內秦齊陳侯直言諸侯之大夫

則不得犯陳袁僑設殊之也○秋公至自會無傳○冬晉荀罃帥

師伐許

傳三年春楚子重伐吳爲簡之師簡選練克鳩

茲至于衡山鳩茲吳邑在丹陽蕪湖縣東今臯夷也衡山在吳興烏程縣南使鄧廖

帥組甲三百被練三千組甲被練皆戰備也組甲漆甲成組文被練練袍○廖力

彫反組音祖下皆同被皮義反徐扶偽反注及下同疏注組甲至練袍○正義曰賈逵云組甲以組綴甲車士服

之被練帛也以帛綴甲步卒服之凡甲所以爲固者以盈竅

也帛盈竅而任力者半甲者所服組盈竅而盡任力尊者所

服馬融云組甲以組爲甲裏公族所服被練以練爲甲裏卑

者所服然則甲貴牢固組練俱用絲也練若不固宜皆用組

何當尚不牢之甲而令步卒服之豈欲其被傷故使甲不牢

也若練以綴甲何以謂之被也又組是絛繩不可以爲衣服

安得以爲甲裏杜言組甲漆甲成組文今時漆甲有爲文者

被練文不言甲必非甲名被是被覆衣著之名故以爲練文

被於身上雖並無明證而杜要恒人情以侵吳吳人要而擊之獲鄧廖其能免者組甲八十被練三百而已子重歸既飲至三日吳人伐楚取駕駕良邑也鄧廖亦楚之良也君子謂子重於是役也所獲不如所亡當時君子要於遥反○疏注當時君子　正義曰傳言君子多矣獨此言當時君子者言君子之論議往事多是丘明自言託之君子此傳君子謂子重所亡多於所獲楚人以君子之言咎責子重不得為役此君子故云當時君子楚人以是咎子重子重病之遂遇心疾而卒憂恚故成心疾○咎其九反恚端反○公如晉始朝也公即位而朝○夏盟于長樗孟獻子相公稽首相儀也稽首首至地○相息亮反注同疏注稽首至地　正義曰周禮九拜一曰稽首諸侯事天子之禮也知武

子曰天子在而君辱稽首寡君懼矣稽首事天子之禮

孟獻子曰以敝邑介在東表密邇仇讎仇讎謂齊楚與晉爭。○介音界爭爭鬬之爭寡君將君是望敢不稽首傳言獻子又能固事盟。○晉爲鄭服故且欲脩吳好鄭服在前年。○爲于僞反好呼報反上[illegible]將合諸侯使士匄告于齊曰寡君使匄以歲之不易不虞之不戒寡君願與一二兄弟相見不易多難也虞度也戒備也列國之君相謂兄弟○易以豉反注同難乃旦反年内同度待洛反以謀不協請君臨之使匄乞盟齊侯欲勿許而難爲不協乃盟於耏外與士匄盟耏水名。○耏音而

【疏】盟於耏外正義曰此是士匄適齊齊侯與盟其盟不離城之左右若是地名山名不得有外内之異爾雅云厓内爲隩外爲隈李廵曰

厓內近水爲隩外爲隈孫炎曰內曲裏也外曲表也是水有內外之異知此耏爲水名其水蓋小而近城故稱耏外讎也
正義曰讎者相負挾怨之名奚負狐狐負奚皆得謂之讎此是奚負狐也不是辛之以解怨故下云稱其讎不爲諂也

○祁奚請老老致仕晉侯問嗣焉嗣續其職者稱解狐
其讎也將立之而卒解狐卒○解音蟹又問焉對曰午
也可午祁奚子於是羊舌職死矣晉侯曰孰可以
代之對曰赤也可赤職之子伯華於是使祁午爲中
軍尉羊舌赤佐之各代其父君子謂祁奚於是能
舉善矣稱其讎不爲諂立其子不爲比舉其
偏不爲黨諂媚也偏屬也○諂他檢反比毗志反疏稱其至爲黨○正義曰若於他人稱
其讎則諂以求媚也立其子則心在親比也舉其偏則情相阿黨也今祁奚以其人實賢故舉薦之人見彼善知奚不諂

不比不黨也諂者阿順曲從以求彼意故以諂爲媚媚愛也言爲諂以求愛也偏者半體之名故傳多云東偏西偏軍帥屬已分之別行謂之偏師傳云鄭子以偏師陷是偏爲庳屬之名也祁奚爲中軍尉羊舌職佐之職屬祁奚復舉其子是舉其偏屬也

商書曰無偏無黨王道蕩蕩商書洪範也蕩蕩平正無私

其祁奚之謂矣解狐得舉未得位故曰得舉祁午得位伯華得官建一官而三物成一官軍尉物事也

疏建一官而三物成　正義曰尉佐同掌一事故爲建一官也三事成者成其得舉得位得官也官位一也變文相辟耳服虔云所舉三賢各能成其職事案解狐得舉而死身未居職何成事之有

能舉善也夫唯善故能舉其類詩云惟其有之是以似之祁奚有焉詩小雅言唯有德之人能舉似己者○夫音扶絕句一讀以夫爲下句首

疏詩云至似之○正義曰此小雅裳裳者華之篇也其卒章云右之右之君子有之維其有之是以似之○

六月公

會單頃公及諸侯己未同盟于雞澤單頃公王卿士○頃音傾晉侯使荀會逆吳子于淮上吳子不至道遠多難

○楚子辛爲令尹侵欲於小國陳成公使袁僑如會求成患楚侵欲袁僑濤塗四世孫疏侵欲於小國○正義曰多有所欲求索无厭侵害小國故小國怨也晉侯使和組父告于諸侯告陳服秋叔孫豹及諸侯之大夫及陳袁僑盟陳請服也其君不来使大夫盟之四敵之宜○晉侯之弟揚干亂行於曲梁行陳次○行戸郎反注同陳直覲反魏絳戮其僕僕御也疏魏絳戮其僕○正義曰以車亂行是御者之罪故戮其僕也周禮司寇之屬有掌戮之官鄭玄云戮猶辱也既斬殺又辱之其職云掌斬殺賊諜而膊之凡殺其親者焚之殺王之親者辜之殺人者踣諸市肆之三日鄭玄云膊謂去衣磔之焚燒也辜謂

陳之蹐僵尸也肆猶申也陳也彼聘楚辜肆皆謂陳以示人
然則此言戮者非徒殺之而已乃殺之以狗諸軍昭四年楚
戮慶封負之斧鉞以狗於諸侯先狗乃殺之也成二年韓献
子既斬人郤子使速以狗是殺之而後狗也此戮即彼狗之
謂也文十年楚申舟扶宋公之僕以狗或曰國君不可戮也
彼扶以狗亦稱為戮下云至於用鉞當是殺之乃以狗也

晉侯怒謂羊舌赤曰合諸侯以為榮也揚干
為戮何辱如之必殺魏絳無失也對曰絳無
貳志事君不辟難有罪不逃刑其將來辭何
辱命焉言終魏絳至授僕人書僕人晉侯御僕疏事君至不
逃刑○正義曰此言絳之宿心舊行耳非以為此事而言也
服虔云謂敢斬揚干之僕是不辟獲死之難然則斬僕信依
法也豈是絳之罪而得謂之有罪不逃刑乎不逃不
辟此事自亦是矣要本其宿心非是專為此事也將伏
劒士魴張老止之公讀其書曰日君乏使使

臣斯司馬斯此也【疏】將伏劍 正義曰謂仰劍刃身伏其上而取死也臣聞

師衆以順爲武順莫敢違軍事有死無犯爲敬守官行法雖死不敢有違君合諸侯臣敢不敬君師不武執事不敬罪莫大焉臣懼其死以及揚干無所逃罪懼自犯不武不敬之罪不能致訓至於用鉞用鉞斬揚干之僕。○鉞音越

【疏】臣聞至用鉞 正義曰臣聞師旅兵衆順從上命莫敢違逆是爲威武此據在軍之衆也軍旅之事守官行法雖討罪人雖有死難不敢辟死犯違法令而從舍罪人是爲共敬也君命既合諸侯臣豈敢畏懼死罪故舍罪人不爲共敬也今君之師衆違命亂行既已不武謂陽干也執事之臣畏懼其死罪不戮罪人是爲不敬魏絳自謂也不武不敬罪莫大焉是揚干與己皆有大罪臣若不討非直臣有死罪揚干亦合有死罪臣懼身之死罪連及揚干是臣罪更重無所逃辟重罪也不能以礼嚮致教訓至於用鉞以斬其僕是臣之罪重也

臣之罪重敢有

不從以慈君心言不敢不從戮請歸死於司寇致尸於司寇使戮之公跣而出曰寡人之言親愛也吾子之討軍禮也寡人有弟弗能教訓使干大命寡人之過也子無重寡人之過聽絳死爲重過○跣先典反重直用反注同敢以爲請請使無死晉侯以魏絳爲能以刑佐民矣反役與之禮食使佐新軍羣臣旅會今欲顯絳故特爲設礼食○食音嗣注同又如字特爲于僞反【疏】與之礼食　正義曰與之礼食者若公食大夫礼以大夫爲賓公親爲之特設礼食○使佐新軍　正義曰服虔云於是魏頡卒令使趙武將新軍代魏頡升魏絳佐新軍代趙武也出族譜魏顆魏絳俱是魏犨之子顆長生頡則絳是頡之叔父顆別爲令狐氏絳爲魏氏盖顆長而庶絳幼而適故也魏世家武子生悼子悼子生絳則絳是犨孫計其年出孫應是也先儒悉皆不然未知何故張老爲中軍司馬

代䠥
徐䠥
士富爲候奄代裴老士富○士會別族○楚司馬公子何

忌侵陳陳叛故也○許靈公事楚不會

于雞 [illegible]

經四 [illegible] 許大夫盟雞澤三月無

己酉○日食 [illegible] 口二年齊入故此爲成

氏薨 [illegible] 夫人姒

公之妾 [illegible] 流爲君故得

稱夫人 [illegible] 嫡大者言之

故云

杞文而宋審故也 [illegible] 葬我

小君定姒無傳定謚也赴同祔姑反哭成喪皆以正夫人禮母以子貴踰月而葬速疏注定

謚至葬速○正義曰謚法純行不爽曰定譙周說妾子爲君其

母不得成爲夫人故杜詳言之於例亦同稱薨也祔姑稱小

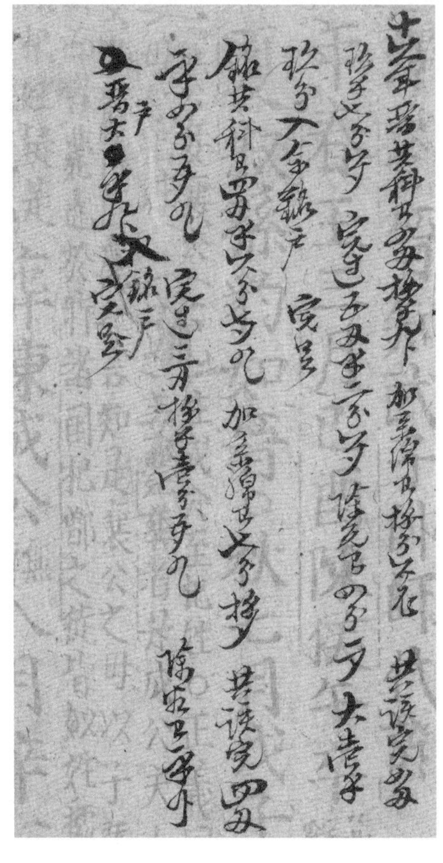

代魏絳士富爲候奄代裴老士富七會列族○楚司馬公子何忌侵陳陳叛故也○許靈公事楚不會于雞澤冬晉知武子帥師代許

經四年春王三月己酉陳侯午卒前年大夫盟雞澤三月無己酉日誤○夏叔孫豹如晉○秋七月戊子夫人姒氏薨成公妾襄公母杞姓【疏】注成公至杞姓○正義曰二年齊姜薨葬者是成公夫人故此爲成公之妾也據傳匠慶之言知是襄公之母以子既爲君故得稱夫人而言薨也於時諸国杞鄫之徒皆姒姓據大者言之故云姒杞姓疑是杞文而未審故也葬陳成公無傳八月辛亥葬我小君定姒無傳定謚也赴同祔姑反哭成喪皆以正夫人禮母以子貴踰月而葬速【疏】注定謚至葬速○正義曰謚法純行不爽曰定舊説妾子爲君其母不得成爲夫人故杜詳言之於例亦同稱薨也祔姑稱小

君也反哭成喪書葬也今定姒三礼皆具薨塟備文皆以正夫人之礼者由母以子貴故也釋例曰凡妾子為君其母猶為夫人雖先君不命其母母以子貴其適夫人薨則尊得加於臣子而內外之礼皆如夫人矣故姒氏之喪責以小君不成成風之喪王使來會塟傳曰礼也夫人姒氏薨塟皆以礼備為文明季子雖議從寄賤聞匠慶之言懼而備礼殯塟無闕也礼公子為其母練冠縓緣既塟除之及其嗣位為君非復公子適母薨則申其母尊而先儒同之公子亦謬矣是杜言妾母得為夫人之意也季孫初議欲不成定姒之喪匠慶以君長懼之乃略取季孫之木君子謂之多行無礼必自及也則季孫初議是無礼也既季孫議為無礼明知於礼得成是知妾母成尊是為正法但尊無二上適母若在君尚不得尽礼於其母臣民豈得以夫人之礼事之哉適母既薨則君得盡礼君既盡夫人之礼事其母臣民豈得以妾意遇之哉故適母薨則妾母尊也哀姜既薨成風乃正出姜既出敬嬴乃正齊姜既薨定姒乃正襄公一世無娶夫人之文故齊歸得正也鄭玄以為正夫人有以罪廢妾母得成為夫人也故姜雖被齊殺僖公請而葬之案經薨塟備文安得以罪黜也又齊姜非以罪黜定姒薨塟成尊成風定姒並無譏故知其法得成也○冬公如晉○陳

入頓閭

傳四年春楚師爲陳叛故猶在繁陽前年何忌之師侵陳今猶未還繁陽楚地在汝南鮦陽縣南○爲于僞反鮦孟康音紂直又反一音童或音直勇反非韓獻子患之言於朝曰文王帥殷之叛國以事紂唯知時也知時未可爭今我易之難哉晉力未能服楚受陳爲非時三月陳成公卒楚人將伐陳聞喪乃止軍礼不伐喪【疏】注軍礼不伐喪○正義曰十九年晉士匄侵齊至穀聞齊侯卒乃還傳曰聞喪而還礼也是軍礼不伐喪陳人不聽命不聽楚命臧武仲聞之曰陳不服於楚必亡大國行禮焉而不服在大猶有咎而況小乎夏楚彭名侵陳陳無禮故也爲下

陳闔頻傳○荅其九反下同穆叔如晉報知武子之聘也武子聘在元年晉侯享之金奏肆夏之三不拜肆夏樂曲名周禮以鍾鼓奏九夏其一曰肆夏一名樊三曰韶夏一名遏四曰納夏一名渠盖擊鍾而奏此三夏曲○肆夏戶雅反注及下同九夏一曰王夏二曰肆夏三曰韶夏四曰納夏五曰章夏六曰齊夏七曰族夏八曰陔夏九曰驁夏肆夏一名樊国語云金奏肆夏樊遏渠杜蒙遂分爲三夏之别名呂叔玉云肆夏時邁也樊遏執競也渠思文也韶上昭反過於葛反納夏本或爲夏納誤渠其居反工歌文王之三又不拜工樂人也文王之三大雅之首文王大明綿歌鹿鳴之三三拜小雅之首鹿鳴四牡皇皇者華（疏）金奏至三拜○正義曰奏謂作樂也作樂先擊鍾鍾是金也故稱金奏周礼鍾師掌金奏鄭玄云金奏擊金以爲奏樂之節金謂鍾及鎛也又鼓礼注云以鍾鎛播之鼓磬應之所謂金奏也此晉人作樂先歌肆夏肆夏是作樂之初故於肆夏先言金奏也次工歌文王樂已先作非復以金爲始故言工歌也於文王已言工歌鹿鳴又畧不言工互見以從省耳其實金奏八四夏亦是下

之歌之工歌文王擊金仍亦不息其歌鹿鳴亦是工歌之耳
○注肆夏至夏曲○正義曰周禮鍾師凡樂事以鍾鼓奏九
夏王夏肆夏昭夏納夏章夏齊夏族夏陔夏驁夏言以鍾鼓
奏之也又以文王類之知是樂曲名也杜子春云王出入奏
王夏尸出入奏肆夏牲出入奏昭夏四方賓來奏納夏臣有
功奏章夏夫人祭奏齊夏族人侍奏族夏賓醉而出奏陔夏
公出入奏驁夏定本納夏爲夏納此傳直言之三不明其三
之名魯語同說此事而云金奏肆夏繁遏渠天子所以享元
侯也文王大明緜則兩君相見之樂也文王之三盡文王大
明緜以文王爲首幷取其次二篇以爲三則知肆夏之三以
以肆夏爲首亦幷取其次二夏以爲三也且下云三夏天子
所以享元侯也三者皆名爲夏知是其次二夏幷肆夏爲三
也周禮謂之肆昭納魯語謂之繁遏渠故杜以爲每夏而有
二名肆夏一名樊韶夏一名遏納夏一名渠先儒所說義多
不同周禮注載杜子春云肆夏與文王鹿鳴俱稱三謂其三
章也以此知肆夏詩也呂叔玉云肆夏繁遏渠皆周頌也肆
夏時邁也繁遏執競也渠思文也肆遂也夏大也言遂於天
位也故時邁曰肆于時夏允王保之繁多也遏止也言福祿
止於周之多也故執競曰降福穰穰降福簡簡福祿來反渠
大也言以后稷配天王道之大也故思文曰思文后稷克配

彼天鄭玄云以文王鹿鳴言之則九夏皆詩篇名頌之族類也此歌之大者載在樂章樂崩亦從而亡是以頌不能具鄭家之說各以意言經典散亡無以取正劉炫云君為此解頗允三夏之名而分字配篇不甚愜當何則文王之三即文王則其一大明緜是其二鹿鳴之三則鹿鳴是其一四牡皇皇者華是其二然則肆夏之三亦當肆夏是其一樊遏渠是其二安得復以樊為肆夏之別名也若樊即是肆夏何須重舉二名雖恥習前蹤亦未踰先哲今刪定知不然者以此文云肆夏之三是自肆夏以下有三故為部夏納夏凡為三夏但此三夏各有別名故國語謂之繁遏渠是一字以當一夏若國語直云金奏肆夏繁遏渠則三夏之名沒而不顯故並繁字之上請以肆夏當之云肆夏繁亦樊既是肆夏明遏是部夏渠是納夏也國語兼其難明以會左氏三夏之義劉不曉杜之深意遂欲妄從先儒先儒二說何所馮準先儒以樊遏二字共為執競以渠之一字獨為思文分字既無定限文句多少任意則杜以樊共肆夏為句何為不可劉君乃與奪恣情不顧曲直妄規杜過於義深非也

韓獻子使行人子員問之行人通使之官○員音云徐于貧反使所吏反下注及文皆同【疏】注行人通使之官○正義曰周禮大行人掌大賓之禮大客之

小行人掌使適四方協賓客之礼諸侯行人當亦通掌此事故爲通使之官也此言韓獻子使行人問魯語云晉侯使行人問者彼孔晁注云韓獻子白晉侯使行人問也曰子以君命辱於敝邑先君之禮藉之以樂以辱吾子藉薦也○藉在夜反吾子舍其大而重拜其細敢問何禮也對曰三夏天子所以享元侯也使臣弗敢與聞元侯牧伯○舍音捨重直用反下皆同敢與音預下及與同牧徐音目【疏】注元侯牧伯○正義曰周礼大宗伯云八命作牧九命作伯鄭玄云牧謂侯伯有功德者加命得專征伐於諸侯也伯謂上公有功德者加命爲二伯得征五侯九伯者也鄭司農云牧十州之牧也伯長諸侯爲方伯也然則牧是州長伯是二伯雖命數不同俱是諸侯之長也元長也謂之長侯明是牧伯文王兩君相見之樂也臣不敢及及與也文王之三皆稱文王之德受命作周故諸侯會同以相樂○相樂音洛【疏】注及與相樂○正義曰及與也釋詁文言不敢與在其間而聞

之會語并陳兩事乃揔云皆昭令德以合好非使臣之所敢聞彼謂不敢聞此分之為等級耳詩序文王言文王受命作周大明言文王有明德故天復命武王伐紂緜言文王之興本由大王是文王之三皆稱文王之德能受天命造立周国故諸侯會同歌此以相樂也朝而設享是亦二君聚會故以會同言之肆夏既亡不知其篇之義故唯取詩意以解文王臣為用詩是樂章樂歌詩篇聖王因其尊卑定其差等詩有四始風也小雅也大雅也頌也鄭玄以肆夏為頌之族類其差貴頌同矣天子享元侯歌肆夏則於其饗諸侯不得用肆夏矣當歌文王與兩君相見同也然則兩元侯相見與天子享之礼同亦歌肆夏之類仲尼燕居兩君相見升歌清廟謂元侯也不歌肆夏辟天子也諸侯來朝乃歌文王遣臣來聘必不得同矣當歌鹿鳴也傳言文王兩君相見之樂則其臣來聘不得與其君同亦當歌鹿鳴也燕礼雖以已臣為主樂燕四方之賓其樂歌鹿鳴是其定差也燕礼升歌訖乃為笙歌三篇堂下吹笙以播詩也笙歌訖乃為間歌六篇堂上歌一篇堂下吹一篇相間代也故燕礼云乃間歌魚麗笙由庚歌南有嘉魚笙崇丘歌南山有臺笙由儀是也間歌訖遂合鄉樂周南關雎葛覃卷耳召南鵲巢采蘩采蘋合樂謂堂上堂下合作樂也鄉樂者風詩也燕礼歌小雅而合鄉樂以

合卑於歌一等則知諸所歌者其合樂用詩皆卑於升歌一
等故鄭玄詩譜云天子享元侯歌肆夏合文王於諸侯歌文
王合鹿鳴諸侯於鄰國之君與天子於諸侯同天子諸侯燕
其羣臣及聘問之賓皆歌鹿鳴合鄉樂笙閒所用則鄭玄云
未聞也燕禮升歌小雅笙歌閒歌亦用小雅則笙閒用詩與
升歌差同而云未聞者升歌合樂其用風雅皆用發首二篇
笙用南陔閒用魚麗不復更用其首篇者未聞者未知其用
何篇也此傳言三夏天子所以享元侯則文王兩君相見之
樂亦謂享也雖不言燕燕亦當然此傳晉侯享穆叔爲歌鹿
鳴穆叔以已所當得三拜而受燕禮也工歌鹿鳴則是享燕
同樂明享之與燕用樂各自同矣若然肆夏之爲樂章樂之
最尊者兩君相見尚不得用之而燕禮者諸侯燕已羣臣
之禮而記云若以樂納賓則賓及庭奏肆夏鄭玄云卿大夫
有王事之勞者則奏此樂所以得用之者彼謂納賓之樂郊
特牲云賓入大門而奏肆夏示易以敬也鄭玄云
賓朝聘者是朝賓聘客俱得用之與此升歌異也**鹿鳴君**
所以嘉寡君也敢不拜嘉晉以叔孫爲嘉賓故歌鹿鳴之詩取其我有嘉
賓叔孫奉君命而來嘉
叔孫乃所以嘉魯君**疏**注晉以至魯君○正義曰詩序言鹿鳴燕羣臣嘉賓止謂燕已

之臣以己臣爲嘉賓耳叔孫以晉歌此篇者以己爲嘉賓故拜受之也燕禮記云若與四方之賓燕則公迎之于大門内鄭玄云四方之賓謂來聘者也是燕聘客與君迎爲異餘悉與己臣同也四牡君所以勞使臣也敢不重拜詩言使臣乘四牡騑騑然行不止勤勞也晉以叔孫來聘故以此勞之○以勞力報反注勞之同騑芳非反(疏)注詩言至勞之○正義曰詩序曰四牡勞使臣之來謂遣臣出使來歸乃勞之也叔孫以晉歌此篇勞己來聘故重拜受之也魯語云四牡君之所以章臣之勤也敢不拜章皇皇者華君教使臣曰必諮於周皇皇者華君遣使臣之詩言忠臣奉使能光輝君命如華之皇皇然又當諮于忠信以補己不及忠信爲周其詩曰周爰諮諏周爰諮謀周爰諮度周爰諮詢言必於忠信之人諮此四事○諏子須反度待洛反下文注同詢音荀(疏)注皇皇至四事○正義曰此詩本意文王遣出使之臣使遠而有光華又當諮問善道於忠信之人今晉君歌此以寵穆叔穆叔謙以爲晉侯所教故云君教使臣下云臣獲五善敢不重拜與詩本意異也忠信爲周魯語文也爰於也若遇忠信之人於是訪問諮度諏謀等四事也魯語

卷四

二云皇皇者華君教使臣曰每懷靡及諏謀度詢必咨於周敢不拜教臣聞之訪問於善為咨問善道咨親為詢問親戚之義咨禮為度問禮宜咨事為諏問政事咨難為謀問患難○難乃旦反注同【疏】咨親至為謀○正義曰魯語云此四事雖咨親為詢與此文同其餘咨材為諏咨事為謀咨義為度三者與此皆異韋昭改從此傳注云材當為事事難為難孔晁注云材謂政幹也臣獲五善敢不重拜五善為咨詢度諏謀【疏】臣獲五善○正義曰教之咨人即得一善故并咨為五魯語云君貺使臣以大禮重之以六德孔晁云貺有五善又自謂无及成為六德言自謂知所无及懷靡及諏以聞知者此亦即是一德故為六德也皆是受君之教乃知如此亦是君之所賜故云自獲也○秋定姒薨不殯于廟無櫬不虞櫬親身棺季孫以定姒本賤既无器備議其殺制欲殯不過廟又不反哭○過古禾反【疏】注櫬親至反哭○正義曰櫬者親身之棺初死即當有之將葬以殯過廟葬訖乃為虞祭今定姒初薨匠慶以君長櫂之乃始作櫬知此是季

孫以定姒本賤素无器備議其喪制欲如此耳非是終久遂无之也檀弓曰君即位而爲椑夫人尊與君同亦當生已有椑今議欲不爲是素无器備故始議之也檀弓又曰喪之朝也順死者之孝心也其哀離其室也故至於祖考之廟而後行殷朝而殯於祖周朝而遂葬士喪禮朝而遂葬與記正同知周法不殯于廟而此及僖八年傳皆云不殯于廟以爲非禮知其將葬之時不以殯過朝耳非是殯尸於廟中也舊說日中反虞然下虞謂之反哭今故不虞有欲不爲反哭也

匠慶謂季文子曰匠慶魯大匠子爲正卿而小君之喪不成謂如季孫所議則爲夫人禮不成不終君也慢其母是不終事君之道君長誰受其咎言襄公長將責季孫○長丁丈反注同初季孫爲己樹六檟於蒲圃東門之外蒲圃場圃名季文子樹檟欲自爲櫬○爲于僞反下注爲己爲言下爲執事同圃布古反場直良反【疏】注蒲圃至爲櫬○正義曰詩云九月築場圃毛傳云春夏爲圃秋冬爲場樹菜蔬爲圃治禾黍爲場場圃同地耳故杜以場圃爲一圃名蒲也檟是爲櫬之木知季孫樹之欲自爲櫬

也匠慶請木本或作櫬季孫曰略不以道取為略匠慶用蒲圃之檟季孫不御御止也傳曰遂得成禮故經無異文○御魚呂反注同疏注御止至異文○正義曰止寇謂之禦御即禦也故訓為止季孫本議欲無櫬不虞今傳唯言取木為櫬而已尚不知得虞祭以否不虞即是不反哭不反哭則不得書葬今定姒薨葬備文則因匠慶之言遂得每事成禮是故經無異文君子曰志所謂多行無禮必自及也其是之謂乎疏季孫至謂乎○正義曰不以道取為略今律略人略賣人是也季孫言略令匠慶略他木也官非無木可用意欲不成其喪謂木不顯其意怒慶此請令略木為之也匠慶又忿季孫未必無木可用故取季孫之檟其意言遣我略人我止略女季孫令之為略匠慶奉命而略雖自被略不得止之季孫此議自是無禮也彼匠慶略亦是自及也君子言古之志記所謂多行無禮必自及者其季孫之謂乎而釋例論此云議從略賊彼自是辭正義之語與此不以道取為略別也

○冬公如晉聽政受貢賦多少之數晉侯享公公

請屬鄫鄫小国也欲得使屬魯如須句顓臾之比使助魯出貢賦公時年七歲蓋相者爲之言鄫今琅邪鄫縣○句其俱反顓音專臾羊朱反比必二反相息亮反〔疏〕注鄫小至鄫縣○正義曰附屬附大国耳鄫乃子爵而欲得屬魯者春秋之世小国不能自通多附於大国二十七年齊人請郲朱人請滕郲滕猶尚附人況鄫又小也故杜言之如須句顓臾之比須句亦子爵使助魯出貢賦耳時公年七歲未能自謀蓋国内共爲此計使相者代公言之

晉侯不許孟獻子曰以寡君之密邇於仇讎而願固事君無失官命晉官徵發之命〔疏〕注晉官徵發之命○正義曰二年鄭子駟以君初喪云官命未改此魯以国小賦重恐失官命二者官命雖同而主意有異故杜彼以未葬解之此以徵發解之觀文爲說

鄫無賦於司馬晉司馬又掌諸侯之賦爲執事朝夕之命敝邑褊小闕而爲罪闕不共也○朝夕如字褊必淺反共音恭寡君是以願借助焉借鄫以自助○借子亦反注同晉侯

許之爲明年叔孫豹鄫世子巫如晉傳○楚人使頓間陳而侵伐之故陳人圍頓間伺間缺○間陳間廁之間伺音司間音閑又間廁之間又如字○無終子嘉父使孟樂如晉無終山戎國名孟樂其使臣○使臣所吏反因魏莊子納虎豹之皮以請和諸戎欲戎與晉和莊子魏絳晉侯曰戎狄無親而貪不如伐之魏絳曰諸侯新服陳新來和將觀於我我德則睦否則攜貳勞師於戎而楚伐陳必弗能救是棄陳也諸華必叛諸華中國戎禽獸也獲戎失華無乃不可乎夏訓有之曰有窮后羿夏訓夏書有窮國名后君也羿有窮君之號○夏戶雅反下注皆同羿音詣

疏注夏訓至之號○正義曰夏書五子之歌云太康尸位以逸豫畋于

有洛之表十旬弗反有窮后羿因民弗忍距于河厥第五人御其母以從五子咸怨述大禹之戒以作歌其一曰皇祖有訓是大禹立言以訓後故傳謂此書為夏訓也羿居窮石之地故以窮為國號以有配之猶言有周有夏也后君也窮國之君曰羿羿是有窮君之號

公曰后羿何如 怪其言不次故問之 對曰昔有夏之方衰也后羿自鉏遷于窮石因夏民以代夏政 禹孫大康淫放失國夏人立其弟仲康仲康亦微弱仲康卒子相立羿遂代相號曰有窮 鉏羿本國名○鉏仕居反大音泰相息亮反下及注同

【疏】注禹孫至國名○正義曰夏本紀禹生啓啓生大康是禹孫也為羿所距書序云大康失邦是為淫放失國也本紀又云大康崩弟仲康立尚書胤征云惟仲康肇位四海孔安國云羿廢大康而立其弟仲康為天子則仲康羿之所立但羿握其權仲康不能除去之耳哀元年傳稱有過澆殺斟灌以滅后相相依斟灌故澆滅之是相立為天子乃出依斟灌則相之立也蓋亦羿立之矣此傳言羿代夏政云不脩民事寒浞殺羿言取其國家則羿必自立為天子也當是逐出后相羿乃自立相依斟灌斟尋夏祚猶尚未滅蓋與羿並稱

主也及寒浞殺羿因羿室而生澆豷澆已長大自能用師始滅后相相死之後始生少康少康生杼杼又年長已堪誘豷方始滅浞而立少康計大康失邦及少康紹国向有百載乃滅有窮據此傳文夏亂甚矣而夏本紀云仲康崩子相立相崩子少康立都不言羿浞之事是馬遷說之踈也**恃其射也**羿善射**疏**注羿善射○正義曰尚書云大康尸位以逸豫有窮后羿因民弗忍距于河孔安国云羿諸侯名杜云有窮君之號則與孔不同也羿善射論語文也說文云羿帝嚳射官也賈逵云羿之先祖世爲先王射官故帝嚳賜羿弓矢使司射淮南子云堯時十日並出堯使羿射九日而落之楚辭天問云羿彃日烏焉解羽歸藏易亦云羿彃十日也言雖不經難以取信要言嚳時有羿堯時有羿則羿是善射之號非復人之名字信如彼言則不知此羿名爲何也**不脩民事而淫于原獸**淫放原野**棄武羅伯因熊髡尨圉**四子皆羿之賢臣○髡苦門反尨莫邦反圉魚呂反**而用寒浞寒浞伯明氏之讒子弟也**寒国北海平壽縣東有寒亭伯明其君名○浞仕角反徐在角反**伯明后**

寒棄之夷羿收之夷氏信而使之以爲己相浞

行媚于内内宫人【疏】伯明后寒棄之。正義曰寒是国名伯明寒君之名也后君也伯明

君此寒国之時而棄不收采也。注夷氏。正義曰此傳再言夷羿故以夷爲氏也而施賂于外

愚弄其民敗罔之而虞羿于田樂之以游田。樂音洛下樂安同樹

之詐慝以取其國家樹立也。慝他得反後同外内咸服信浞

許羿猶不悛悛改也。悛七全反將歸自田羿獵還家衆殺

而亨之以食其子食羿子。亨普彭反煑也食音嗣注同【疏】家衆殺而亨之

。正義曰家衆謂羿之家衆人反羿以從浞爲浞而殺羿也

孟子云逢蒙學射於羿盡羿之道思天下惟羿爲愈己於是殺羿則殺羿者逢蒙也其子不忍食諸死于窮門殺之於国門靡

奔有鬲氏靡夏遺臣事羿者有鬲国名今平原鬲縣。鬲音革浞因羿室就其

如羿。生澆及豷，恃其讒慝詐偽而不德于民。

使澆用師滅斟灌及斟尋氏。二国，夏同姓諸侯，仲康之子后相所依。樂安壽光縣東南有灌亭，北海平壽縣東南有斟亭。○澆，五弔反。豷，許器反。斟，之林反。灌，古乱反。【疏】注二国夏同姓諸侯。○正義曰：此本文也。

處澆于過，處豷于戈。過、戈皆国名。東萊掖縣北有過鄉。戈在宋鄭之間。○過，古禾反，注及下同。戈，古禾反。掖音亦，漢書作夜，孟康音掖。【疏】注戈在宋鄭之間。○正義曰：哀十二年傳曰："宋鄭之間有隙地焉，曰嵒、戈、錫"是也。

靡自有鬲氏收二國之燼，燼，遺民。○燼，才刃反。【疏】注燼遺民。○正義曰：燋燭既燒之餘名之曰燼。二国之燼，謂澆之所殺死亡之餘遺脫之民也。思報父兄之讎，故靡得收而用之。

以滅浞而立少康。少康，夏后相之子。○少，詩照反，注及下同。

少康滅澆于過，后杼滅豷于戈。后杼，少康子。○杼，直呂反。【疏】注后杼少康子。○正義曰：夏本紀"少康崩，子帝杼立"是也。

有窮由是遂

亡失人故也浞因羿室故不改有窮之號【疏】有窮至故也○正義曰有窮遂亡謂浞亡也武羅伯因熊髡尨圉本羿棄之浞亦不用失人是国之大患故言之以規悼公也昔周辛甲之

為大史也命百官官箴王闕辛甲周武王大史闕過也使百官各為箴辭戒王過○箴之林反【疏】注辛甲至王過○正義曰晉語文王訪于辛尹賈逵以為辛甲尹佚則辛甲文王之臣而下及武王但文王之時天命未改不得命百官官箴王闕故以為武王時太史也闕謂過失也大史號令百官每官各以箴辭虞人掌獵故以獵為箴也漢成帝時楊雄愛虞箴遂依放之作十二州二十五官箴後亡失九篇後漢崔駰子瑗瑗子寔世補其闕及臨邑侯劉騊駼大傅胡廣各有所增凡四十八篇廣乃次而顯之署曰百官箴皆放此虞箴為之

於虞人之箴虞人掌田獵【疏】注虞人掌田獵○正義曰周禮山虞大田獵則萊山田之野澤虞大田獵則萊澤野萊謂芟其草萊以為殺園之處詩毛傳云大芟草以為防是也曰芒芒禹迹畫為九州芒芒遠貌畫分也○芒莫郎反畫乎麥反【疏】注芒芒至分也○正義曰畫分

者言畫也分之以爲竟也禹貢唯冀州帝都不言竟界以餘州所至則冀州可知也八州名言竟界云濟河惟兖州海岱惟青州海岱及淮惟徐州淮海惟揚州荆及衡陽惟荆州荆河惟豫州華陽黑水惟梁州黑水西河惟雍州是禹所畫分也

經啓九道啓開九州之道疏注啓開九州之道○正義曰旣分海內以爲九州遂皆以九言之禹貢云九州攸同九山刊旅九川滌源九澤旣陂故此亦言九道言禹開通九州之道也

民有寢廟獸有茂草各有攸處德用不擾人神各有所歸故德不乱○攸処如字本或作攸家擾如小反乱也

在帝夷羿冒于原獸冒貪也○冒莫報反又音亡比反疏在帝夷羿○正義曰帝王之號當時所稱三代稱王自以德劣於前謙而不稱爲帝其統天下實與帝同所謂今之王古之帝也後人之稱先代或以王言帝或以帝言王史記於夏殷諸王皆稱爲帝此羿篡立爲王故以帝稱焉

忘其國恤而思其麀牡言但念獵○麀音憂麀牡也牡茂后反

武不可重重猶數也○重直用反注同數所角反疏注重猶數也○正義曰杜讀爲重累

之重故爲數也服虔云重猶大也言武事不可大任用不恢于夏家羿以好武雖有夏家而不能恢大反恢苦回反。獸臣司原敢告僕夫獸臣虞人告僕夫不敢斥尊虞箴如是可不懲乎於是晉侯好田故魏絳及之及后羿事。好呼報反下文同懲直升反【疏】於是至及之。正義曰魏絳本意主勸和戎忽云有窮后羿以開公問遂説羿事以及虞箴乃與初言不相應會故傳爲此二句以解魏絳之意公曰然則莫如和戎乎對曰和戎有五利焉戎狄荐居貴貨易土荐聚也易猶輕也。荐在薦反又才遜反或云草也易以豉反徐神豉反注同【疏】注荐聚也。正義曰釋言云荐再也孫炎曰荐草生之再也即荐是聚也服虔云荐草也言狄人逐水草而居徙无常処刘炫案莊子云麋鹿食荐即荐是草也服言是土可賈焉一也邊鄙不聳民狎其野穡人成功二也聳懼狎習也。賈音古聳息勇反戎狄事晉四鄰振動諸侯威懷三也以德綏戎師徒不勤甲兵不頓四也頓壞也【疏】注頓壞也○正義曰頓謂挫傷所壞今俗語云委頓是也鑒于后羿而用德度以后羿為鑒戒遠至邇安五也君其圖之公說使魏絳盟諸戎修民事田以時傳言晉侯能用善謀○說音悅○冬十月邾人莒人伐鄫臧紇救鄫侵邾敗于狐駘臧紇武仲也鄫屬魯故救之狐駘邾地魯國蕃縣東南有目台亭○紇恨發反駘徒來反徐勑才反蕃本又作番騶音皮一音方袁反白褒魯國記云陳子遊為魯相番子也國人為諱改曰皮也台吐才反【疏】注蕃縣○正義曰魯國地理志曰蕃讀如藩屏之藩言魯國南蕃也汝南陳子游為魯相子游者藩之子也國人辟諱遂改皮音而為番字因而不改也國人逆喪者皆髽魯於是乎始髽髽麻髮合結也遭喪者多故不能備凶服髽而

巳○髽側瓜反合結音計【疏】注髽麻至而已○正義曰髽本義作髻又作紒音同之形制礼無明文先世儒者多以意説鄭衆以爲枲麻與髮相半結之馬融以爲屈布爲巾高四寸著於顙上鄭玄以爲去纚而紒案檀弓記稱南宮縚之妻孔子之兄女也縚母喪孔子誨之髽曰爾毋從從爾爾毋扈扈爾鄭玄云從從謂大高扈扈謂大廣若布高四寸則有定制何當慮其從從扈扈而誨之哉如鄭玄去纚而空露其紒則髮上本無服矣喪服女子在室爲父髽衰三年空露紒髮安得與衰共文而謂之髽衰也魯人逆喪皆髽豈直露紒迎喪哉凶服以麻表髽字從髟是髮之服也杜以鄭衆爲長故用其説言麻髮合結亦當麻髮半也於時魯師大敗遭喪者多婦人迎子迎夫不能備其凶服唯髽而已同路迎喪以髽相弔傳言魯於是始髽者自此以後遂以髽爲弔服雖有吉者亦髽以弔人檀弓曰魯婦人之髽而弔也自敗於臺駘始也鄭玄云時家家有喪髽而相弔知於是始髽者始用髽相弔也髽者依喪服婦人爲斬衰三年者髽故喪服云女子子在室箭笄髽衰三年是也其齊衰期亦髽於檀弓云南宮縚之妻之姑之喪夫子誨之髽是也其婦人弔服則鄭注檀弓云大夫之妻錫衰士之妻則疑衰皆吉笄無首素緫也

國人誦之曰臧之狐裘

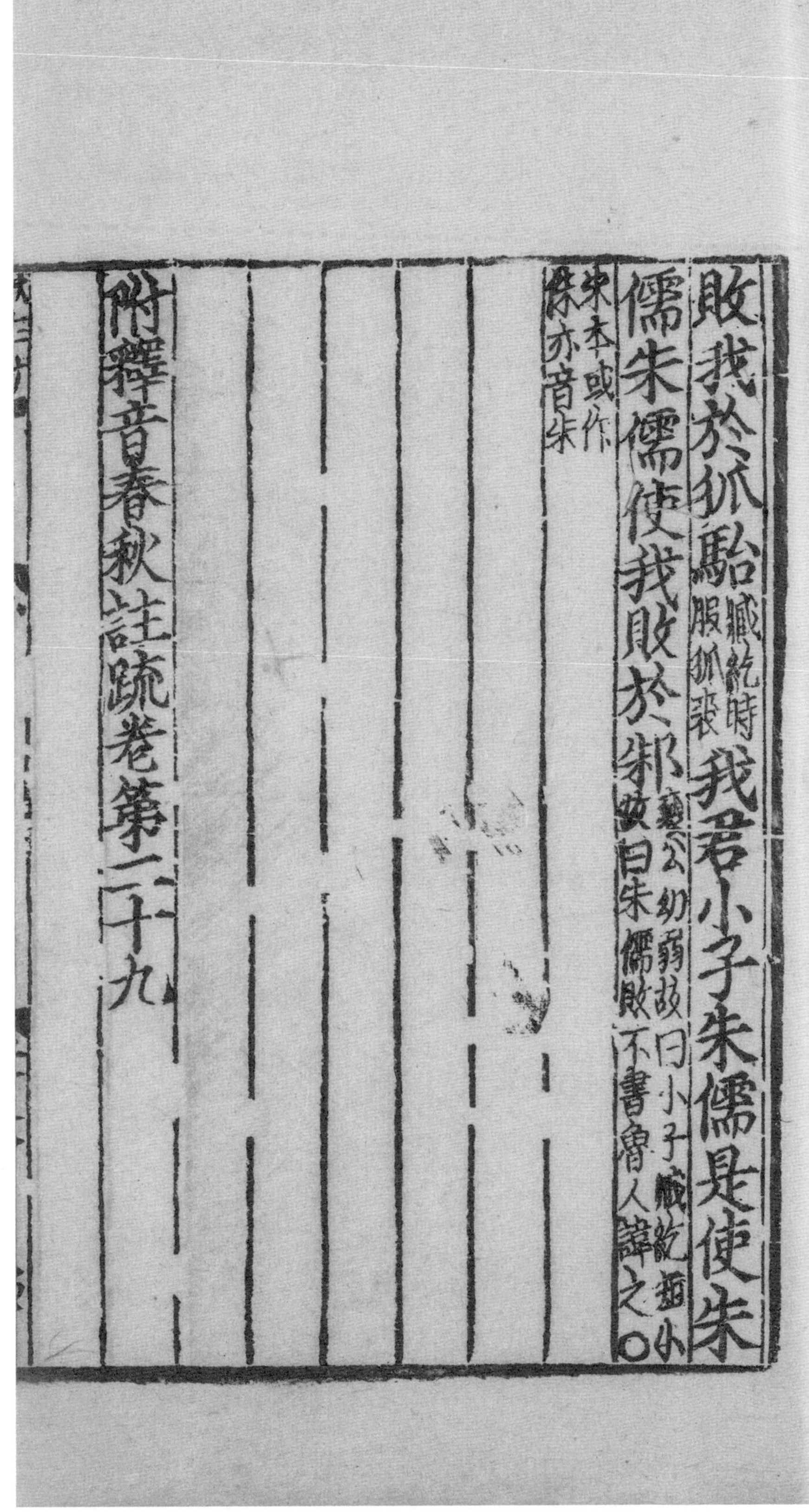

敗我於狐駘臧紇時服狐裘我君小子朱儒是使朱儒朱儒使我敗於邾襄公幼弱故曰小子臧紇短小故曰朱儒敗不書魯人諱之○朱本或作侏亦音朱

附釋音春秋註疏卷第二十九

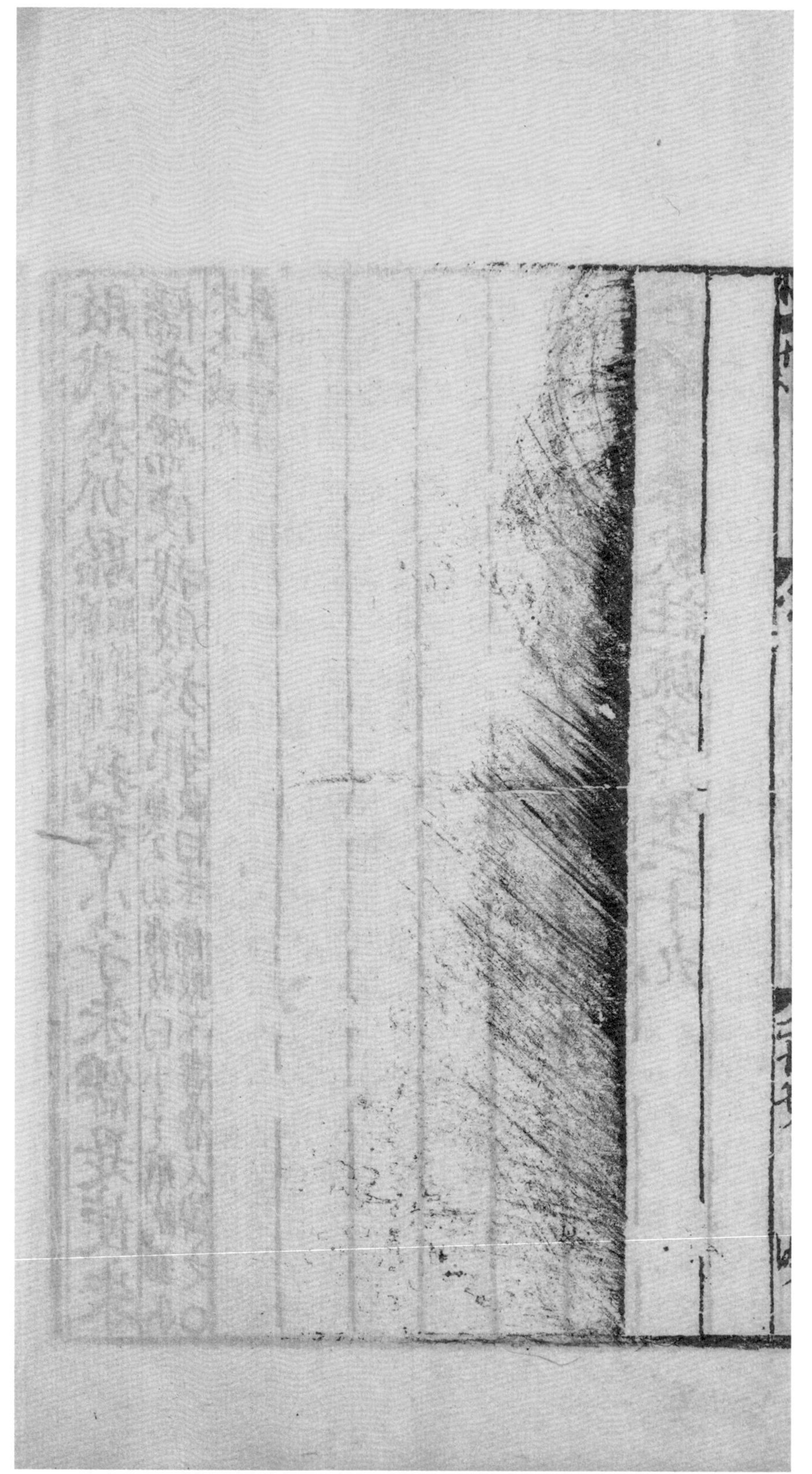

1005
東方文化學院京都研究所

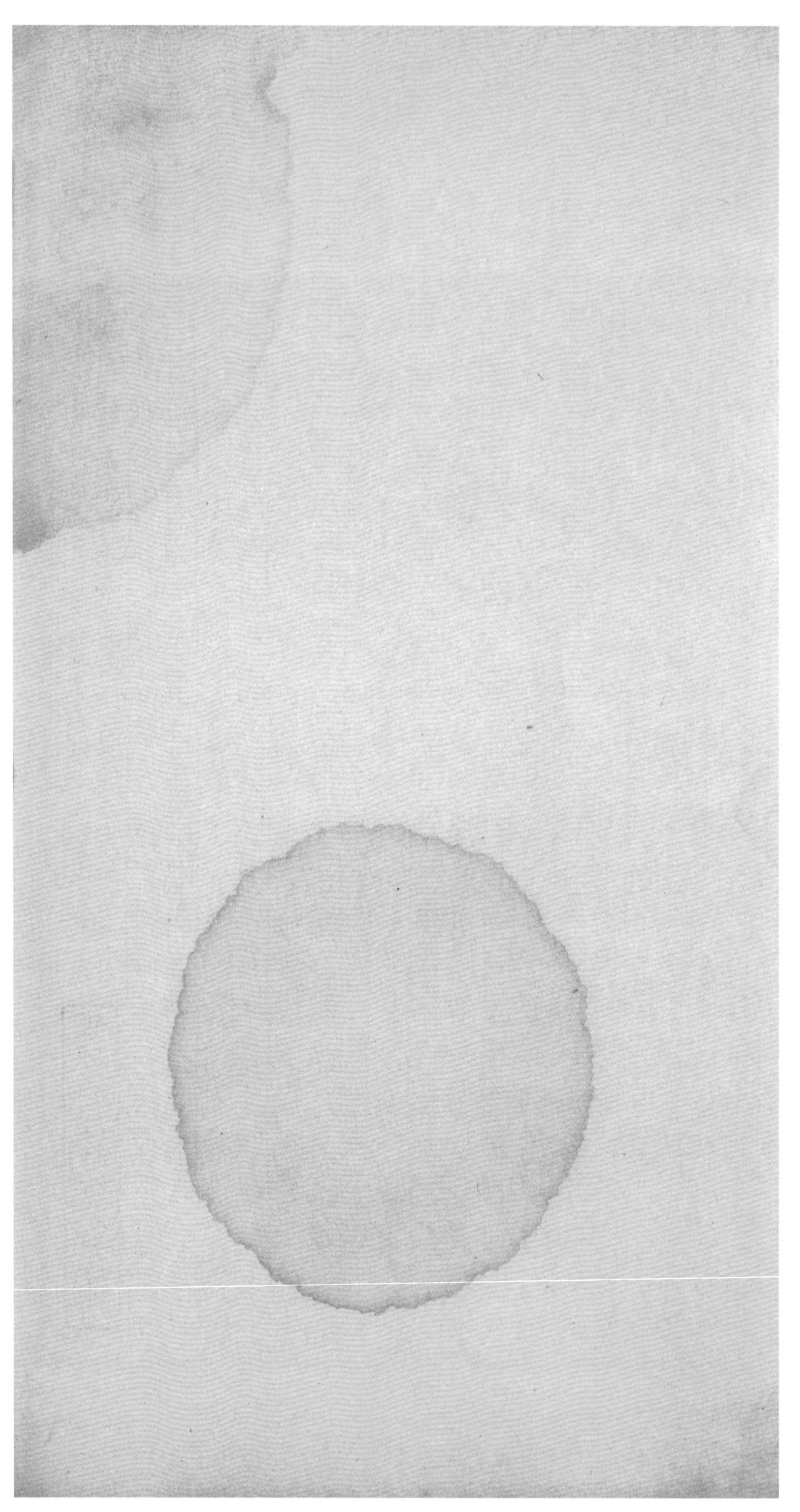

附釋音春秋左傳註疏卷第三十　襄五年盡九年

杜氏註　孔穎達疏

經五年春，公至自晉。○夏，鄭伯使公子發來聘。發，子產父。○叔孫豹、鄫世子巫如晉。此魯大夫，故書巫如晉。○巫，亡扶反。○仲孫蔑、衛孫林父會吳于善道。魯衞俱受命於晉，故不言及。吳先在善道，二大夫往會之，故曰會吳。善道，地闕。疏注魯衞至地闕○正義曰：諸言及者，皆魯君命之使與彼行，故稱及彼。此傳秋，晉將為吳合諸侯，使魯衞先會之，魯衞俱受命於晉，非是魯君命蔑使與林父會吳，故不言及也。下文戚之會，序吳於列，書公會晉侯云云吳人、鄫人于戚，此不序吳於林父之下而別云會吳者，為吳人先在善道，蔑與林父往彼會之，故云會吳也。十年會吳于祖戌，十五年會吳于鍾離，皆是吳在彼地，往彼會之，故殊會吳也。公羊以為外吳，言春秋内其国而外諸夏，内諸夏而外夷狄，故殊會以外之。左氏無此義，杜不從公羊，故皆云吳在彼地。下戚會不殊吳者來會于戚故與諸國同序列也○秋大雩○楚殺其大夫公子壬夫書名罪其貪○公會晉侯宋公陳侯衛侯鄭伯曹伯莒子邾子滕子薛伯齊世子光吳人鄫人于戚穆叔使鄫人聽命於會故鄫見經不復殊吳者吳來會于戚見賢遍反復扶又反下同○公至自會無傳○冬戍陳諸侯在戚會皆受命戍陳各還國遣戍不復有告命故獨書魯戍

疏注諸侯至魯戍○正義曰此戍陳及十年戍鄭虎牢僖二年城楚丘案傳皆諸國同行而經獨書魯者城楚丘傳云不書所會後也彼為魯人後期諸侯已散故作獨城之文此則於戚之會受命戍陳十年諸侯伐鄭於伐鄭受命戍鄭虎牢還國各自遣戍更無告命故獨書魯戍也

○楚公子貞帥師伐陳公會晉侯宋公衛侯鄭伯曹伯齊世子光救陳十有二月公至自救陳無傳○辛未季孫

襄五

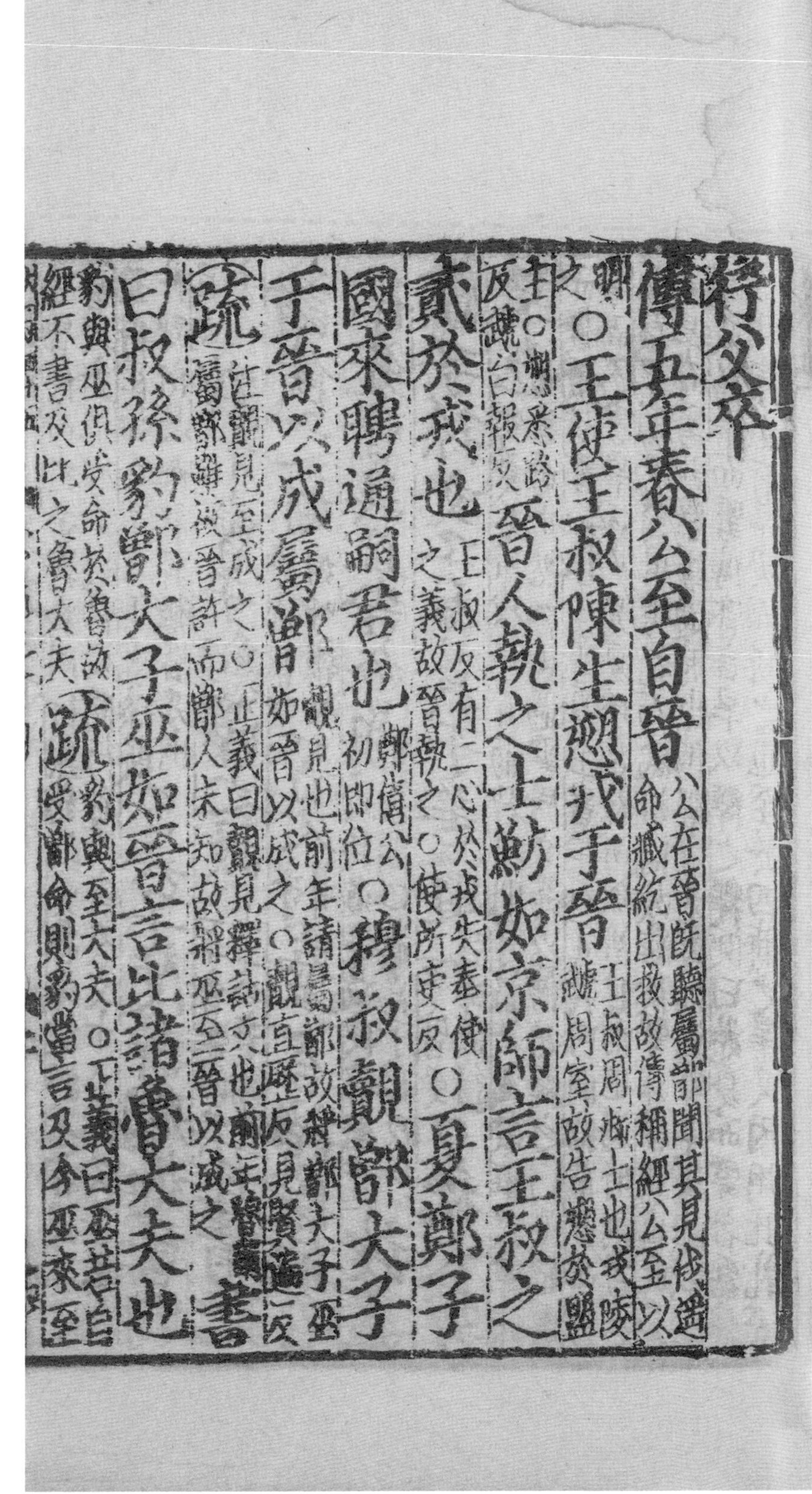

行父卒

傳五年春公至自晉公在晉既聽屬鄫聞其見伐遣命臧紇出救故傳稱經公至以明之○王使王叔陳生愬戎于晉王叔周卿士也戎陵虐周室故告愬於盟主○愬悉路反譏白報反晉人執之士魴如京師言王叔之貳於戎也王叔有二心於戎失奉使之義故晉執之○使所吏反○夏鄭子國來聘通嗣君也鄭僖公初即位○穆叔覿鄫大子于晉以成屬鄫覿見也前年請屬鄫故將鄫大子巫如晉以成之○覿直歷反見賢遍反

疏注覿見至成之○正義曰覿見釋詁文也前年請屬鄫鄫欲屬晉許而鄫人未知故將巫至晉以成之

書曰叔孫豹鄫大子巫如晉言比諸魯大夫也豹與巫俱受命於魯故經不書及比之魯大夫

疏豹與至大夫○正義曰巫若自受鄫命則豹當言及今巫來至

魯魯侯命之令與豹同行與豹俱受魯命故經不言及比之魯大夫也魯大夫兩人同行皆不言及文十八年公子遂叔孫得臣如齊定六年季孫斯仲孫何忌如晉其類皆是也○吳子使壽越如晉壽越吳大夫辭不會于雞澤之故二年會雞澤吳不至公來謝之且請聽諸侯之好更請會○好呼報反晉人將為之合諸侯使魯衛先會吳且告會期以其道遠故使魯衛先會吳告期○將為于偽反故孟獻子孫文子會吳于善道二子皆受晉命而行○秋大雩旱也雩夏祭所以祈甘雨若旱則又脩其禮故雖秋雩非書過也然經與過雩同文是以傳每釋之曰旱也雩而獲雨故書雩而不書旱疏注雩夏至書旱○正義曰例稱龍見而雩是夏祭常禮所以祈甘雨也過時則書若值歲旱則又脩此雩禮而為祈禱故雖秋雩非書過也此是為旱而雩非常雩過時也但經書大雩則過雩旱雩無以別故為旱而雩傳皆言旱以釋之釋例曰始夏而雩者為純陽用事防有旱災而祈之也至於四時之旱又用此禮而祈

求雨故亦曰雩經書雩而傳不以旱釋之者皆過雩也經書過雩則與旱雩不別故傳皆發之是以所發傳言旱之意也雩爲旱請而不書旱者雩而獲雨故書雩而不書旱雩不得雨則書旱以明災成僖二十一年夏大旱是也雩而獲雨則書雩穀梁傳文也

○楚人討陳叛故也討治曰由令尹子辛實侵欲焉乃殺之書曰楚殺其大夫公子壬夫貪也君子謂楚共王於是不刑陳之叛楚罪在子辛共王既不能素明法教陳叛之日又不能嚴斷威刑以謝小国而讎其罪人興兵致討加礼於陳而陳恨弥篤乃怨而歸罪子辛子辛之貪雖足以取死然共王用刑爲失其節故言不刑○共音恭斷丁乱反

疏注陳之至不刑○正義曰釋例曰陳之叛楚罪在子辛共王既不能明法示教以肅大臣陳叛之日又不能嚴斷威刑以謝小国而讎其罪人以興兵致討暴師經年加礼於陳陳恨弥篤乃愠而歸罪子辛子辛之貪雖足以取死然共王用刑爲失其節故君子論之以爲不刑也加礼於陳者謂四年楚將伐陳聞喪乃止是也不刑者言不得用刑之道也

詩曰周道

挺挺我心扃扃講事不令集人來定逸詩也挺挺正
直也扃扃明察也講謀也言謀事不善當聚致賢
人以定之○挺挺他頂反扃扃工迥反徐孔穎反已則無
信而殺人以逞不亦難乎共王伐宋封魚石背盟敗于鄢陵殺子反公子
申及壬夫八年之中戮殺三卿欲以屬諸侯故君子以爲一句○背音佩逞[疏]注共王至不可○正義曰釋例以君
子此言止爲殺公子申與壬夫三人而已此注又兼言殺子
反者傳言已則無信尤共王也背盟而敗于鄢陵及殺子反
皆是共王無信之事故追[illegible]也殺此三卿欲令諸侯息忿
逞來屬已故言欲以屬諸侯以屬諸侯者僖十九年傳文也
逞訓解也共王殺此三人望解已意而諸侯不從意竟不解故云殺人以逞不亦難乎夏書曰成
允成功亦逸書也允信也言信成然後有成功[疏]注亦逸至成功○正義曰此虞書大禹謨之文
禹是夏王故傳稱夏書杜不見古文故稱逸書亦前逸詩
也彼雖謂禹能成聲教之信成治水之功爲二事此傳引之
言共王無信故無成功杜順傳意言信成然後有成功爲一事也○九月丙午盟于戚

會吳且命戍陳也公及其會而不書盟非公後會蓋不以盟告廟疏注公及至告廟○正義曰凡諸侯會而盟者皆先會而後盟非先盟而後會既及其會知非後盟釋例曰盟于鄬盟於萃盟于戚公既在會而不書其盟者以理推之會在盟前知非後盟也蓋公還告會而不告盟也穆叔以屬鄫爲不利使鄫大夫聽命于會鄫近魯竟故欲以爲屬國既而與莒有忿魯不能救恐致譴責故復乞還之傳言鄫人所以見於戚會○近附近之近下文陳近同竟音境譴棄戰反復扶又反見賢遍反○楚子囊爲令尹公子貞○囊乃郎反范宣子曰我喪陳矣楚人討貳而立子囊必改行改子辛所行○喪息浪反行如字徐下孟反而疾討陳疾急也陳近於楚民朝夕急能無往乎有陳非吾事也無之而後可言晉力不能及陳故七年陳侯逃歸○朝夕如字冬諸侯戍陳備楚子囊伐陳

十一月甲午會于城棣以救之公及救陳而不及會故不書城棣城棣鄭地陳留酸棗縣西南有棣城○棣力計反一音徒妹反【疏】注公及至棣城○正義曰桓十五年公會宋公衛侯陳侯于袲伐鄭既會而伐弁會書之計此亦當書會故解之公及救陳而不及其會故不書會○季文子卒大夫入斂公在位在阼階西鄉○斂力艷反鄉許亮反【疏】注在阼階西鄉○正義曰喪大記云大夫之喪將大斂既鋪絞紟衾衣君至主人迎先入門右巫止于門外君釋菜祝先入升堂君即位于序端士喪禮君若有賜焉則視斂既布衣君至君升自阼階西鄉以君臨士喪西鄉知臨大夫之喪即位于序端者亦西鄉也鄭玄士冠禮注云阼猶酢也東階所以荅酢賓客也堂東西牆謂之序刘炫又引記云君既即位于序端卿大夫即位于堂廉楹西北面東上主人房外南面主婦尸西東面遷尸卒斂宰告主人降北面于堂下君撫之主人拜稽顙君降升主人馮之命主婦馮之上之喪將大斂君不在其餘禮猶大夫也宰庀家器為葬備庀具也○庀匹婢反無衣帛之妾無食粟之馬無藏

金玉無重器備器備謂珍寶甲兵之物○衣於既反無食如字又音嗣重如字又直龍反君子是以知季文子之忠於公室也相三君矣而無私積可不謂忠乎○相息亮反積子賜反

疏相三君矣○正義曰季孫行父以文六年見經則爲卿矣宣公之初襄仲執政宣八年仲遂卒後始文子得政故至今爲相三君也

經六年春王三月壬午杞伯姑容卒○夏宋華弱來奔華椒孫○秋葬杞桓公無傳○滕子來朝○莒人滅鄫○冬叔孫豹如邾○季孫宿如晉行父之子○十有二月齊侯滅萊書十二月從吉

傳六年春杞桓公卒始赴以名同盟故也杞入春秋未嘗書名桓公三與成同盟故赴以名

疏注杞入至以名○正義曰杞入春秋以來唯僖二十三年杞成

公卒用夷禮書杞子卒未嘗書杞君之名也世本杞桓公是成公之弟成公卒而桓公立至此七十一年唯成五年盟于蟲牢七年于馬陵九年于蒲魯杞俱在未嘗與襄同盟𤆬其不合以名赴故傳發之釋例曰杞伯姑容未與襄同盟而事逮其父用同盟之禮蓋斷好之義也𤆬於赴非所盟之君故傳曰始赴以名同盟故也

宋華弱與樂轡少相狎長相優又相謗也狎親習也優調戲也○少詩照反狎戶甲反長丁丈反調徒弔反

疏注狎親至戲也○正義曰論語云雖狎必變曲禮云賢者狎而敬之狎是相褻慢相貫習之名也二十八年傳稱慶氏之徒觀優至於魚里是優為戲名也晉語有優施史記滑稽傳有優孟優旃皆善為優遂以優著名是優為調戲也

子蕩怒以弓梏華弱于朝子蕩樂轡也張弓以貫其頸若械之在手故曰梏○梏古毒反貫古亂反

疏注子蕩至曰梏○正義曰貫者穿也張弓以貫皆其頸頸穿於弓之中故曰貫其頸周禮掌囚有梏桎在手曰梏在足曰桎頸貫於弓若手在梏故云以弓梏也桎梏俱名為械釋名云械者戒也戒止人使不得遊行也

平公見之曰司武而梏於

朝難以勝矣司武司馬言其懦弱不足以勝敵○懦乃亂反又乃卧反遂逐之

夏，宋華弱來奔。司城子罕曰：同罪異罰，非刑也。專戮於朝，罪孰大焉？亦逐子蕩。子蕩射子罕之門，曰：幾日而不我從？言我射女門，女亦當以不勝任見逐○射食亦反，注同。幾居豈反。女音汝。勝音升子罕善之如初。言子罕雖見辱不追忿，所以得安

疏司城至如初○正義曰：子罕以華弱奔後而發此言，蓋以告諸大夫，非告君也。亦逐子蕩一句，亦是子罕之語，說子蕩之罪，言亦宜逐子蕩也。子蕩恐即被逐，故射子罕之門。宋亦不復逐之，子蕩作被逐之意，故云幾日而不我從也。宋人不復更逐，故子罕善之如初，不恨其射門也。或當實逐子蕩，故子蕩云幾日而不我從，理亦通也。○注言子至得安○正義曰：服虔云：言子罕不阿同族，亦逐樂轡以正國法，忠之至也。及樂轡射其門，畏從華弱之罰，復善樂轡如初，是爲茹柔吐剛，喪其志矣。傳故舉之，明春秋之義善惡俱見。杜以春秋之世，君弱臣强，莫不蓋失掩罪以相忍爲國。向戌欲蓋華臣，子罕

不恕欒黶皆忍忿求安之事不足以為大尤知傳〇秋滕載此言是善其得安非充其從惡故異於服也成公來朝始朝公也〇莒人滅鄫鄫恃賂也鄫有貢賦之賂在魯恃之而慢莒故滅之〇冬穆叔如邾聘且脩平平四年孤駘戰〇晉人以鄫故來討曰何故亡鄫鄫屬魯恃賂而慢莒魯不致力輔助無何以遂晉尋便見滅故晉責魯季武子如晉見且聽命始代父為卿見大國且謝亡鄫聽命受罪〇見賢遍反注同疏注始代至受罪〇正義曰昭二年晉韓宣子來聘傳曰告為政而來見也大國正卿尚來見小國知此傳言見者是始代父為政卿注見於大國也〇十一月齊侯滅萊萊恃謀也賂夙沙衛之謀也事在二年於鄭子國之來聘也四月晏弱城東陽而遂圍萊子國聘在五年二年晏弱城東陽至五年四月復託治城因遂圍萊〇復扶又反甲寅堙之環

城傳於堞堞女牆也堙土山也周城爲土山及女墻○堙音因環戶關反又音患傳音附堞音牒一名俾亦謂之俾倪徐養涉反【疏】注堞女至女牆○正義曰兵書攻城有爲堙之法宣十五年公羊傳曰子反乘堙而窺宋城是堙爲土山使高與城等而攻之也言環城是環遶其城知周市其城爲土山也及杞桓公卒之月此年三月乙未王湫帥師及正輿子棠人軍齊師王湫故齊人成十八年奔萊正輿子萊大夫棠萊邑也北海即墨縣有棠鄉三人帥別邑兵求救解圍○湫子小反徐子鳥反齊師大敗之敗湫等丁未入萊萊共公浮柔奔棠正輿子王湫奔莒莒人殺之四月陳無宇獻萊宗器于襄宮無宇桓子陳完玄孫襄宮齊襄公廟○共音恭晏弱圍棠十一月丙辰而滅之遷萊于郳遷萊子于郳國○遷萊于郳五兮反本或作遷于郳萊衍字【疏】遷萊于郳○正義曰郳即小邾也一

年傳曰滕薛小邾之不至皆曰齊故也小邾附屬於齊高厚
故滅萊因而遷其君於小邾使之寄居以終身也
崔杼定其田定其疆界高厚高固子○疆居良反
經七年春郯子來朝○夏四月三卜郊不從
乃免牲称牲既卜日也卜郊又非礼也○郯音談疏夏四月至免牲○正義曰周礼大宰職云祀五
帝前期十日帥執事而卜日然則將祭十日之前預卜之蓋
一旬一卜也俻称啓蟄而郊建寅之月也此四月三卜蓋三
月二卜四月又一卜也春分之前猶是啓蟄郊内於法乃可
以郊擇傳獻子之言三卜在春分之後則初卜即已大晚故
三卜而涉於春分也人心欲其吉不吉是不從不從則不郊
故免牲而不殺也○注称牲至礼也○正義曰僖三十一年
夏四月四卜郊不從乃免牲傳曰礼不卜常祀而卜其牲日
牛卜日曰牲牲成而卜郊上怠慢也此經與彼正同唯四卜三
卜爲異耳彼言其非則此亦非也牛之称牲是既卜
日矣牲既成矣而又卜郊與僖同譏故云又非礼也○小
邾子來朝○城費南遺假事難而城之○費音祕難乃旦反疏注南遺至城之○正

義曰此傳唯說南遺請城之由不言時與不時則知南遺假託言有事難而請城之○秋季孫宿
如衛○八月螽無傳爲災故書○冬十月衛侯使孫林
父來聘壬戌及孫林父盟楚公子貞帥師圍
陳○十有二月公會晉侯宋公陳侯衛侯曹
伯莒子邾子于鄬爲謀救陳陳侯逃歸不成救故不書救也鄬鄭地○鄬于軌反字林几
吹反【疏】注謀救至鄭地○正義曰楚既圍陳而陳侯亦列於會者當是圍之不密故陳侯得出會求救也陳侯逃
歸陳遂屬楚諸侯不與楚戰冬自罷歸不成爲救故不書救也鄭伯髡頑如會未見
諸侯丙戌卒于鄵實爲子駟所弒以瘧疾赴故不書弒稱名爲書卒同盟故也如會會於鄬
也未見諸侯未至會所而死鄵鄭地不欲冊稱鄭伯故約文上其名於會上○鄵七報反又采南反字林千消反弒音試
下同瘧書于僞反上其時掌反【疏】注實爲至會上○正義曰會之隱閔實被弒而書薨諱而不言弒則亦不以被

弑而諸侯此鄭伯實爲子駟所弑而以瘧疾赴於諸侯亦如
隱閔之類諱而不言弑故魯史不得書弑也穀梁傳曰礼諸
侯不生名此其生名何也卒之名也卒之名則何爲如之如
會之上見以如會卒也是言書名爲書卒而称之也三年盟
于雞澤五年盟于戚魯鄭俱在同盟故赴以名法當書名故
進名於上其名本爲下卒非是生名之也如會者會諸侯於
鄵欲往赴其會也公羊傳曰未見諸侯其言如會何致其意
也原其意本欲往會故書之也未見諸侯言其未至會所而
死非至會而不見也書卒于鄵者赴以所卒之地故書之　陳侯逃歸畏楚逃晉而歸

傳七年春郯子來朝始朝公也○夏四月三
卜郊不從乃免牲孟獻子曰吾乃今而後知
有卜筮夫郊祀后稷以祈農事也郊祀后稷以配天后稷周始祖能播殖者

【疏】注郊祀至殖者○正義曰言后稷周之始祖能播殖者辨知后稷是何人不爲能播殖故祀以祈農事自謂郊天以祈農耳案孝經云孝莫大於嚴父嚴父莫大於配天則周公其人也昔者周公郊祀后稷以配天宗

祀文王於明堂以配上帝止云配天而祀之不言祈農遂郊
特牲説郊天之義曰萬物本乎天人本乎祖此所以配上帝
也郊之祭也大報本反始也宣三年公羊傳曰郊則曷爲必
祭稷王者必以其祖配王者則曷爲必以其祖配自内出者
無匹不行自外至者無主不止何休云天道闇昧故推人道
以接之不以文王配者重本尊始之義也據此諸文則郊祭
天者爲物本於天故祭天以報本神必須配故推祖以配天
止報生成之恩非求未來之福此傳專言郊祀社稷主爲祈
農事者斯育矣祭祀者爲報已往非求將來之福也但祭
爲明神所享神以將來致福將來而獲多福乃由祭以得之
禮器稱君子曰祭祀不祈祭者意雖不祈其實福以祭降以
祭穫福即祈之義也宗廟之祭緣生事死盡其孝順之心非
求耕稼之利少牢饋食者大夫之祭禮也其祭之末尸嘏主
人使女受福于天宜稼于田彼豈爲田而祭哉神以宜田福
之耳郊天之義亦由是也神以人爲主人以穀爲命人以精
意事天天以宜稼給人以此謂之祈農本意非祈農也詩意
噫嘻序曰春夏祈穀于上帝禮仲春之月月令曰是月也天子
乃以元日祈穀于上帝即是郊天之祭也其下即云乃擇元
辰天子親載耒耜躬耕帝籍是郊而後耕也獻子此言正與
禮合考經止言尊嚴其父主述孝子之志本意不説郊天之

祭無由得有祈穀之言何休膏肓執彼難此追而想之亦可以歎息也是故啓蟄而郊郊而後耕今既耕而卜郊宜其不從也啓蟄夏正建寅之月所謂春分○蟄直立反夏戶雅反（疏）注啓蟄至春分○正義曰釋例曰歷法正月節立春啓蟄爲中氣二月節驚蟄春分爲中氣是啓蟄爲夏正建寅之月中氣也月令祈穀之後即擇日而耕初耕亦在正月傳言既耕而卜郊宜其不從是此卜之時已涉春分之節時過不復可郊故言耕謂春分指釋獻子言耕是春分之節不謂春分始可耕也釋例又曰僖公襄公夏四月卜郊但譏其非所宜卜不譏其四月不可郊也孟獻子曰啓蟄而郊郊而後耕耕謂春分也言得啓蟄即當卜郊不得過春分也是言此卜在春分之後故獻子譏之據傳獻子此言郊天之禮必用周之三月而雜記云孟獻子曰正月日至可以有事於上帝七月日至可以有事於祖七月而禘獻子爲之也此與禮記俱稱獻子二文不同必有一謬禮記後人所録左傳當得其真共七月而禘獻子爲之則當獻子之時應有七月禘者烝嘗過則書禘過亦宜書何以獻子之時不書七月禘也足知禮記之言非獻子矣○南遺爲費宰費季

氏邑叔仲昭伯爲隧正隧正主役徒昭伯叔仲惠伯之孫○隧音遂疏注隧正至役徒○正義曰九年注云隧正官名五縣爲隧則隧正當周禮之遂人也掌諸遂之政令徒役出諸遂之民故爲主役徒者欲善季氏而求媚於南遺謂遺請城費使遺請城吾多輿而役故季氏城費傳言祿去公室季氏所以強○小邾穆公來朝亦始朝公也亦邾子也○秋季武子如衛報子叔之聘且辭緩報非貳也子叔聘在元年言國家多難故不時報○難乃旦反○冬十月晉韓獻子告老公族穆子有廢疾穆子韓厥長子成十八年爲公族大夫○長丁丈反下師長同將立之代厥爲卿辭曰詩曰豈不夙夜謂行多露詩言雖欲早夜而行懼多露之濡己義取非禮不可妄行疏詩曰至多露○正義曰詩国風召南行露之首章也言人行者豈不欲早夜而

行乎謂早夜而行則多露濡己義取非禮不可以安行穆子引之言非其才不可以安居官位　又曰弗躬弗親庶民弗信詩小雅言譏在位者不躬親政事則庶民不奉信其命言己有疾不能躬親政事

【疏】弗躬至弗信○正義曰此詩小雅節南山之篇詩注云言王之政不躬而親之則恩澤不信於衆民矣

無忌不才讓其可乎請立起也無忌穆子名起無忌弟宣子也　與田蘇游而曰好仁田蘇晉賢人蘇言起好仁○好呼報反注及下同　詩曰靖共爾位好是正直神之聽之介爾景福靖安也介助也景大也詩小雅言君子當思不出其位求正直之人與之並立如是則神明順之致大福也○共音恭下注同介音界下同

【疏】注介助也景大也○正義曰定本介景皆爲大也

恤民爲德靖共其位所以恤民

【疏】注靖共至恤民○正義曰天生烝民立君以牧之君不獨治爲臣以佐之君之與臣皆爲恤民而設之也

能安靖共敬在其職位是其所以愛民也　正直爲正正己心　正曲爲直正人

曲參和爲仁德正直三者備乃爲仁○參七南反或音三如是則神聽之介福降之立之不亦可乎言起有此三德故可立疏詩曰至可乎○正義曰詩小雅小明之篇言人能安靖其位以居爾之職位愛好正直之人與之共處於朝則神明聽順之當助女以大福也既引詩文又述其意能愛念下民是爲德也正直己心是爲正也能以己正正人之曲是爲直也此德也正也直也三者和備是爲仁也人能如此則神明聽順之大福降與之田蘇是知人者也田蘇言起好仁起必備有此行立之不亦可乎

庚戌使宣子朝遂老韓厥致仕晉侯謂韓無忌仁使掌公族大夫爲之師長疏注爲之師長○正義曰無忌完爲公族大夫今言使掌其與諸公族大夫爲師長也○衛孫文子來聘且拜武子之言謝得州之言而尋孫桓子之盟盟在成三年公登亦登禮登階臣後君一等○後胡豆反下文不後寡君同疏注禮登至一等○正義曰聘禮公迎賓于大門

內又朝門公揖入立于中庭納賓賓父三揖至于階三讓公升二等鄭玄云先賓升二等亦欲君行一臣行二言君先升二等然後臣始升一等是

禮登亞附臣當後君一等

叔孫穆子相趨進曰諸侯之會寡君未嘗後衛君敵體並登○相息亮反下注同嘗後如字徐胡豆反今吾子不後寡君寡君未知所過吾子其少安安如字徐也

孫子無辭亦無悛容悛改也○悛七全反

穆叔曰孫子必亡爲臣而君過而不悛亡之本也詩曰退食自公委蛇委蛇委蛇順貌詩召南言人臣自公門入私門無不順禮○委於危反蛇以支反下同召上照反謂從者也從順行衡而委蛇必折衡橫也橫不順道必毀折爲十四年孫父逐君起本

（疏）詩曰至必折○正義曰詩國風召南羔羊之篇言大夫賢者退朝而食從公門入私門委蛇委蛇然委蛇順從之貌詩之此意謂順者也今孫子爲臣而君自處是

擭不順道以擭道而爲委蛇其人必將毀折不得終其職位○楚子囊圍陳會于鄬以救之晉會諸侯○鄭僖公之爲大子也於成之十六年魯成公○疏注魯成公○正義曰杜必言魯成公者欲明非鄭成公也知非者以鄭成公成七年即位至襄二年卒唯十四年無十六年故也與子罕適晉不禮焉又與子豐適楚亦不禮焉子豐穆公子及其元年朝于晉鄭僖元年魯襄三年子豐欲愬諸晉而廢之子罕止之及將會于鄬子駟相又不禮焉侍者諫不聽又諫殺之及鄵子駟使賊夜弒僖公而以瘧疾赴于諸侯傳言經所以不書弒簡公生五年奉而立之僖公子○陳人患楚楚圍陳故慶虎慶寅謂

楚人曰吾使公子黄往而執之二慶陳執政大夫公子黄哀公弟

疏使公子黄往○正義曰於時楚師圍陳使公子黄往入楚軍也楚人從之爲執黄○爲于僞反二慶使告陳侯于會鄬之會曰楚人執公子黄矣君若不來羣臣不忍社稷宗廟懼有二圖背君屬楚○背音佩陳侯逃歸鄬會所以不書叛

經八年春王正月公如晉○夏葬鄭僖公無傳○鄭人侵蔡獲蔡公子燮鄭子國稱人剌其無故侵蔡以生國患燮蔡莊公子○燮息協反

疏注鄭子至公子○正義曰此夾舍之入陳鄭有稍怨此時與蔡無怨晉復無命使侵無故興師以生國患以其動而無謀故貶之釋例曰陳蔡楚之與國鄭欲求親於晉故伐而入之晉士莊伯詰其侵小且問陳之罪子産若以東門之役出以免於譏及其侵蔡既無晉令又無直辭君死主少興師以出不顧於晉不能以德懷親以直報

怨故二大夫異於子産也陳之見伐本以助晉晉不逆勞而以法詰之得盟主之體故仲尼曰晉爲伯鄭入陳非文辭不爲功善之也○季孫宿會晉侯鄭伯齊人宋人衛人邾人于邢丘時公在晉晉悼難勞諸侯唯使大夫聽命故季孫在會而公先歸○邢徐音刑難乃旦反【疏】注時公至先歸○正義曰公以正月如晉此會之下始云公至則晉侯適會公乃歸魯季孫蓋從公朝晉歸從晉赴會故季孫在會而公先歸○八月公至自晉無傳○莒人伐我東鄙○秋九月大雩○冬楚公子貞帥師伐鄭○晉侯使士匄來聘

傳八年春公如晉朝且聽朝聘之數晉悼復脩霸業故朝而禀其多少○復扶又反霸本亦作伯音霸又如字【疏】注晉悼至多少○正義曰昭三年鄭子大叔云文襄之霸也令諸侯三歲而聘五歲而朝自襄以後晉德少衰諸侯朝聘無復定準今晉悼復脩霸業更合諸侯故公朝晉而

稟其多少如公朝者盡亦非一晉侯謙不敢在國約束故出與會之又鄭重諸侯使大夫聽命故為邢丘之會以命朝聘之數數之多少傳亦無文據子大叔之言不說悼公之法而遠陳文襄之令則悼公此命還同文襄耳非復別制法也○

○鄭羣公子以僖公之死也謀子駟子駟先之夏四月庚辰辟殺子狐子熙子侯子丁辟罪也加罪以戮之○先悉薦反又如字辟婢亦反注同熙許其反徐音怡○疏注辟罪至戮之○正義曰辟罪辟訓詁文也不直言殺而云辟殺明是加誣以罪而殺之子駟知其謀已不以罪殺恐動衆心故加誣以罪言其罪自當死非為已討所以自解說也孫擊孫惡出奔衛二孫子狐之子疏注二孫子狐之子○正義曰賈逵云然未必有文可據相傳為此說也○庚寅鄭子國子耳侵蔡獲蔡司馬公子燮鄭侵蔡欲以求媚於晉子耳子良之子不言敗唯以獲告疏注鄭侵至獲告○正義曰於時鄭與楚怨又無晉令鄭自發心侵蔡知欲求媚於晉也蔡獲其將必與之戰戰敗乃獲之不言敗

者唯以獲告不告敗也鄭人皆喜唯子產不順子產子國子不順衆而言曰小國無文德而有武功禍莫大焉楚人來討能勿從乎從之晉師必至晉楚伐鄭自今鄭國不四五年弗得寧矣子國怒之曰爾何知國有大命而有正卿童子言焉將爲戮矣大命起師行軍之命○五月甲辰會于邢丘以命朝聘之數使諸侯之大夫聽命季孫宿齊高厚宋向戌衛甯殖邾大夫會之晉悼公重煩諸侯故使大夫聽命鄭伯獻捷于會故親聽命獻蔡捷也大夫不書尊晉侯也晉悼復文襄之業制朝聘之節儉而有禮德義可尊故退諸侯大夫以崇之【疏】注晉悼至崇之　正義曰禮卿不會

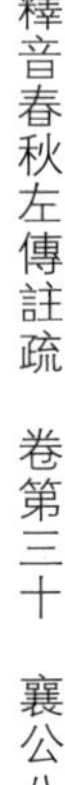

公侯會則貶之稱人自是常例而云尊晉侯者此有鄭伯在會自與晉侯相敵諸卿不敵晉侯無罪不合貶也但欲尊晉侯無罪以見之故貶大夫以尊之大夫非有罪也文二年晉宋陳鄭四國之卿伐秦皆貶稱人尊秦謂之崇德其意與此同也諸侯之卿皆貶而獨不貶季孫宿者文元年公孫敖會晉侯于戚注云禮卿不會公侯而春秋魯大夫皆不貶者體例已舉故據用魯史成文是其義也言儉而有禮德義可尊者難須諸侯使大夫聽命亦是有禮之事也○莒人伐我東鄙以疆鄟田莒既滅鄫魯侵其西界故伐魯東鄙以正其封疆○疆居良反注同○秋九月大雩旱也○冬楚子囊伐鄭討其侵蔡也子駟子國子耳欲從楚子孔子蟜子展欲待晉楚晉求救子孔穆公子子蟜子游子子展子罕子○蟜居表反子駟曰周詩有之曰俟河之清人壽幾何逸詩也言人壽促而河清遲喻晉之不可待○壽音授或如字注同幾居豈反兆云詢多職競作羅

襄八

兆卜詢謀也職主也言既卜且謀多則競作羅網之難無成功○難乃旦反【疏】兆云詢多○正義曰杜云兆卜詢謀也既卜且謀多姤杜此言則云是語辭謀之多族民之多違族家也事滋無成滋益也民急矣姑從楚以紓吾民晉師至吾又從之敬共幣帛以待來者小國之道也犧牲玉帛待於二竟二竟晉楚界上○紓音敍共音恭竟音境注同以待彊者而庇民焉寇不爲害民不罷病不亦可乎子展曰小所以事大信也小國無信兵亂日至亡無日矣五會之信謂三年會雞澤五年會戚又會城棣七年會鄬八年會邢丘○庀必利反又音秘下同罷音皮【疏】注謂三至邢丘○正義曰鄬之會鄭伯未至而卒亦數之若鄭伯雖身死耳其會與鄭同謀故數之今將背之雖楚救我將安用

之言失信得楚不足賞。背音佩至卷末皆同親我無成晉親鄭鄙我是欲楚欲以鄭爲鄙邑而反欲與成不可從也言子駟不可從不如待晉晉君方明四軍無闕八卿和睦必不棄鄭四軍謂上中下新軍也軍有二卿（疏）八卿和睦○正義曰八卿者據九年傳智罃將中軍士匄佐之荀偃將上軍韓起佐之欒黶將下軍士魴佐之趙武將新軍魏絳佐之楚師遼遠糧食將盡必將速歸何患焉舍之聞之舍之子展名杖莫如信完守以老楚杖信以待晉不亦可乎子駟曰詩云謀夫孔多是用不集詩小雅孔甚也集就也言人欲爲政是非相亂而不成。相息亮反下同守手又反或如字下守官并注同發言盈庭誰敢執其咎言謀者多若有不善無適受其咎○咎其九反下同適丁歷反下同如匪行邁謀是用不得于道匪彼也行邁謀謀於路人也不得于道衆無適從【疏】○詩云至于道○正義曰詩小雅小旻之三章也言謀事之夫甚多是非相奪無可適從爲是之故其事用此益不成也發言訩訩而盈滿於庭無能決當是非事若不成誰敢執其咎責者如彼道上行人每得人即與之謀意無所從爲是之故用此不得于正道也○注匪彼至適從○正義曰鄭玄以匪爲非如非行邁之謀言止而不行坐圖遠近也杜以如者如似他物故以匪爲彼言如彼行人逢值岐路問其所從也鄭以行爲道邁爲行言道上行人相亦當然請從楚騑也受其咎騑子駟名○騑芳非反乃及楚平使王子伯騈告于晉伯騈晉大夫○騈扶賢反又扶經反曰君命敝邑脩而車賦儆而師徒以討亂略蔡人不從敝邑之人不敢寧處悉索敝賦索盡也○儆居領反索悉各反注同一音所百反以討于蔡獲司馬燮獻于邢丘今楚來討曰女何故稱

兵于蔡稱舉也○焚音汾焚我郊保郭外曰郊保守也馮陵我城郭馮迫也○馮皮冰反注同敝邑之衆夫婦男女不遑啓處以相救也遑暇也啓跪也○跪其委反【疏】注遑暇也啓跪也○正義曰皆釋言文也舍人曰閒暇無事也李巡曰啓小跪也翦焉傾覆無所控告翦盡也控引也○覆芳服反控苦貢反民死亡者非其父兄即其子弟夫人愁痛夫人猶人人也○夫音扶注同不知所庇民知窮困而受盟于楚孤也與其二三臣不能禁止孤鄭伯不敢不告知武子使行人子員對之曰君有楚命見討之命亦不使一介行李告于寡君一介獨使也行李行人也○介古賀反注同使所吏反而即安于楚君之所欲也誰敢

違君寡君將帥諸侯以見于城下唯君圖之爲明年晉伐鄭傳。見賢遍反或如字晉范宣子來聘且拜公之辱謝公此春朝告將用師于鄭公享之宣子賦摽有梅摽有梅詩召南摽落也梅盛極則落詩人以興女色盛則有衰衆士求之宜及其時宣子欲魯及時共討鄭取其汲汲相赴。摽徐扶妙反又扶表反興許應反季武子曰誰敢哉言誰敢不從命今譬於草木寡君在君君之臭味也言同類。譬本亦作辟音譬後放此歡以承命何時之有遲速無時武子賦角弓角弓詩小雅取其兄弟婚姻無相遠矣賓將出武子賦彤弓彤弓天子賜有功諸侯之詩欲使晉君繼文之業復受彤弓於王。彤徒冬反復扶又反宣子曰城濮之役在僖二十八年。濮音卜我先君文公獻功于衡雍受彤弓于襄王以爲子孫藏藏之以示子孫○雍於用反藏如字徐才浪反匄也先君守官之嗣也敢不承命言巳嗣其父祖爲先君守官不敢廢命欲臣晉君君子以爲知禮形弓之義義在晉君故范匄受之所謂知禮疏注形弓至知禮○正義曰文四年甯俞來聘爲賦彤弓甯俞不敢當此賦彤弓而宣子受之故解其意彼以彤弓當甯俞故甯俞不敢受此賦彤弓其義在於晉君非當范匄故范匄受之而爲知禮也

經九年春宋災天火曰災來告故書疏注天火至故書○正義曰得告則書史之常例於此須言告者公羊傳曰外災不書此何以書爲王者之後記災也曷爲或言災或言火大者曰災小者曰火然則內何以不言火內不言火者甚之也公羊此言不可通於左氏故杜明爲此注以異之○夏季孫宿如晉○五月辛酉夫人姜氏薨成公母○秋八月癸未葬我小君穆姜無傳四月而葬速○冬公會晉

侯宋公衛侯曹伯莒子邾子滕子薛伯杞伯
小邾子齊世子光伐鄭十有二月己亥同盟
于戲伐鄭而書同盟則鄭受盟可知傳言十有二月己亥
以長曆推之十二月無己亥經誤戲鄭地○戲許宜
反【疏】注伐鄭至鄭地○正義曰成十七年夏公會尹子
云伐鄭六月乙酉同盟于柯陵於時鄭實不服諸侯
自同盟耳鄭不與盟也此注云伐鄭而書同盟則鄭受盟可
知者此盟鄭與傳文分明不是準約同盟之文始知鄭與盟
也杜言此解經於盟不書鄭伯之意耳經若重序諸侯必當
鄭伯在列但經已前目諸侯不復重序鄭伯不見故特解之
以其伐鄭而書同盟則鄭與盟可知同盟之文足以包鄭故
不復見鄭伯耳非謂因伐而同盟者所伐之國必與也柯陵
之盟鄭實不服諸侯自相與盟非同鄭也文同事異不可執
彼以難此十一年諸侯伐鄭同盟于亳城北其文與此同矣
此經書十二月己亥同盟于戲傳言十一月己亥同盟于戲
經傳不同必有一誤而傳於戲盟之下更言十二月癸亥門
其三門己亥在癸亥之前二十四日經以長曆推之十一月
庚寅朔十日得己亥十二月己未朔五日得癸亥故長歷參

挍上下巳亥在十一月十日又十二月五日有癸亥則其月不得有己亥經書十二月誤也此誤者唯以一字誤爲二非書經誤也

楚子伐鄭

傳九年春宋災樂喜爲司城以爲政樂喜子罕也爲政卿知將有火災素戒爲備火之政〔疏〕注樂喜至之政○正義曰文七年及成十五年二傳言宋六卿之次皆云右師左師司馬司徒司城司寇其右師是貴故華元曰我爲右師君臣之訓師所司也然則宋國之前當右師爲政卿今言司城爲政卿者葢宋以華閱是華元之子以元有大功使閱繼其父耳子罕賢知故特使爲政齊任管夷吾魯任叔孫婼皆世卑而執國政此亦當然也此傳有以爲政者以爲救火之政耳但從此以後歷檢傳文鄭人討賊宋人獻玉趺築臺之謳削向戌之賞皆是政卿之任故言爲政卿也下晉侯云宋災於是乎知有天道是宋人自知天道當有火災故子罕素相戒敕爲備火之政也自伯氏司里以下巷伯儆宮以上皆是子罕素戒之也其享祀之事是政卿命之非子罕也

使伯氏司里伯氏宋大夫司里里宰〔疏〕注伯氏至里宰○正義曰釋言氏里邑也李巡

云里居之邑也是里為邑居之名也周禮五鄰為里以五鄰同居故以里為名里長謂之宰周禮里宰每里下士一人謂六遂之內二十五家之長也此言司里謂司城內之民若今城內之坊里也里必有長不知其官之名周禮有里宰故以宰言之非是郊外之民二十五家之長也使伯氏司此城內諸里之長令各率里內之民表火道以來皆使此伯氏率里民為之

火所未至徹小屋塗大屋大屋難徹就塗之陳畚挶具綆缶畚蕢籠挶土轝綆汲索缶汲器○畚音本草器也挶九録反綆古杏反汲水索缶方九反汲水瓦器蕢其位反籠力東反轝音預汲音急索悉各反

疏注畚蕢至汲器○正義曰說文云畚蒲器所以盛糧也宣二年注云畚以草索為之其器可以盛糧又可以盛土也論語稱為山一簣是簣為盛土之器故以畚為蕢籠也說文云挶戟持也戟持者執持此轝其臂如戟形故也其字從手謂以手持物也與畚共文畚是盛土之器則挶是轝土之物也綆者汲水之索儀禮謂之繘方言云自關而東周洛韓魏之間謂之綆關西謂之繘釋器云盎謂之缶說文云缶瓦器所以盛酒漿亦謂之罌罌可以汲水故云汲器也易井卦亦謂取井水為汲也

備水器盆罌之屬○罌

戶暫反【疏】注盆罌之屬○正義曰周禮凌人春始治鑑鄭玄云鑑如甀大口以盛冰則鑑是盛冰之器知備水器者備盆罌之屬

量輕重計人力所任○任音壬蓄水潦積土塗巡丈城繕守備巡行也丈度也繕治也行度守備之處恐因災作亂○蓄本又作畜勅六反潦音老守手又反注守備同巡行下孟反下同度待洛反下同處昌慮反【疏】巡丈城○正義曰十尺爲丈巡行其城以丈度之故云巡丈城

表火道火起則從其所趣標表之○標必遙反

使華臣具正徒華臣華元子爲司徒正徒役徒也司徒之所主也【疏】注華臣至主也○正義曰周禮大司徒掌徒庶之政令小司徒凡用衆庶則掌其政教凡國之大事致民是司徒掌役徒也言具正徒司里所使遂正所納皆是臨時調民而役之若今之夫役也司徒所具正徒者常共官役若今之正丁也

令隧正納郊保奔火所隧正官名也五縣爲隧納聚郊野保守之民使隨火所起往救之○隧音遂【疏】注隧正至救之○正義曰此隧正當天子之遂大夫故遂大夫職云各掌其遂之政令遂人職云五家爲鄰五鄰爲里四里爲酇五

鄰爲鄙五鄙爲縣五縣爲遂鄭司農云王國百里內爲六鄉外爲六遂鄭玄云郊內比閭族黨州鄉郊外鄰里酇鄙縣遂異其名者示相變耳尚書費誓云魯人三郊三遂然則諸侯之有鄉遂亦以郊內郊外別之也郊內屬鄉者近於國都同徒自率之以入城矣郊外屬遂者是郊野保守之民不可全離所守同徒令遂正量其多少納之於國隨火所起而奔往救之但直言具正徒不言其事者以是郊內之民共救火百役即上畜水潦積土塗之類非唯救火而已若郊保之民既遠故使隨火所起奔往救之直救火而已 使華閱討右官官庀其司亦華元子代元爲右師討治也庀具也使具其官屬○閱音悅庀芳鄙反注同 向戌討左亦如之向戌左師 使樂遄庀刑器亦如之樂遄司寇刑器刑書○遄市專反

【疏】注樂遄至刑書○正義曰此人掌其刑器知其爲司寇也恐其爲火所焚當是國之所重必非刑器爲刑書也哀三年魯人救火云出禮書御書書不名器此言刑器必載於器物鄭鑄刑鼎而叔向責之晉鑄刑鼎而仲尼譏之彼鑄之於鼎以示下民故譏其使民知之此言刑器必不在鼎當書於器物官府自掌之不知其在何器也或書之於版號此

敎爲刑器耳

使皇鄖命校正出馬工正出車備甲兵庀武守皇鄖皇父充石之後校正主馬工正主車使各備其官○鄖音云本亦作負音同校户教反注同出馬如字徐尺遂反下同守手又反下同【疏】注皇鄖至其官○正義曰服虔云皇鄖皇父充石之後十世宗卿爲人之子大司馬椒也車馬甲兵司馬之職使皇鄖掌此事皇鄖必是司馬也校正主馬於周禮爲校人是司馬之屬官也周禮司馬之屬無主車之官巾車車僕職皆掌車乃爲宗伯之屬昭四年傳云夫子爲司馬與工正書服是諸侯之官司馬之屬有工正主車也國有火災恐致姦寇故使司馬命此二官出車馬備甲兵以防非常也傳言庀武守者甲兵器械藏於府庫若今武庫使具其守此武庫也此事輕於車馬故後言之

使西鉏吾庀府守鉏吾大宰也府六官之典○鉏吾音魚【疏】注鉏吾至之典○正義曰鉏吾大宰傳無其文賈逵云然相傳說耳不知其本何所出也周禮大宰之職掌建邦之六典以佐王治邦國一曰治典二曰教典三曰禮典四曰政典五曰刑典六曰事典此六官之典謂此也杜以府爲六官之典當謂六官之典其事載之於書故使具其守劉炫以爲府守

襄九

爲府庫守藏今知不然者以百司府藏已屬左右二師上華閱討右官官庀其司向戌討左亦如之則是府庫之物二師總令羣官所主案哀三年魯遭火災出禮書御書藏象魏皆以典籍爲重明此府守是六官之典若以爲府庫財物便是不重六典唯貴財物劉以爲府庫而規杜非也

令司宮巷伯儆宮司宮奄臣巷伯寺人皆掌宮內之事○儆音景

疏注司宮至之事○正義曰昭五年傳楚子欲以羊舌肸爲司宮欲加宮刑以此知司宮奄臣謂奄人爲臣主司宮內周禮無司宮巷伯之官唯有內小臣奄上士四人掌王后之命正其服位鄭玄云奄稱士者異其賢也奄人之官此最爲長則司宮當天子之內小臣也周禮又云寺人主之王內五人鄭玄云正內路寢也釋宮云宮中巷謂之壼孫炎曰巷舍間道也王肅云今後宮稱永巷是巷者宮內道名伯長也是宮內門巷之長也周禮內小臣其次即有寺人故知巷伯是寺人也又以詩篇名巷伯經云寺人孟子作爲此詩故知巷伯寺人一也鄭以巷伯爲內小臣既無明文各以意說

二師令四鄉正敬享二師左右師也鄉正鄉大夫享祀也

疏注二師至祀也○正義曰周禮大司徒云五家爲比五比爲閭四閭爲族五族爲黨五黨爲州五州爲鄉鄉大

夫每鄉鄉一人天子六鄉即以鄉為之長此傳云二師令四鄉正則別立鄉正非鄉典之但其所職掌當天子之鄉大夫耳周禮鄉大夫各掌其鄉之政教正月之吉受教法于司徒退而頒之于其鄉則鄉正當屬司徒此傳言二師命之者上文右師討右左師討左則宋國之法二師分掌其方左右各掌其二鄉并言其事故云二師命四鄉正也費誓云魯人三郊三遂則魯立三鄉此云命四鄉正則宋立四鄉也周禮鄉為一軍大國三軍宋是大國不過三軍而有四鄉者當特所立非正法也於特宋置六鄉況四鄉乎周禮祭人凫曰享故享為祀也止令敬享不知所享何神周禮大祝國有天災彌祀社稷禱祠鄭玄云天災疫癘水旱也彌猶徧也徧祀社稷及諸所禱又大司徒以荒政十有二聚萬民其十有一曰索凫神鄭衆云索凫神求發祀而脩之雲漢之詩所謂靡神不舉靡愛斯牲者也彼凶荒之年水旱之災尚索鬼神而祭之此遇天火為災亦當徧祀羣神其所合祭皆應祭之也蓋火起始命之祭耳祝宗用馬于四墉祀盤庚于西門之外祝大祝宗宗人墉城也用馬祭于四城以禳火盤庚殷王宋之遠祖城積陰之氣故祀之凡天災有幣無牲用馬祀盤庚皆非禮○墉本又作庸音同盤字亦作般步干反禳如羊

反

【疏】注祝大至非禮○正義曰：周禮大祝掌六祝之辭，以事鬼神祇，祈福祥。小宗伯掌建國之神位。特牲、少牢士大夫之祭祀也，皆宗人掌其事。然則諸是祭神言辭大祝掌之，禮儀宗人掌之，故所有祭祀皆祝宗同行此事。別命大祝宗使奉此祭，非鄉正所爲也。文承二師命下，亦是二師命之，不復言命者，亦從上省文也。用馬者，以馬爲牲，祭於四面之城，以禳火也。禳，郤也，郤火使滅也。盤庚，湯之九世孫，殷之第十九王也。自盤庚至紂又十二王而殷滅。盤庚第小乙是宋微子之八世祖也。盤庚之爲殷王無大功德，而祀盤庚者，當時之意不知何故特祀之也。爲祀盤庚，不別言牲，明其祀亦用馬也。城以積土爲之，土積則爲陰，積積陰之氣或能制火，故祭城以禳火，禮亦無此法也。莊二十五年傳例曰：凡天災有幣無牲。用馬祀盤庚皆非禮，言用馬祭城、祭盤庚皆非禮也。此幣火災所使羣官，急者在前，緩者在後，故先伯氏、司里，次華臣具正徒，次到隧正納郊保，然後二師揔戒羣官，先右後左，尊卑之次也。以刑器、車馬、甲兵、典法國之所重，故特命三官戒具其物。先外官備具救火，然後及内，故次司宮、巷伯人事。既畢，乃祭享鬼神，故次敬享祀盤庚之事也。

晉侯問於士弱弱士渥濁之子莊子○渥於角反曰：吾聞之，宋災於是乎知有天道何故問宋何故自知天道將災對曰古之火正或食於心或食於咮以出內火是故咮為鶉火心為大火謂火正之官配食於火星建辰之月鶉火星昏在南方則令民放火建戌之月大火星伏在日下夜不得見則令民內火禁放火○咮竹又反徐丁畫反出如字徐尺遂反內如字徐音納鶉音純見如字又賢遍反

【疏】注謂火至放火○正義曰昭二十九年傳五行之官有木正火正金正水正土正立此五官各掌其職封為上公祀為貴神謂能其事者後世祀之火正之官居職有功祀火星之時以此火正之神配食也五行之官每歲五時祀之謂之五祀月令云其神勾芒祝融后土蓐收玄冥配五帝而食其神矣而火正又配食於火星者以其於火有功祭火星又祭之后稷得配天又配稷火正何故不得配帝又配星也有天下者祭百神天子祭天之特因祭四方之星諸侯祭其分野之星其祭火星皆以正配食也火正配火星而食有此傳文其金木水土之正不知配何神而食經典散亡不可知也周禮司爟掌行火之政令季春出火民咸從之季秋內火民亦如之鄭玄云火所以用陶冶民隨國而

爲之鄭司農云以三月本時昏心星見於辰上使民出火九
月本黃昏心星伏在戌上使民內火故春秋傳曰以出內火
周禮所言皆據夏正故杜以周禮之意解其心味爲火之由
建辰之月即月令季春之月日在胃昏七星中南方七星有
井鬼柳星張翼軫七者共爲朱鳥之宿星即七星也味謂柳
也春秋緯文耀鉤云味謂鳥陽七星爲頸宋均注云陽猶首
也柳謂之味味鳥首也七星爲朱鳥頸也味與頸共在於午
者鳥之止宿口在頸七星與味射相接連故也鶉火星昏
而在南方於此之時令民放火味星爲火之候故於十二次
味爲鶉火也建戌之月即月令季秋之月日在房東方七宿
角亢氐房心尾箕七者共爲蒼龍之宿釋天云大辰房心尾
也大火謂之大辰孫炎曰龍星明者以爲時候大火心也在中
最明故時候主焉以是故此傳心爲大火九月日體在房房
稍近與日俱出俱沒伏在日下不得出見故令民內火禁其
放火也火宮合配其人蓋多不知誰食於心誰食於味也其
傳鶉火大火共爲出火之候周禮之注不言味者以味爲內
火之候故晦猶大火以解出
內之文故其言不及味也

陶唐氏之火正閼伯居商丘

陶唐堯有天下號閼伯高辛氏之子傳曰遷閼伯於商
丘主辰辰大火也今爲宋星然則商丘在宋地○閼於

葛反　疏注陶唐至宋地○正義曰史記五帝本紀云帝堯為
陶唐氏是堯有天下以陶唐為代號也然猶家也古
言高辛氏陶唐氏猶言周家夏家也閼伯高辛氏之子遷閼
伯于商丘主辰皆昭元年傳文也爾雅以大火為大辰是辰
為大火也昭十七年傳云宋大辰之虛是大火為宋星也閼
伯已居商丘祀大火今大火為宋星則知宋亦居商丘以此
明之故云然則商丘在宋地也釋例云宋商商丘三名一地
梁國睢陽縣也傳曰陶唐氏之火正閼伯居商丘祀大火又
曰宋大辰之虛也然則商丘在宋或以為漳水之南殷虛
爲商丘非也是由商丘所在不明故釋例與孔注俱以閼伯
明之　祀大火而火紀時焉謂出內火時　相土因之故商
主大火相土契孫商之祖也始代閼伯之後居商丘祀大火○相息亮反注同契息列反　疏祀大
火至大火○正義曰祀大火者閼伯祀此大火之星居商丘
而祀火星也相土因之復主大火是商丘之地屬大火也鄭
則在地之土各有上天之分周禮保章氏以星土辨九州之
地所封封域皆有分星鄭玄云星土星所主土也封猶界也
大界則曰九州州中諸國之封域於星亦有分焉其書亡矣
今其存可言者十二次之分也星紀吳越也玄枵齊也娵訾

襄九

衛也降婁晉也大梁趙也實沈晉也鶉首秦也鶉火周也鶉
尾楚也壽星鄭也大火宋也析木燕也是言地屬於天各有
其分之事也鄭唯云其存可言不知存者本是誰說其見於
傳記者則此云商主大火昭元年傳云參爲晉星二十八年
傳云龍宋鄭之星則蒼龍之方有宋鄭之分也又曰以害鳥
帑周楚惡之則朱鳥之方有周楚之分也昭七年四月日食
傳稱魯衛惡之去衛地如魯地則春分之日在魯衛之分也
又十年傳曰今茲歲在顓頊之虛姜氏任氏實守其地則於
時歲星在齊薛之分也又三十二年傳曰越得歲而吳伐之
凶則於時歲星在吳越之分也晉語云實沈之虛晉人是居
周語云歲在鶉火我有周之分野是有分野之言也天有十
二次地有九州以此九州當彼十二次周禮雖云皆有分星
不知其分誰分之也何必所分能當天地星紀在於東北吳
越實在東南魯衛東方諸侯遥屬戌亥之次又三家分晉方
始有趙而韓魏無分趙獨有之漢書地理志分郡國以配諸
次其地分或多或少鶉首極多鶉火甚狹徒以相傳爲說其
源不可得而聞之於其分野或有妖祥而爲古者多得其効
蓋古之聖哲有以度知非後人所能測也○注相土至大火
○正義曰殷本紀契生昭明昭明生相土相土是契孫也本
紀云帝舜封契於商鄭玄云商國在大華之陽皇甫謐云今

上洛商縣是也如鄭玄意契居上洛之商至相土而遷於宋之商及湯有天下遂取契所封商以為一代大號服虔云相土居商丘故湯以為天下號王肅書序注云契孫相土居商丘故湯以為國號案詩述后稷云即有邰家室述契云天命玄鳥降而生商即稷封邰而契封商也若契之居商即是商丘則契已居之不得云相土因閼伯也若別有商地則湯之為商不是因相土矣且經傳言商未有稱商丘者釋例云宋之先契佐唐虞封於商武王封微子啓為宋公都商丘是同鄭玄說也傳言商主大火商謂宋也宋主大火耳成湯不主火也宋是商後謂宋為商昭八年傳曰自根牟至于商衛是名宋為商之驗釋例曰商宋一地謂此商也相土商之祖者是湯之祖亦宋之祖也堯封閼伯於商丘比及相土應歷數世故云代閼伯之後居商丘祀大火也

商人閱其禍敗之釁必始於火是以日知其有天道也閱猶數也商人數所更歷恒多火災宋是殷商之後故知天道之災必火○釁許新反數所主反下同更音庚

疏商人至道也○正義曰閱猶數也釁謂間隙也商人謂殷商之人為王之時數其禍敗之釁隙必始於火言其政教有失將欲致禍既開禍敗之釁必有火災應之也今宋是

商後亦如商世欲有禍敗必始於火是以言曰知其有天道也然殷商不居商丘必有火者以商是相土子孫相土居商丘祝融之故故火之所以然連及殷商之世也傳唯而此而已亦不知爾時宋有何失而致此災公曰可必乎對曰在道國亂無象不可知也言國無道則變亂亦殊故不可必知疏公曰至知也○正義曰公曰此事可必乎但有德失必致火乎對曰在其君之所行道耳若時政小失天未棄之或下災異與其覺悟或可常有火災若國家昏亂無復常象不可知也象謂妖祥有所象似以戒人也國君無道災變亦殊既無所象故不可必知也○夏季武子如晉報宣子之聘也宣子聘在八年○穆姜薨於東宮太子宮也穆姜淫僑如欲廢成公故徙居東宮事在成十六年始往而筮之遇艮之八䷳艮下艮上周禮大卜掌三易然則雜用連山歸藏周易二易皆以七八爲占故言遇艮之八○艮古根反疏注艮下至之八○正義曰周禮太卜掌三易之法一曰連山二曰歸藏三曰周易鄭玄云易者揲蓍變易之數可占者也名曰連山似山出

內雲氣也歸藏者萬物莫不歸而藏於其中也洪範言卜筮
之法三人占則從二人之言孔安國云夏殷周卜筮各異三
法並卜從二人之言是言筮用三易之事也大卜周官而職
掌三易然則周世之卜雜用連山歸藏周易也周易之爻唯
有九六此筮乃言遇艮之八二易皆以七八爲占故此筮遇
八謂艮之第二爻不變者是八也揲蓍求爻繫辭有法其揲
所得有七八九六說者謂七爲少陽八爲少陰其爻不變也
九爲老陽六爲老陰其爻皆變也周易以變爲占占九六之
爻傳之諸筮皆是占變爻也其連山歸藏以不變爲占占七
八之爻二易並亡不知實然以否世有歸藏易者僞妄之書
非殷易也假令二易俱占七八亦不知此筮爲用連山爲用
歸藏所云遇艮之八不知意向所道以爲先代之易其言亦
無所據賈鄭先儒相傳云耳先儒爲此意者此言遇艮之八
下文穆姜云是於周易晉語公子重耳筮得貞屯悔豫皆八
其下司空季子云是在周易並於遇八
之下別言周易知此遇八非周易也

史曰是謂艮之

隨 ䷐ 震下兌上隨史疑古易遇八爲不利故更以周易占變爻得隨卦而論之【疏】注震下至論之

○正義曰震爲雷兌爲澤象曰澤中有雷隨鄭玄云震動也
兌說也內動之爲德外說之以言則天下之民咸慕其行而隨

從之故謂之隨也史疑古易遇八者爲不利故更以周易占變爻其爻乃得隨卦而論之所以說美意也**隨其出也**史謂隨非閉固之卦**君必速出姜曰亡**亡猶無也○亡如字讀者或音無**是於周易曰隨元亨利貞無咎**易筮皆以變者占遇一爻變義異則論彖故姜亦以彖爲占也史據周易故指言周易以折之○亨許庚反下同彖吐亂反折之設反

【疏】注易筮至折之○正義曰易筮皆以變者爲占傳之諸筮皆是也若一爻獨變則得指論此爻遇一爻變以上或二爻三爻皆變則每爻義異不知所從則當總論彖辭故姜亦以彖爲占此云元亨利貞無咎是隨卦之彖辭也史言是謂艮之隨者據周易而言故姜亦指言周易以折之也周易卦下之辭謂之爲彖彖者統論一卦之體明其所由之主隨彖云元亨利貞無咎者元長也長亦大也亨通也貞正也隨卦震下兌上以剛下柔動而說故物皆隨之而不能大通於事逆於時也相隨而不爲利正共適邪道則災之道也必有此元亨利貞四德乃得無咎過耳無此四德則不免於咎

元體之長也亨嘉之會也利義之和也貞事之幹也

體仁足以長人嘉德足以合禮利物足以和義貞固足以幹事然故不可誣也是以雖隨無咎言不誣四德乃遇隨無咎明無四德者則爲淫而相隨非吉事○長丁丈反下同嘉德易作嘉會【疏】注言不至吉事○正義曰不誣四德者四德實有於身不可誣罔以無爲有也如是乃遇隨卦可得身無咎而明其無此四德而遇隨卦者乃是淫而相隨非是吉事故得隨必有咎也穆姜自以身無四德遇隨爲惡其意謂隨爲惡卦故云雖隨無咎今我婦人而與於亂固在下位婦人卑於丈夫○與音預而有不仁不可謂元不靖國家不可謂亨作而害身不可謂利弃位而姣姣淫之別名○姣古交反注同徐又如字服氏同繇嫩夜音姣【疏】注姣淫之別名○正義曰服虔讀姣爲放效之效言放效小人爲淫淫自出於心非效人也今時俗語謂淫爲姣故以姣爲淫之別名不可謂貞有四德者隨而無

襄九

咎。我皆無之，豈隨也哉？我則取惡，能無咎乎？必死於此，弗得出矣。傳言穆姜辯而不德。

【疏】元體至出矣○正義曰：自辭事以上與周易文言正同。彼云"元者善之長"，此云"體之長"；彼云"嘉會足以合禮"，此云"嘉德"，唯二字異耳，其意亦不異也。元者，始也，長也。物得其始，爲衆善之長，於人則謂首爲元，元是體之長，以善爲體，亦善之長也。亨，通也。嘉，善也。物無不通，則爲衆善之會，故通者善之會也。物得裁成，乃名爲義，義理和協，乃得貞利，故利者義之和也。貞，正也。物得貞正，乃成幹用，故正者事之幹也。體仁，以仁爲體也。君子體是仁人，堪得與人爲長，故仁足以長人也。身有美德，動與禮合，嘉德足以合禮也。以己利物，義事和協，利物足以和義也。正而守固，事得幹濟，身固足以幹事也。此四德者，在身必然，固不可誣罔也，是以雖得隨卦而其身無咎。今我婦人也，而與於僑如之亂，婦人卑於男子，固在下位，而有不仁之行，不可謂之元也。不安靖國家，欲除去季孟，不可謂之亨也。作爲亂事而自害其身，使放於東宮，不可謂之利也。棄夫人之德位，而與僑如淫姣，不可謂之貞也。有此元亨利貞四德，乃得隨而無咎，四德我皆無之，豈當隨卦也哉？我則自取此惡，其身能無咎乎？必死於此宮不能出矣○秦景公使士雃乞師于楚將以伐晉楚子許之子囊曰不可當今吾不能與晉爭晉君類能而使之隨所能○雃苦田反舉不失選得所選○選息戀反注同官不易方方猶宜也其卿讓於善讓勝己者其大夫不失守各任其職其士競於教奉上命其庶人力於農穡種曰農斂曰穡【疏】注種曰農收曰穡○正義曰農是力田之名詩毛傳云種之曰稼斂之曰穡稼者言於稼之有所生也穡愛也言愛惜而收斂之也此文穡無所對故以農爲穡名以其農是營田之名種曰稼也○商工皂隸不知遷業四民不雜【疏】注四民不雜○正義曰齊語四民者士農工商此傳言其士競於教是說士也庶人力於農穡是說農也士農已訖唯有工商在耳故以皂隸賤官足成其句揔言四民不雜適上士庶爲四非以皂隸工商爲四也○韓厥老矣知罃禀焉以爲

襄九

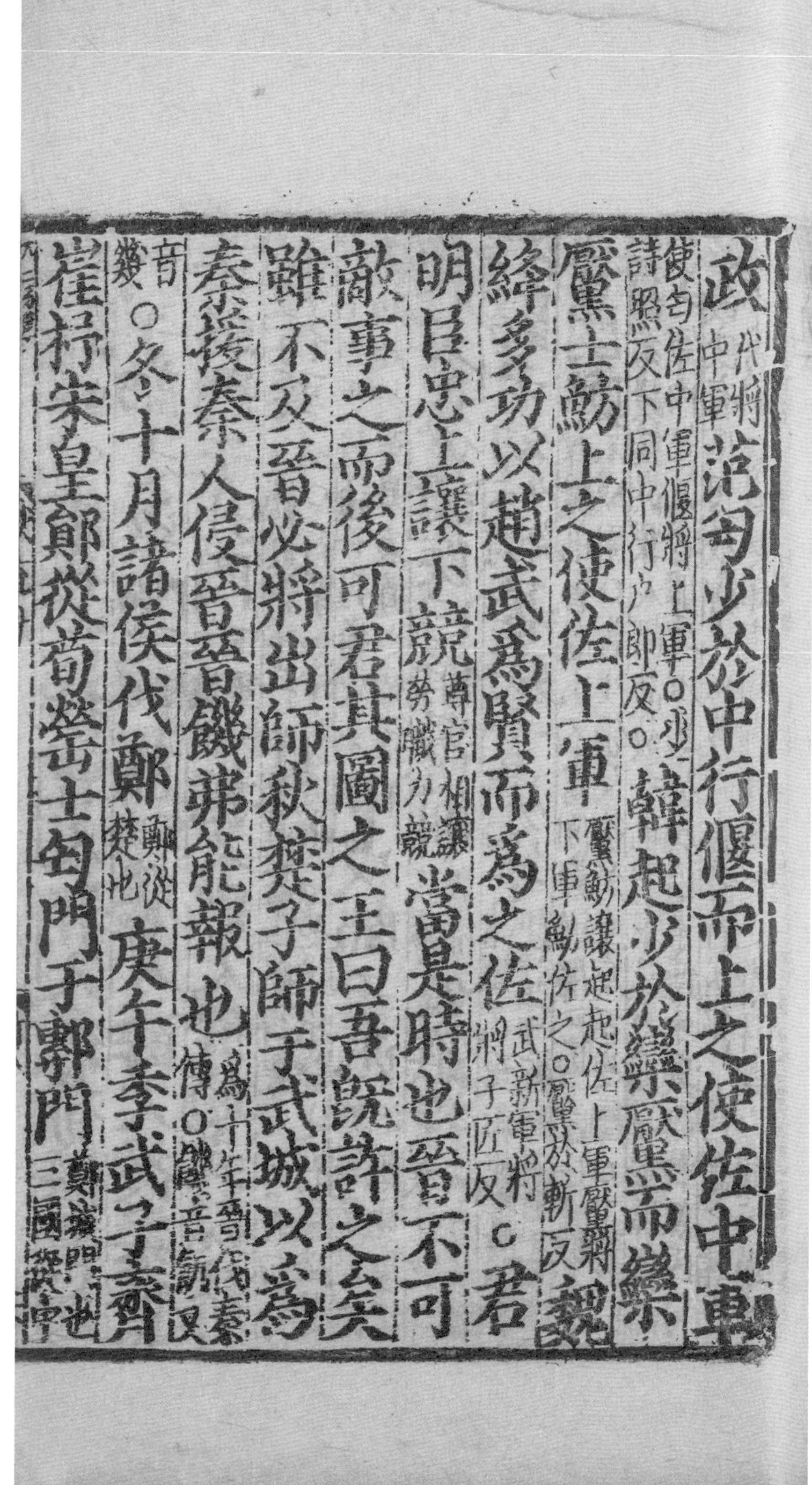

政。代將中軍 范匄少於中行偃而上之，使佐中軍。使匄佐中軍，偃將上軍。○少，詩照反，下同。中行，户郎反。○ 韓起少於欒黶，而欒黶、士魴上之，使佐上軍。黶、魴讓起，佐上軍。黶將下軍，魴佐之。○黶，於斬反。 魏絳多功，以趙武爲賢而爲之佐。武，新軍將。○將，子匠反。 君明臣忠，上讓下競。尊官相讓，盡職力競。 當是時也，晉不可敵，事之而後可。君其圖之。王曰：吾既許之矣。雖不及晉，必將出師。秋，楚子師于武城以爲秦援。秦人侵晉。晉饑，弗能報也。爲十一年晉伐秦傳。○援，于眷反。饑，音飢。 冬十月，諸侯伐鄭。鄭從楚也。 庚午，季武子、齊崔杼、宋皇鄖從荀罃、士匄門于鄟門。鄟門，鄭城門也。三國從荀罃。

軍○鄟音專本亦作專○衛北宮括曹人邾人從荀偃韓起門于師之梁師之梁亦鄭城門三國從上軍滕人薛人從欒黶士魴門于北門三國從下軍杞人郳人從趙武魏絳斬行栗三國從新軍行栗表道樹○行栗如字行道也（疏）斬行栗○正義曰行道也謂之行栗必是道上之栗周語云列樹以表道知此行栗是表道之樹○甲戌師于汜衆軍還聚汜汜鄭地東汜○汜音凡令於諸侯曰脩器備兵器戰備盛餱糧餱乾食○盛音成餱音侯歸老幼示將久師居疾于虎牢諸侯已取鄭虎牢以故使諸軍疾病息其中肆眚圍鄭肆緩也眚過也不書圍鄭逆服不成圍○眚生領反徐所幸反（疏）注肆緩至成圍○正義曰詁爲緩緩從罪人謂故赦之也將求民力開幽赦罪赦諸之軍內犯法者服虔以爲赦鄭囚案傳未與鄭戰無囚可赦且設使有囚可赦鄭人以戰而獲非有所犯得謂之肆眚也不書圍鄭者此肆眚圍鄭是號令之辭耳鄭人聞而逆服

不成圍故也鄭人恐乃行成與晉成也○恐丘勇反中行獻子曰

遂圍之以待楚人之救也而與之戰不然無

成獻子荀偃也恐楚救鄭鄭復屬之○復扶又反知武子曰許之盟而還

師以敝楚人敝罷也○罷音皮吾三分四軍分四軍爲三部【疏】注分

四軍爲三部。○正義曰賈逵以爲三分四軍爲十二部鄭衆以爲分四軍爲三部杜以分爲十二則一部人少不足以敵故從鄭說分四軍爲三部晉各一動而楚三來欲罷能楚使不能也與諸侯之銳以逆

來者來者楚也於我未病楚不能矣晉各一動而楚三來故曰不能猶

愈於戰勝乘戰暴骨以逞不可以爭言爭當以謀不可以暴骨○暴

蒲卜反注同徐扶沃反爭爭鬬之爭注同又如字大勞未艾君子勞心小

人勞力先王之制也艾息也言當從勞心之勞○艾魚廢反又五蓋反注同諸

侯皆不欲戰乃許鄭成十一月己亥同盟于戲鄭服也（鄭服故言同盟）將盟鄭六卿公子騑（子駟）公子發（子國）公子嘉（子孔）公孫輒（子耳）公孫蠆（子蟜○蠆勑邁反）公孫舍之（子展）及其大夫門子皆從鄭伯（門子卿之適子○從才用反適丁歷反）

【疏】注門子卿之適子○正義曰周禮小宗伯掌三族之別以辨親疏其正室皆謂之門子鄭玄云正室適子也將代父當門者也是卿之適子爲門子也

晉士莊子爲載書（莊子士弱載書盟書）曰自今日既盟之後鄭國而不唯晉命是聽而或有異志者有如此盟（如違盟之罰）公子騑趨進曰天禍鄭國使介居二大國之間（介猶間也○介音界注同猶間音間厠之間又如字）大國不加德音而亂以要之（謂以兵亂

之力強要鄭○要一遥反注強要下要以要盟皆同強其丈反使其鬼神不獲歆其禋祀其民人不獲享其土利夫婦辛苦墊隘無所厎告墊隘猶委頓厎至也○歆許今反墊丁念反隘於懈反厎音旨自今日既盟之後鄭國而不唯有禮與彊可以庇民者是從而敢有異志者亦如之亦如此盟○庇必利反荀偃曰改載書子駟亦以所言載於策故欲改之公孫舍之曰昭大神要言焉要誓以告神若可改也大國亦可叛也知武子謂獻子曰我實不德而要人以盟豈禮也哉非禮何以主盟姑盟而退脩德息師而來終必獲鄭何必今日我之不德民將棄

我豈唯鄭若能休和遠人將至何恃於鄭乃盟而還遂兩用載書○休許虯反晉人不得志於鄭以諸侯復伐之十二月癸亥門其三門三門鄟門師之梁北門也癸亥月五日晉果三分其軍各攻一門○復扶又反閏月戊寅濟于陰阪侵鄭以長暦參校上下此年不得有閏月戊寅戊寅是十二月二十日疑閏月當爲門五日五字上與門合爲閏則後學者自然轉日爲月晉人三番四軍更攻鄭門門各五日晉各一攻鄭三受敵欲以苦之癸亥去戊寅十六日以癸亥始攻攻輙五日凡十五日鄭故不服而去明日戊寅濟于陰阪復侵鄭外邑陰阪有津○閏月依注讀爲門五日阪音反又扶板反番芳元反更音庚復扶又反洧于軌反【疏】注以長至洧津○正義曰杜以長歷推之此年無閏故知此閏字當爲門五又月當爲日也晉人分四軍爲三番以二番爲待楚之備一番以攻鄭之門一番一門以癸亥初攻每門五日積一而日欲以苦鄭而來楚也楚不敢來鄭猶不服至明日戊寅濟于陰阪復侵鄭外邑而後歸也鄭都洧水之旁故知陰阪洧

潭也衞氏難云案昭二十年朔旦冬至其年云閏月戊辰殺宣姜又二十二年云閏月取前城並不應有閏而傳稱閏是史之錯失不必皆在應閏之限杜豈得云此年不得有閏而改爲門五日也若然閏月殺宣姜閏月取前城皆爲門五日乎秦氏釋云以傳云三分四軍又云十二月癸亥門其三門既言三分則三番攻門討癸亥至戊寅十六日番別攻門五日三五十五日明日戊寅濟于陰阪上下符合故杜爲此解蘇氏又云案長曆襄十年十一月丁未是二十四日十一年四月已亥是十九日據丁未至已亥一百七十三日計十年十一月之後十一年四月之前除兩箇殘月唯置四箇整月用日不盡尚餘二十九日故杜爲長曆於十年十二月後置閏既十年有閏明九年無閏也次于陰口而還陰口鄭地名子孔曰晉師可擊也師老而勞且有歸志必大克之子展曰不可傳言子展能守信○公送晉侯晉侯以公宴于河上問公年季武子對曰會于沙隨之歲寡君以生沙隨在成十六年晉侯

曰十二年矣是謂一終一星終也〔注〕歲星十二歲而一周天〔疏〕注歲星至周天○正義曰直言一星終知是歲星者以古今曆書推步五星金水日行一度土三百七十七日行星十二度火七百八十日行星四百一十五度四者皆不得十二年而一終唯木三百九十八日行星三十三度十二年而強一周舉其大數十二年而一終故知是歲星國君十五而生子冠而生子禮也〔注〕冠成人之服故必冠而後生子○冠古亂反注下皆同君可以冠矣大夫盍為冠具武子對曰君冠必以祼享之禮行之〔注〕祼謂灌鬯酒也享祭先君也○盍戶臘反祼古亂反灌古亂反〔疏〕注祼謂至祭先君也○正義曰周禮大宗伯以肆獻祼享先王鬱人凡祭祀之祼事和鬱鬯以實彝而陳之鄭玄云鬱鬱金香草也鬯釀秬爲酒芬香條暢於上下也築鬱金煑之以和鬯酒郊特牲云灌用鬯臭鄭玄云灌謂以圭瓚酌鬯始獻神也然則祼即灌也故云祼謂灌鬯酒也祼是祭初之禮故舉之以表祭也周禮祭人鬼曰享故云享祭先君也劉炫云冠是大禮當告神君當以

金石之樂節之以鍾磬爲舉動之節以先君之祧處之諸侯以始祖之廟爲祧○祧他彫反

【疏】君冠至處之○正義曰：冠是嘉禮之大者，當祭以告神，故有祼享之禮以祭祀也。國君無故不徹縣，故有金石之樂，行冠禮之時爲舉動之節也。冠必在廟，故先君之祧處之也。既行祼享，祭必有樂，所言金石節之，謂冠時之樂，非祭祀之樂也。諸侯之冠禮亡，唯有士冠禮在耳。其禮亦行事於廟，而不爲祭祀，士無樂可設，而唯處祧同耳。士冠必三加，始加緇布冠，次加皮弁，次加爵弁。公則四，大戴禮公冠篇於士三加後更加玄冕是也。案此傳文，則諸侯十二加冠也。文王十三生伯邑考，則十二加冠，親迎于渭，用天子禮，則天子十二冠也。晉語柯陵會，趙武冠見范文子，冠時年十六七，則大夫十六冠也。士庶則二十而冠，故曲禮云二十曰弱冠是也。○注諸侯至爲祧○正義曰：祭法云遠廟爲祧，天子有二祧。鄭玄云：祧之言超也，超上去意也。諸侯無祧。聘禮云不腆先君之祧，是謂始祖廟也。聘禮注云：天子七廟，文武爲祧；諸侯五廟，則祧始祖也。是亦廟也，言祧者，祧尊而廟親，待賓客者上尊者。然則彼以始祖之尊，故特言祧耳。昭元年傳云敢愛豐氏之祧，大夫之廟亦以祧言之，是尊之意也。不待至魯而假於衛者，以諸侯賓客不敢故也今寡君在行未可具也請及兄弟之國而假備焉晉侯曰諾公還及衛冠于成公之廟成公今衛獻公之曾祖從衛所處【疏】注成公至所處○正義曰成公是獻公曾祖衛世家文也服虔以成公是衛之曾祖即云祧謂曾祖之廟也曾祖之廟何以獨有祧名王制大夫三廟一昭一穆與太祖之廟爲三鄭之豊氏豈得立曾祖之廟乎而亦謂之祧也杜言從衛所處意在排舊説杝以晉悼欲速故寄衛廟而假鍾磬其祼享之禮歸魯乃祭耳假鍾磬焉禮也○楚子伐鄭與晉成故子駟將及楚平子孔子蟜曰與大國盟口血未乾而背之可乎子駟子展曰吾盟固云唯彊是從今楚師至晉不我救則楚彊矣盟誓之言豈敢背之且要盟無質神弗臨也質主也【疏】注質主也○正義曰

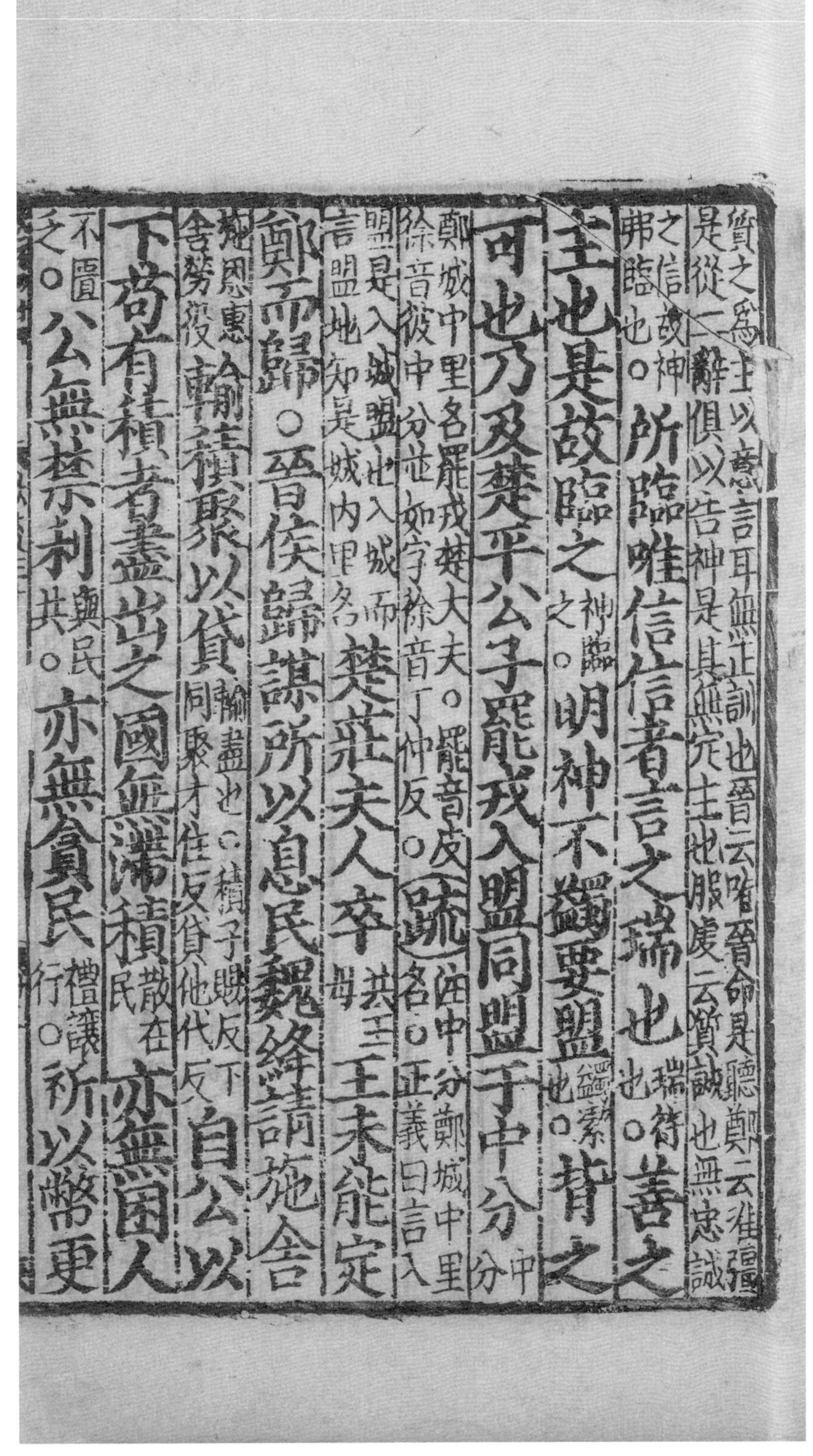

質之爲主以意言耳無正訓也晉云唯晉命是聽鄭云唯彊是從二辭俱以告神是其無定主也服虔云質誠也無忠誠之信故神弗臨也○所臨唯信信者言之瑞也瑞符也○善之主也是故臨之神臨之○明神不蠲要盟蠲絜也○背之可也乃及楚平公子罷戎入盟同盟于中分中分鄭城中里名罷戎楚大夫○罷音皮徐音彼中分如字徐音丁仲反○【疏】中分鄭城中里名○正義曰言入盟是入城盟也入城而言盟地知是城內里名楚莊夫人卒共王母王未能定鄭而歸○晉侯歸謀所以息民魏絳請施舍施恩惠舍勞役輸積聚以貸輸盡也○積子賜反下同聚才住反貸他代反自公以下苟有積者盡出之國無滯積散在民亦無困人不匱乏○公無禁利與民共○亦無貪民禮讓行○祈以幣更

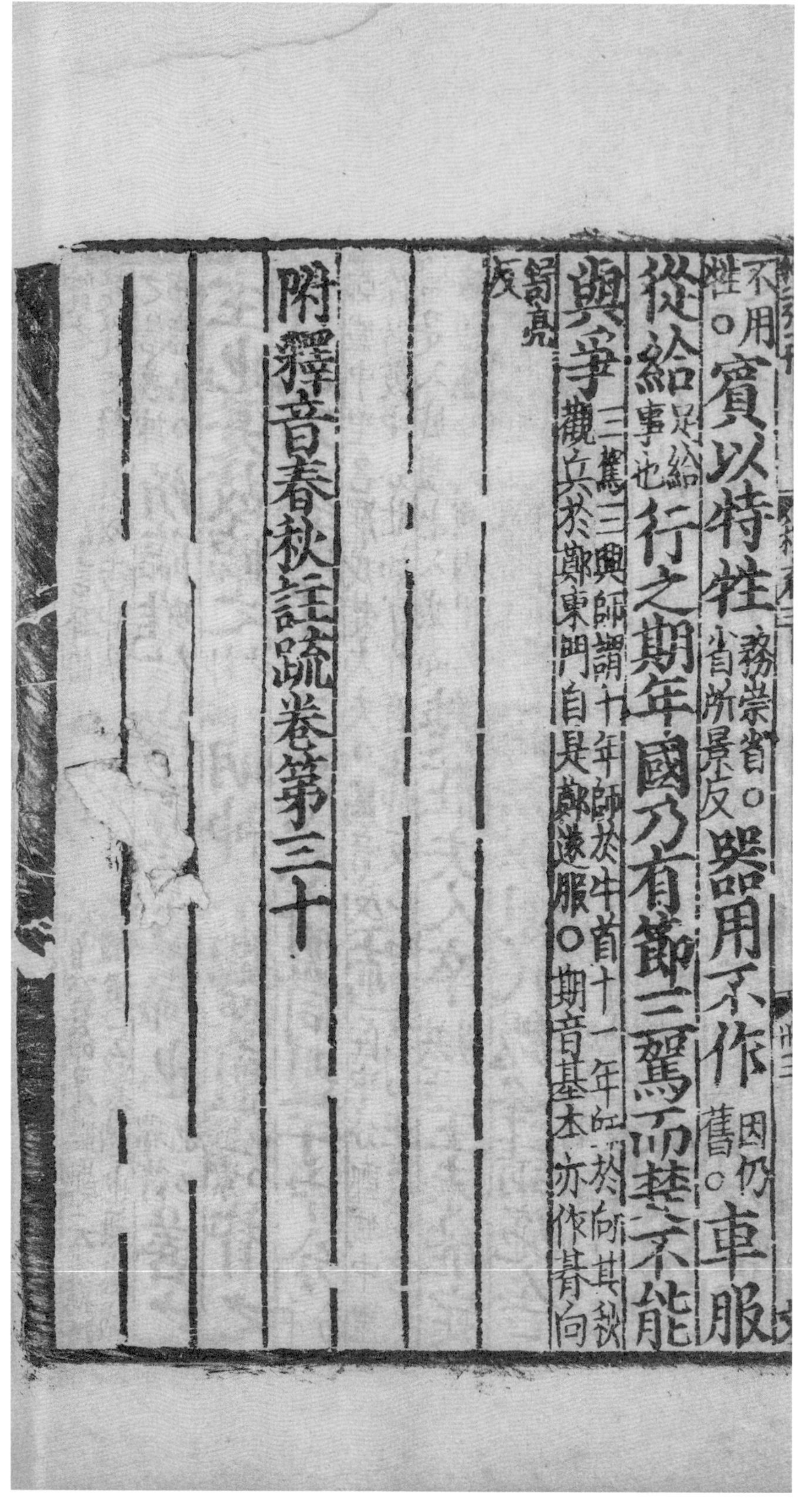

不用牲○賓以特牲務崇省○省所景反器用不作因仍舊○車服從給足給事也行之期年國乃有節三駕而楚不能與爭三駕三興師謂九年師於牛首十一年師於向其秋觀兵於鄭東門自是鄭遂服○期音基本亦作朞向舒亮反

附釋音春秋註疏卷第三十

附釋音春秋左傳註疏卷第三十一 襄十年盡十二年。

杜氏註　孔穎達疏

經十年春公會晉侯宋公衛侯曹伯莒子邾子滕子薛伯杞伯小邾子齊世子光會吳于柤吳子在柤晉以諸侯往會之故曰會吳吳不稱子從所稱也柤楚地○柤莊加反○

【疏】注吳子至楚地　正義曰成十五年諸侯大夫會吳于鍾離五年魯衛會吳于善道皆大夫來也此傳云會吳子壽夢則吳子自來也五年戚之會吳亭鄶上此殊吳者亦如鍾離善道晉以諸侯往彼會之故曰會吳也哀十三年公會晉侯及吳子于黃池彼稱吳子此不稱子者從其所稱也蘇氏云謂諸侯直稱之曰吳故從諸侯之所稱也至於黃池之會自云貞潛號而稱子以告令諸侯故諸侯亦從而稱之也劉炫云從所稱者諸侯盟會會則必自言其爵盟則自言其名故盟得以名告神會得以爵書策吳是東夷之君未聞諸夏之禮於此自稱爲吳不知以爵告衆故從所稱書吳也故釋例云吳晚通上國故其

君臣朝會不同於例亦猶是之初始見言吳未知稱爵也○夏五月甲午遂滅偪陽偪陽妘姓國今彭城傅陽縣也因柤會而滅之故曰遂○偪徐甫目反又彼力反本或作逼妘音云[疏]注偪陽至曰遂○正義曰偪陽妘姓傳文也鄭語云妘姓鄔鄶路偪陽也遂者因上事生下事之辭此因柤會而遂滅偪陽雖復隔以日月文猶繫於會柤因會柤而始謀滅之故言遂也○公至自會無傳○楚公子貞鄭公孫輒帥師伐宋○晉師伐秦荀罃不書不親兵也[疏]注荀罃至兵也○正義曰傳稱荀罃伐秦而經不書罃知罃不親兵以師告也○秋莒人伐我東鄙○公會晉侯宋公衛侯曹伯莒子邾子齊世子光滕子薛伯杞伯小邾子伐鄭齊世子光先至於師爲盟主所尊故在滕上○[疏]注齊世至滕上○正義曰周禮典命諸侯之適子誓於天子攝其君則下其君之禮○等未誓則以皮帛繼子男鄭玄云誓猶命也言誓者用天子既命以爲之嗣也十九年

襄十

傳云光之立也列於諸侯矣則光是未誓者也法當繼於子男之下也湨之會列於小邾之下是其正也於此伐也傳稱崔杼使大子光先至于師故長於滕晉悼以齊是大國光復先至心善其共遂進其班爲盟主所尊故在滕上言其非正法也

○冬，盜殺鄭公子騑、公子發、公孫輒。非國討，當兩稱名氏。殺者非卿，故稱盜，以盜爲文，故不得言其大夫。

疏注非國至大夫○正義曰：若國家討而殺之，則舉國名言殺其大夫。若非國討，兩下相殺，則兩書名氏，王札子殺召伯、毛伯是也。此非國討，亦當兩書名氏，但殺之者尉止、司臣之徒，皆非卿也。非卿則名氏不合見經，故稱之爲盜。凡言其者，是其所有也。君是臣之君，故書弑其君；臣是君之臣，故書殺其大夫。盜者，寇賊之名，賊之不繫於國，被殺者非盜之所有，既以盜爲文，故不得言其大夫，若如他物殺之然。哀四年盜殺蔡侯申，注云"賤者，故稱盜，不言弑其君，賤盜也"。文十六年公羊傳曰："大夫弑君稱名氏，賤者窮諸人；大夫相殺稱人，賤者窮諸盜。"其義雖不可通於左氏，其言賤盜之意則同。

○戍鄭虎牢。伐鄭諸侯各受晉命戍虎牢，不復爲告命，故獨書晉戍，而不敘諸侯。○復，扶又反。

○楚公子貞帥師救鄭。○

公至自伐鄭無傳

傳十年春會于柤會吳子壽夢也。壽夢吳子乘夢莫公反

【疏】注壽夢吳子乘○正義曰十二年吳子乘卒是也服虔云壽夢發聲吳蠻夷言多發聲數語共成一言壽夢一言也經言乘傳言壽夢欲使學者知之也然壽夢與乘聲小相涉服以經傳之異即欲使同之然則餘祭戴吳豈復同聲也當是名字之異故未言之

三月癸丑齊高厚相大子光以先會諸侯于鍾離不敬吳子未至先從東道與東諸侯會遇非本期地故不書會高厚高固子也癸丑月二十六日○相息亮反下同

【疏】注吳子至六日○正義曰言先會諸侯則是會期未到故知吳子未至而諸侯自會也柤與鍾離相近地在宋之東南知光從東道與東方諸侯遇蓋邾莒滕薛之徒自相會偶也本非期會之地會亦不以告魯故不書也然杜此注則吳子未至亦未赴於柤而上注云吳子在柤諸侯往會之者吳子元遣告晉言已至柤而已非晉侯自期於柤召吳子使赴也戚之會則吳子在善道召使赴戚故與諸國同序於列也杜明言

癸丑是三月二十六日下四月戊午云月一日五月庚寅云
月四日甲午云月八日所以明言日者欲證成九年閏月爲
門五日於上下日月相當故杜備言其日也劉炫曰杜言
癸丑二十六日者見與下四月一日會相近知非二會也士
莊子曰高子相大子以會諸侯將社稷是衛
而皆不敬厚與光俱不敬棄社稷也其將不免乎爲十九年
齊殺高厚二十五年弑其君光傳夏四月戊午會于柤經書春書始行也戊午月一日
疏注經書春書始行正義曰傳言夏會而經書春知經
書始行傳言會日也諸侯盟會者初去告行而已盟會
必行還乃書向則初去之時未知所會幾國豈得即書會也
明其皆是行還告廟乃書之耳但所書者或追說發國之初
或即書所會之日此會柤以其經傳不同乃知春行夏會其
餘傳無會日亦應有如此者如此之類是追說初行也二十
年六月庚申公會晉侯云云于澶淵成五年十一月己丑公
會晉侯云云于蟲牢如此之類是即書會日也此蓋舊無定
法史官不同故立文異耳○晉荀偃士匄請伐偪陽而封宋向

戌焉以宋常事晉而向戌有賢行故欲封之爲附庸○行下孟反荀罃曰城小而
固勝之不武弗勝爲笑固請丙寅圍之弗克
丙寅四月九日孟氏之臣秦堇父輦重如役堇父孟獻子家臣步挽重
車以從師○堇徐音謹挽音晚【疏】輦重如役○正義曰重者車名也載物以重謂之重人挽以行謂之輦輦行以
載器物止則以爲藩營此人挽此重車以從役也宣十二年解已具之偪陽人啓門諸侯
之士門焉見門開故攻之縣門發郰人紇抉之以出
門者門者諸侯之士在門内者也紇郰邑大夫仲尼父叔梁紇也郰邑魯縣東南莝城是也言紇多力抉舉縣
門出在内者○縣音玄注及下同郰側留反紇恨發反抉烏穴反徐又古穴反出如字一音尺遂反【疏】縣門發至門
者○正義曰縣門者編版廣長如門施關機以縣門上有寇
則發機而下之諸侯之士攻偪陽之門已有入者縣門乃發
郰人紇抉而舉之以出門者門者謂攻門者也紇爲郰邑大
夫公邑大夫皆以邑名冠之呼爲某人孔子之父名紇字叔

梁古人名字並言者皆先字而後名故史記孔子世家稱爲叔梁紇也服虔云抉撅也謂以木撅扶縣門使举令下容人出也門者下屬爲句狄虒彌建大車之輪而蒙之以甲以爲櫓狄虒彌魯人也蒙覆也櫓大楯○虒音斯彌綿音弥一音武庳反櫓音魯楯常尹反又音丑左執之右拔戟以成一隊百人爲隊○隊讀對反徐徒猥反

疏狄虒至一隊○正義曰鄭玄云大車平地載任之車也考工記車人爲車柯長三尺大車轂長半柯輪崇三柯是輪高九尺其車輞圍長二丈七尺建立也立此六車之輪而覆之以甲以爲櫓此考工記殳長尋有四尺車戟常崇於殳四尺八尺曰尋倍尋曰常則戟長一丈六尺也隊是行列之名百人爲隊相傳爲然成一隊者言其當百人也○

孟獻子曰詩所謂有力如虎者也詩邶風也○邶音佩主人縣布堇父登之及堞而絕之偪陽人縣布以試外勇者○堞音牒徐養涉反隊則又縣之蘇而復上者三主人辭焉乃退主人嘉其勇故

許斬不復縣布○隊直類反復扶又反注同上時掌反三息暫反又如字【疏】斬而復上○正義曰宣八年傳曰晉人獲秦諜殺諸絳市六日而蘇則蘇者死而更生之名也堇父隊而闕絕似若死然得蘇息而復登縣布上帶其斷以徇於軍三日帶其斷布以示勇○斷徒亂反徇似俊反諸侯之師久於偪陽荀偃士匄請於荀罃曰水潦將降懼不能歸向夏恐有久雨從丙寅至庚寅二十五日故曰久○潦音老請班師班還也知伯怒知伯荀罃○知音智投之以机出於其間出偃匄之間○机本又作几同曰女成二事而後告余二事伐偪陽封向戌○女音汝下及注皆同○余恐亂命以不女違既成敗之爲亂命女既勤君而興諸侯牽帥老夫以至于此既無武守無武功可執守而又欲易余罪曰是實班師不然克矣謂偃匄將言爾

余羸老也可重任乎不任受汝此責。羸劣危反重直用反任音壬注同七
日不克必爾乎取之言當取汝以謝不克之罪五月庚寅月四日
荀偃士匄帥卒攻偪陽親受矢石躬在矢石間。卒音子忽反
【疏】注躬在矢石間。○正義曰：服虔云：古者以石爲箭鏑。引
國語有隼集於陳侯之庭，楛矢貫之，石砮，以證石爲箭
鏃。若石是箭鏃，則猶是矢也，何須矢石並言？杜言在矢石間，
則不以石爲矢也。周禮職金：凡國有大故而用金石，則掌其
令。鄭玄云：用金石者，作槍雷之屬。雷即礧也。兵法守城用礧
石以擊攻者。陳思王征蜀論云：下礧成雷，檑殘不碎，是也。○
甲午滅之月八日書曰遂滅偪陽言自會也言其因會以滅國非之也
【疏】注言其至之也。○正義曰：僖四年公會齊侯云云，侵蔡，蔡潰，遂伐楚。二十三年齊侯伐衞，遂伐晉。如
此之類，一行而有一事者，法當言遂。遂非善惡之名，而此傳
特云書曰遂滅偪陽，言自會也，則知此言遂者，有非之之意。
所以然者，彼因伐遂伐，本謀已行，兵容可一舉而伐兩國。會
非征伐之事，荀偃、士匄於會始請，則偪陽無大罪，諸侯無宿

諜因會滅人情在可責傳稱言自會也是九其從會行也釋例云會以訓上下敘德刑遂滅偪陽言滅生於會非本意也是言因會以滅國非之之事也書曰者是仲尼新意則舊史不然本蓋別書諸侯滅偪陽仲尼改之而言遂耳以與向戌向戌辭曰君若猶辱鎮撫宋國而以偪陽光啓寡君羣臣安矣其何貺如之言見賜之厚無過此○貺音况賜也【疏】光啓寡君○正義曰光昭宋國開其疆竟以賜寡君若專賜臣是臣興諸侯以自封也其何罪大焉敢以死請乃予宋公○宋公享晉侯於楚丘請以桑林桑林殷天子之樂名【疏】注桑林至樂名○正義曰若非天子之樂則宋人不當請荀罃不須辭以宋人請而荀罃辭明其非常樂也宋是殷後得用殷樂知桑林是殷天子之樂名也經典言樂殷爲大護而此復云桑林者蓋殷家本有二樂如周之大武象舞也名爲大護則傳記有說湯以寬政治民除其邪虐言能覆護下民使得其所故名其樂爲大護

其曰桑林，先儒無以説，唯書傳言湯伐桀之後大旱七年，史卜曰：當以人爲禱。湯乃翦髮斷爪，自以爲牲，而禱於桑林之社，而雨大至，方數千里。或可禱桑林以得雨，遂以桑林名其樂也。皇甫謐云：殷樂一名桑林，以桑林爲大護別名，無文可馮，未能審也。

荀罃辭。辭讓之。荀偃、士匄曰：諸侯宋、魯於是觀禮。宋，王者後；魯以周公故，皆用天子禮樂，故可觀。魯有禘樂，賓祭用之。禘，三年大祭，則作四代之樂；別祭羣公，則用諸侯樂。○禘，大計反。

【疏】注禘三年大祭則作四代之樂別至樂侯。○正義曰：明堂位云：季夏六月，以禘禮祀周公於大廟，朱干玉戚，冕而舞大武；皮弁素積，裼而舞大夏。彼禘祭唯用大武、大夏而不言韶護，以二十九年魯爲季札舞四代之樂，知四代之樂魯皆有之。明堂位云：凡四代之服器魯兼用之。禘是三年大祭，禮無過者，知禘祭於大廟則作四代之樂也。禮唯周公之廟得用天子之禮，其別祭羣公則用諸侯之樂。諸侯之樂，謂時王所制之樂，大武是也。然則禘是禮之大者，羣公不得與同，而於賓得同禘者，禘者敵鄰國之賓，故得用大祭之樂也。正以天子享諸侯亦同祭樂，故大司樂云：大祭祀，王出入，奏王夏；尸出入，奏肆夏；牲出入，奏昭夏。大饗不入牲，其祀如祭也鄭注云不入牲不奏昭夏王出入君出入亦奏王夏賓出奏肆夏又禮記祭統云大嘗禘升歌清廟下管象仲尼燕居云兩君相見亦升歌清廟下而管象是祭與享賓用樂同也而晉荀罃云我辭禮矣沈氏云嘉樂不野合故也魯之禘祭用四代樂則天子禘用六代樂也鄭康成義以爲禘祫各異祫大禘小天子祫用六代之樂禘用四代之樂魯有禘樂謂有周之禘祭之樂非左氏義也劉炫云禘是大禮賓得與同者享賓用樂禮傳無文但賓禮既輕必異於禘魯以享賓當時之失用之已久遂以爲常荀偃士匄引過書之事以諂晉侯使聽宋耳魯以禘樂享賓猶以十一年爲士鞅只以引徵百年亦非正也**宋以桑林享君不亦可乎**言其天子樂也**舞師題以旌夏**師樂師也旌夏大旌也題識也以大旌表識其行列○題大兮反又大歷反旌注同識申志反又如字下同行戶郎反【疏】舞師題以旌夏○正義曰舞師樂人之帥主陳設樂事者也謂舞初入之時舞師建旌夏以引舞人而入以題識其舞人之首故晉侯卒見懼而退入于房也謂之旌夏蓋形制大而別爲之名也**晉侯懼而退入于房**旌夏非常卒見之人心偶有所畏○卒寸忽反**去旌卒**

享而還及著雍疾晉侯疾也著雍晉地○去起呂反著徐都慮反一音除慮反雍於用反下桑林見崇見於卜兆○見賢遍反注同崇息遂反荀偃士匄欲奔請禱焉奔走還宋禱謝○禱丁老反荀罃不可曰我辭禮矣彼則以之以用之猶有鬼神於彼加之言自當加罪於宋晉侯有間間疾差也○差初賣反以偪陽子歸獻于武宮謂之夷俘諱俘中國故謂之夷○俘芳夫反【疏】謂之夷俘○正義曰昭十七年晉荀吳滅陸渾之戎獻俘于文宮不言謂之夷俘彼直是戎也此言謂之夷俘明非夷而謂之夷知其諱俘中國故名之也莊三十一年傳例曰凡諸侯有四夷之功則獻于王中國則否中國之俘既不合獻王故獻廟亦諱知其無罪內慙於心故諱之謂之夷俘偪陽妘姓也使周內史選其族嗣納諸霍人禮也霍人晉邑內史掌爵祿廢置者使選偪陽宗族賢者令居霍奉妘姓之祀善不滅姓故曰禮也使周內史者示

有王命○令力呈反下令在勸令同疏注霍晉至王命○正義曰霍是舊國閔元年晉獻公滅之以為晉邑也內史掌爵祿廢置周禮內史職文也禮天子不滅國諸侯不滅姓其身有罪宜廢者選其親而賢者更紹立之論語所云興滅國繼絕世者謂此也晉侯以偪陽之罪不合絕祀故歸諸天子使周內史選偪陽宗族賢者繼嗣偪陽之後令居霍之霍邑以奉妘姓之祀按鄭語及世本皆云偪陽妘姓是祝融之孫陸終第四子求言之後虞夏以來世祀不絕今復繼之善其不滅姓故曰禮也晉侯不自選其人而使周內史者諸侯不得專封示有王命不自專也言納諸霍人者霍邑或稱霍人猶郊晉邑謂之郊人也以知霍人為霍邑者漢書樊噲傳云攻霍人是霍人邑名也劉炫云霍晉邑人也掌邑大夫猶郫邵邑大夫稱郫邵人然蓋使為晉附庸也師歸孟獻子以秦堇父為右嘉其勇力生秦丕茲事仲尼言二人父以力相尚子事仲尼以德相高○秦丕茲一本作秦丕茲○六月楚子囊鄭子耳伐宋師于訾毋宋地○訾子斯反毋音無庚午圍宋門于桐門不言成圍而○攻其城門

晉荀罃伐秦，報其侵也。侵在九年。○衛侯救宋師于襄牛。鄭子展曰：「必伐衛，不然，是不與楚也。得罪於晉，又得罪於楚，國將若之何？」子駟曰：「國病矣。」師數出疲病也。數，所角反。疲音皮。子展曰：「得罪於二大國，必亡。病不猶愈於亡乎？」諸大夫皆以為然。故鄭皇耳帥師侵衛，楚令也。亦兼受楚之勑命。皇耳，皇戌子也。孫文子卜追之，獻兆於定姜。姜氏問繇，繇，兆辭。○繇，直救反。

【疏】注「繇兆辭」。○正義曰：周禮大卜掌三兆之法，一曰玉兆，二曰瓦兆，三曰原兆。其經兆之體皆百有二十，其頌皆千有二百。鄭玄云：「頌謂繇也。」是言灼龜得兆，其兆各有繇辭，即下二句是也。此傳唯言兆有此辭，不知卜得何兆。但知舊有此辭，故卜者得據以答姜耳。其千有二百，皆此類也。此繇辭皆韻，古人讀雄與陵為韻，詩無羊、正月皆以雄韻蒸韻陵，是其事也。

曰

兆如山陵有夫出征而喪其雄姜氏曰征者喪雄禦寇之利也大夫圖之衛人追之孫蒯獲鄭皇耳于犬丘蒯孫林父子○喪息浪反下同禦魚呂反蒯苦怪反○秋七月楚子囊鄭子耳伐我西鄙於魯無所恥諱而不書其義未聞【疏】注於魯至未聞○正義曰服虔云不書諱從晉不能服鄭叛復為楚鄭所伐恥而諱之也杜以從盟主而不能服叛國於魯未足為恥彼伐無所可諱故云其義未聞還圍蕭八月丙寅克之蕭宋邑九月子耳侵宋北鄙孟獻子曰鄭其有災乎師競已甚競爭競也○爭爭鬬之爭下文有之爭同周猶不堪競況鄭乎周謂天王有災其執政之三士乎鄭簡公幼少子駟子國子耳秉政故知三士任其禍也為下盜殺三大夫傳○少詩照反任音壬○莒人間諸侯

之有事也，故伐我東鄙。諸侯有討鄭之事。○閒，閒厠之閒。諸侯伐鄭，齊崔杼使大子光先至于師，故長於滕。大夫宜實之以上，鄭而今晉悼以一時之宜，今在滕侯上，故傳從而釋之。○長，丁丈反。己酉，師于牛首。鄭地。○初，子駟與尉止有爭，將禦諸侯之師，而黜其車。禦牛首師也。黜，減損。尉止獲，又與之爭。獲囚俘。子駟抑尉止曰：「爾車非禮也。」言女車僭多過制。○疏注言女至過制。正義曰：前已減損其車，後云爾車非禮，明是仍嫌車多，言其過制。大夫之制，不知車當幾乘，從軍之車未必制有定限。子駟以憎尉止，嫌其豪富，本意不爲過禮制也。遂弗使獻。不使獻所獲。初，子駟爲田洫，司氏、堵氏、侯氏、子師氏皆喪田焉。洫，田畔溝也。子駟爲田洫，以正封疆而侵四族田。○洫，況域反。堵音者，或丁古反。喪，息浪反，下同。疆，居良反。疏注洫田至族田正義曰考工記匠人爲溝洫耜廣五寸二耜爲耦一耦之伐廣尺深尺謂之甽田首倍之廣二尺深二尺謂之遂九夫爲井井間廣四尺深四尺謂之溝方十里爲成成間廣八尺深八尺謂之洫方百里爲同同間廣二尋深二仞謂之澮然則溝洫俱是通水之路相對大小爲異耳皆於田畔爲之故云田畔溝也爲田造洫故稱田洫此四族皆是富家占田過制子駟爲此田洫正其封疆於分有剩則減給他人故正封疆而侵四族田也小司徒云九夫爲井四井爲邑四邑爲丘四丘爲甸四甸爲縣四縣爲都注云此謂都鄙采地之制也

故五族聚羣不逞之人因公子之徒以作亂 八年子駟所殺公子𩆞等之黨○𩆞許其反本亦作熙又音怡

於是子駟當國 攝君事也 子國爲司馬子耳爲司空子孔爲司徒冬十月戊辰尉止司臣侯晉堵女父子師僕帥賊以入晨攻執政于西宮之朝 公宮 殺子駟子國子耳劫鄭伯以如北宮

子孔知之，故不死。子孔，公子嘉也。知難不告，利得其處也。爲十九年殺公子嘉傳。○難，乃旦反。處，昌慮反。書曰"盜"，言無大夫焉。尉止等五人皆士也。大夫謂卿。子西聞盜，不儆而出，子西，公孫夏，子駟子。○儆音景。夏，戶雅反。尸而追盜，先臨尸而追盜。盜入於北宮，乃歸授甲。臣妾多逃，器用多喪。子產聞盜，子產，子國子。爲門者，置守門。庀羣司，具衆官。○庀，匹婢反。閉府庫，慎閉藏，完守備，成列而後出，兵車十七乘，千二百七十五人。○藏，才浪反，又如字。守，手又反。乘，繩證反。○尸而攻盜於北宮。子蟜帥國人助之，殺尉止、子師僕，盜衆盡死。侯晉奔晉。堵女父、司臣、尉翩、司齊奔宋。尉翩，尉止子。司齊，司臣子。○翩音篇。子孔當國，代子駟。爲載書，以位序，聽

政辟自羣卿諸司各守其職位以受執政之法不得與朝政○辟婢亦反與音預下魯不與同

疏注自羣至朝政○正義曰於時鄭伯幼弱政在諸卿國事相與議之不得一人獨决子孔性好專權自以身既當國皇其一聽於己新經禍亂與大夫設盟爲盟載之書曰自羣卿諸司以下皆以位之次序一聽執政之法悉皆禀受成旨不得干與朝政令其權柄在己也大夫諸司門子不順子產謂之專欲難成謂此也服虔云鄭舊世卿父死子代今子孔欲擅改之使以次先爲士大夫乃至卿也若如服言唯當門子恨耳何由大夫諸司亦不順也子孔若爲此法即是自害其子子孔之子亦當恨何独他家門子乎焚書倉門則還依舊法舊法若父死子代子産即應代父何由十九年始立爲卿

大夫諸司門子弗順將誅之子孔欲誅不順者○子產止之請爲之焚書既止子孔又勸令燒除載書○爲于僞反子孔不可曰爲書以定國衆怒而焚之是衆爲政也國不亦難乎難以至治○治直吏反子產曰衆怒難犯專欲難成

合二難以安國危之道也不如焚書以安衆子得所欲（欲爲政也）衆亦得安不亦可乎專欲無成犯衆興禍子必從之乃焚書於倉門之外衆而後定（不於朝内燒欲使遠近見所燒）○諸侯之師城虎牢而戍之晉師城梧及制（欲以偪鄭也不書城魯不與也梧制皆鄭舊地○梧音吾）士魴魏絳戍之書曰戍鄭虎牢非鄭地也言將歸焉（二年晉城虎牢而居之今鄭復叛故脩其城而置戍鄭服則欲以還鄭故夫子追書繫之于鄭以見晉志○復扶又反見賢遍反下同○）

【疏】諸侯至歸焉○正義曰如此傳文諸侯戍虎牢士魴魏絳戍梧與制有其虎牢之内亦應更有晉戍也二年晉城虎牢則虎牢久已屬晉非復鄭有今繫鄭者自晉侯之意鄭人若服將歸之焉言晉侯故探其心而繫之鄭也釋例曰虎牢鄭之邑竟晉人既有之矣又城而居之將以偪鄭鄭畏而強服遇楚而復叛八年

之間一南一北至於數四晉悼慮其未已故大城置戍先以示威鄭服之日釋戍而歸之德立刑行故能終有鄭國春秋探書其本心善之也鄭及晉平。楚子囊救鄭。十一月，諸

侯之師還鄭而南至於陽陵還繞也陽陵鄭地○還本亦作環戶關反徐吾患先同楚師不退。知武子欲退，曰：「今我逃楚，楚

必驕，驕則可與戰矣。」武子荀罃欒黶曰：「逃楚，晉之

恥也。合諸侯以益恥，不如死。我將獨進。」師遂

進。己亥，與楚師夾潁而軍。潁水出城陽至下蔡入淮○潁音穎子蟜

曰：「諸侯既有成行，必不戰矣。言有成去之志從之將退，

不從亦退。從猶服也退，楚必圍我。猶將退也，不如從

楚，亦以退之。」以退楚宵涉潁，與楚人盟。夜度會良綏晉知之綏欒黶

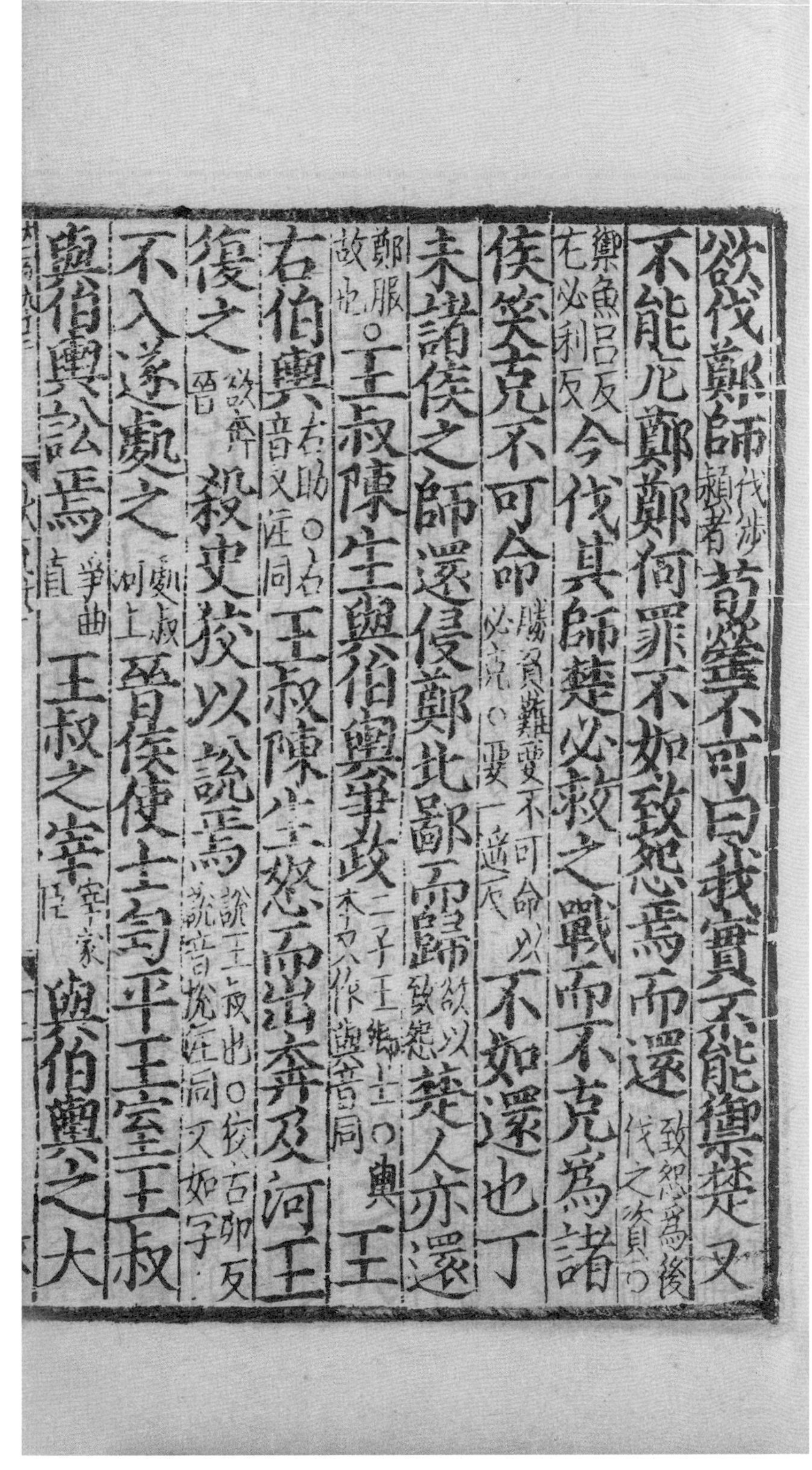

欲伐鄭師（伐涉潁者）荀罃不可曰我實不能禦楚又
不能庇鄭鄭何罪不如致怨焉而還（致怨為後伐之資○）
禦魚呂反 庇必利反 今伐其師楚必救之戰而不克為諸
侯笑克不可命（勝負難要不可命必○必克○要一遥反）不如還也丁
未諸侯之師還侵鄭北鄙而歸（欲以致怨）楚人亦還
鄭服故也○王叔陳生與伯輿爭政（二子王卿士○輿本又作與音同）王
右伯輿（右助也○右音又注同）王叔陳生怒而出奔及河王
復之（欲奔晉）殺史狡以說焉（說王叔也○狡古卯反說音悅注同又如字）
不入遂處之（處河上）晉侯使士匄平王室王叔
與伯輿訟焉（爭曲直）王叔之宰（宰家臣）與伯輿之大

夫瑕禽瑕禽伯輿屬大夫坐獄於王庭獄訟也周禮命夫命婦不躬坐獄訟故使宰與屬大夫對爭曲直士匄聽之王叔之宰曰篳門閨竇篳門柴門閨竇小戶穿壁為戶上銳下方狀如圭也言伯輿微賤之家之人而皆陵其上其難為上矣篳音必閨音圭本亦作圭竇音豆。瑕禽曰昔平王東遷吾七姓從王牲用備具王賴之而賜之騂旄之盟平王徙時大臣從者有七姓伯輿之祖皆在其中主為王備犧牲共祭祀王恃其用故與之盟使世守其職騂旄赤牛也舉騂旄者言得重盟不以大雞○從才用反注同又如字騂息營反字林許營反旄音毛為于偽反共音恭

【疏】注平王至以犬雞○正義曰七姓從王從王之大臣有七姓也瑕禽言伯輿之祖是七從之一言其世貴也其祖為王主備犧牲以共祭祀王宗牲用備具王恃賴之言其世有功也平王之初遷國家未定故以與大臣結盟令使世掌其職也周禮牧人陽祀用騂牲檀弓云周人尚赤牲用騂尚書洛誥云文王騂牛一武王騂牛一諸言騂皆是赤牛

則知此騂旄是赤牛也旆謂旌也共旆旗之用故其字從㫃旗者㫃旗行而從風偃也　曰世世無失職若篳門閨竇其能來東底乎且王何賴焉言我若貧賤何能來東使王恃其用而與之盟邪底至也○底音旨　今自王叔之相也政以賄成隨財制政　而刑放於寵寵臣專刑不任法　疏刑放於寵○正義曰刑罰放赦之事在於寵臣　官之師旅不勝其富師旅之長皆受賂　吾能無篳門閨竇乎言王叔之屬富故使吾貧　疏不勝其富○正義曰勝訓堪也言財多故不可用盡不能堪此富　唯大國圖之圖猶議也　下而無直則何謂正矣正者不失下之直○何或作可誤也　疏下而至正矣○正義曰凡在上一正定在下須明在下曲直假爲自云已有直理不彼上知則是使下無直在上何謂正矣故云正者不失下之直也劉炫云七年傳云正直為正正曲為直晉斷王朝之獄乃以下正上宣子皆在下而無直心何以謂之為正也勸宣子使心正矣　范宣子曰天

子所右，寡君亦右之；所左，亦左之。宣子知伯輿直，不欲自專，故推之於王。○右音又，下同。左音佐，下同。左右亦並如字。疏「天子」至「左之」○正義曰：人有左右，右便而左不便，故以所助者爲右，不助者爲左。宣子知伯輿直，故從王之所助也。使王叔氏與伯輿合要，合要辭。王叔氏不能舉其契。要契之辭。○契，苦計反，注同。疏「使王」至「其契」○正義曰：周禮鄉士職云：「獄訟異其死刑之罪而要之。」鄭玄云：「要之，爲其罪法之要辭，如今劾矣。」彼謂官人略取罪狀爲其要約之辭，如今斷事也。漢世名斷獄爲劾，故云如今劾矣。此言要辭亦是辭之要約，如今辯答也。合要者，使其各爲要約言語，兩相辯答。合伯輿辭直，王叔無以應之，故不能舉其要契之辭也。王叔奔晉，不書，不告也。單靖公爲卿士，以相王室。代王室。

經十有一年春王正月，作三軍。增立中軍，萬二千五百人爲軍。疏注「增立」至「爲軍」○正義曰：昭五年舍中軍，明此年作而後年舍，故知舊有二軍，今增立中軍也。然則正是作中軍耳，而云作三軍者傳言三子各毀其乘則舊時萬已之乘毀之以足成三軍是舊軍盡廢而全改作之故云作三軍也杜見其以二改一復據彼中軍之文故言皆立中軍耳萬二千五百人爲軍周禮夏官序文○夏四月四卜郊不從乃不郊無傳（疏）夏四至不郊○正義曰此四月四卜與僖三十一年文同蓋亦三月三卜而四月又一卜也止言不郊不云免牲免牛蓋不以其禮免牲使歸其本牧而已故不書也○鄭公孫舍之帥師侵宋○公會晉侯宋公衛侯曹伯齊世子光莒子邾子滕子薛伯杞伯小邾子伐鄭世子光至復在莒子之先故晉悼亦進之○復扶又反（疏）注世子至進之○正義曰劉炫以爲序莒上者直是先至非爲先莒今知不然者往年傳云齊大子光先至于師故長於滕是前經進先滕至序在滕子之上今經序在莒子之先明知亦先莒而至也若非先莒而至唯當還序滕子上耳劉炫元所依憑直云先至更長之而規杜氏非也○秋七月己未同盟于亳城北亳城鄭地

伐鄭而書同盟鄭與盟可知莊宅蒲路反汾扶云反谷一又虞音頑。

公至自伐鄭。無傳。

楚子、鄭伯伐宋。

公會晉侯、宋公、衛侯、曹伯、齊世子光、莒子、邾子、滕子、薛伯、杞伯、小邾子伐鄭。晉遂尊光。

會于蕭魚。鄭服而諸侯會蕭魚，鄭地。

公至自會。无傳。以會至者，觀兵而不果侵伐。

（疏）注以會至侵伐。正義曰：劉炫云：杜釋例自言事勢相接，或以始致，或以終致，是時史異辭，何爲此注而云不果侵伐？今知劉說非者，凡云或以始致，或以終致，皆據實有伐事。今據傳文云觀兵于鄭東門，是則實無伐事，故云不果侵伐。劉不達此意而規杜，非也。

楚人執鄭行人良霄。良霄，公孫輒子伯有也。霄音消。

冬，秦人伐晉。

傳十一年春，季武子將作三軍，魯本無中軍，唯上下二軍，皆屬於公。有事，三卿更帥以征伐。季氏欲專其民人，故假立中軍，因以改作。更音庚。

（疏）注魯本至改作。正義曰：以昭五

舍中軍知此時作者作中軍是魯本无中軍也以閔元年晉侯作二軍謂之上軍下軍知魯有二軍亦名上下軍也此言請為三軍各征其軍知往前二軍皆屬公也明其有事則三卿更互帥之以征伐耳三卿不得專其民也此時襄公幼弱季氏世秉魯政因公之少欲專其民故假立中軍因以改作也禮明堂位云成王封周公於曲阜地方七百里其時必有三軍也詩魯頌閟宮頌僖公能復周公之宇云公徒三万鄭玄云大国三軍合三万七千五百人言三万者举成數也則僖公復古制亦三軍矣蓋自文公以來霸主之令軍多則貢重自減為二軍耳非是增衆不滿三軍也若然昭五年舍中軍書之於經往前若減一軍亦應書之而經不書者作三軍與舍中軍皆是變改政常卑弱公室季氏秉國權專擅改作故史特書之耳若国家自量彊弱其軍改減或益国史不須書也向則僖公復古始有三万則以前无三万矣僖公作亦不書何容舍不書也蘇氏亦云僖公之時實有三軍自文以後舍其一軍不書者非是故有所舍故不書蘇氏又云鄭注詩公徒三万以為三軍鄭荅臨碩之問云公徒三万為二軍者鄭趙商問而荅當以詩箋為正蘇氏又云蒐于紅革車千乘所以今不滿三軍者以當時采地衆多公邑民少故不能滿三軍三子各毀其乘以足之与前解異也周礼小司徒云

凡起徒役无過家一人是家出一人故鄉為一軍夫子六軍
出自六鄉則大国三軍出自三鄉其餘公邑采地之民不在
三軍之數季武子今為三軍則異於是矣以魯国屬公之民
皆分為三亦謂之三軍其軍之民不啻一万二千五百家也
向則魯国合竟之民屬公者豈唯有三萬七千五百家乎明
其決不然矣由此言之此作三軍與礼之三軍名同而實異
也春秋之世兵革遞興出軍多少量敵彊弱就寇來息卒士
盡行士卒之數无復定準成二年鞌之戰晉車八百乘計有
六万人唯三軍帥之昭十三年平丘之會晉叔向云寡君有
甲車四千乘在計四千士卒成二十四軍亦時晉国唯立三
軍則甲車四千屬三軍耳其軍皆卜一萬二千五百人乎昭
八年魯蒐于紅傳稱革車千乘千乘之衆充三軍之數明知
此分合竟之民以為三軍軍之所統其數異於礼也魯育向
休以為左氏說云尊公室休以為与舍中軍義同於義左民
為短鄭衆成箴云左氏傳云作三軍三分公室各有其○謂
三家始專兵甲卑公室一云左氏說者尊公室失左氏意遠矣
義符杜說也

告叔孫穆子曰請為三軍各征其軍 征賦

稅也三家各征其軍之家屬○稅舒銳反

【疏】注征賦至家屬○正義曰周礼大司徒以土均之法制天下之地征

王制云市廛而不税關譏而不征經典之文通謂賦説爲征故云征賦税也往前民皆屬公公税其民以分賜羣臣今武子欲令民即屬己己所應得自税取之恐穆子不從故先言之請分國内之民以爲三軍三家各自征税其軍之家屬兾望穆子亦便於己而從其計也言軍之家屬者丁壯從軍者皆無所税其家屬不入軍者乃税之耳

穆子曰政將及子子必不能政者霸國之政令禮大國三軍曾次國而爲大國之制貢賦必重故憂不能堪

疏注政者至能堪○正義曰於時天子衰微政在霸主霸主量國大小責其貢賦若爲三軍則是次国若作三軍則爲大国大国之制貢賦必重故云霸主重貢之政將及於子子必不能堪之憂其不能堪之言三軍不可爲也曾爲三軍三軍国之大小同耳但作三軍則自同大国自同大国則霸主必依大国責其貢賦也

武子固請之穆子曰然則盟諸詛穆子知季氏將復變易故盟之○復扶又反

乃盟諸僖閎僖宮之門閎音宏

疏注僖宮之門○正義曰釋宮云衖門謂之閎孫炎曰巷舍間道也李巡曰閎巷頭門也以此知僖閎是僖公之廟門也

詛諸五父之衢五父衢道

名在魯国東南詛以禍福之言相要。詛側慮反又音甫衢其俱反要一遥反正月作三軍三分公室而各有其一三分国民衆三子各毀其乘壞其軍乘分以足成三軍。乘繩證反注反下並同壞音怪足將住反亦如字【疏】注壞其至三軍。正義曰往前民皆屬公国家自有二軍君非征伐不屬三子故三子自以采邑之民以為己之私乘如子産出兵車十七乘之類是其私家車乘也今既三分公室所分得者即是己有不須更立私乘故三子各自毀壞舊時車乘部伍分以足成三軍也壞者壞其部伍將領也令使各自屬其軍不復立私乘故也季氏使其乘之人以其役邑入者無征使軍乘之人率其邑役入季氏者无公征不入者倍征不入季氏者則使公家倍征之設利病欲驅使入已故昭五年傳曰季氏盡征之民皆倍征故盡屬季氏【疏】季氏至倍征

正義曰其乘之人即所分得者国内三分有一之人也役謂共官力役則今之丁也邑謂賦税若今之租調也以其役之與邑皆來入季氏者則无公征也若不以入季氏者則使公家倍征之當輸一而責其二也設利害以懼民驅之使入已

耳民畏皆征故盡歸季氏所分得者無一入公也知邑是賦稅者以言役邑入則役之與邑皆從民而入官也從民入官唯在力役與賦稅耳故知邑是賦稅也賦稅而謂之邑者賦稅所入若私邑然故以邑言之

孟氏使半爲臣若子若弟取其子弟之半也四分其乘之人以三歸公而取其一

叔孫氏使盡爲臣盡取子弟以其父兄歸公〔疏〕孟氏至爲臣○正義曰昭五年傳追說此事云季氏盡征之叔孫氏臣其子弟孟氏取其半焉叔孫氏臣其子弟不臣父兄謂取二分而二歸公也孟氏取其半又如叔孫所取其中更取其半又以半歸公謂取一分而三歸公也彼傳順序此文顛倒傳意以叔孫爲主而先說孟氏言孟氏如叔孫所得使其半爲已之臣叔孫所得子與弟也此孟氏若子若弟是子弟中課取其一又分半以歸公也叔孫使子弟盡爲已臣唯以父兄歸公耳

不然不舍制軍分民不如是則三家不舍其故而改作也此蓋三家盟詛之本言○舍音捨〔疏〕注制軍至本言○正義曰如上所分三家所得又各分爲四季氏盡取四分叔孫取二分而二分歸公孟氏取一分而三分歸公分国民以爲十二三家得七公得五也舍謂舍故也制三軍分国民若不如

是則三家不肯舍其故法而別改作也使盡寫臣以上是序事之辭不然不舍一句是要契之語故云此盡三家盟詛之本言盟詛本言必應詳其但史家略取其意而爲之立文不復如本辭耳。鄭人患晉楚之故諸大夫曰不從晉國幾亡（幾近也。幾音機注同餘音譏）楚弱於晉晉不吾疾也（疾急也）晉疾楚將辟之何爲而使晉師致死於我（言當作向計）楚弗敢敵而後可固與也（固與晉也）子展曰與宋爲惡諸侯必至吾從之盟楚師至吾又從之則晉怒甚矣晉能驟來楚將不能吾乃固與晉大夫說之使疆埸之司惡於宋（使守疆埸之吏侵犯宋。說音悅疆居良反注同埸音亦注同）宋向戌侵鄭大獲子展曰師而伐宋可矣若我伐宋諸侯之伐我必疾吾乃聽命焉且告於楚楚師至吾乃與之盟而重賂晉師乃免矣（言如此乃免於晉楚之難○難乃旦反）夏鄭子展侵宋（欲以致諸侯）○四月諸侯伐鄭己亥齊大子光宋向戌先至于鄭門于東門（傳釋鄭太子光所以序莒上也向戌不書宋公在會故）其莫晉荀罃至于西郊東侵舊許（許之舊國鄭新邑○莫音暮）

【疏】東侵舊許○正義曰昭十二年傳楚子云我伯父昆吾舊許是宅鄭人貪賴其田而不我與是舊許爲鄭邑也謂之舊許明是許之舊國許南遷而鄭得之

衛孫林父侵其北鄙六月諸侯會于北林師于向（向地在潁川長社縣東北○向舒亮反）右還次于瑣（地行而西爲石還熒陽宛陵縣西有瑣侯亭○瑣素果反宛於阮反又於元反）圍鄭觀兵于南

門觀示也西濟于濟隧濟隧水名。○濟隧上子禮反下音遂鄭人懼乃行成秋七月同盟于亳范宣子曰不慎必失諸侯慎敬威儀謹辭令諸侯道敝而無成能無貳乎數伐鄭皆罷於道路○數所角反罷音皮乃盟載書曰凡我同盟毋蘊年蘊積年穀而不分災。○毋音無下皆同蘊紆粉反毋壅利專山川之利○壅於勇反毋保姦藏罪人毋留慝速去惡。○慝他得反下同去起呂反救災患恤禍同好惡獎王室獎助也。○好惡竝如字或讀上呼報反下惡路反獎將丈反或間茲命司慎司盟名山名川二司天神。○間間廁之間茲命本或作茲

盟載【疏】注二司天神○正義曰盟告諸神而先稱二司知其是天神也覲禮諸侯覲于天子為宮方三百步壇十有二尋深四尺加方明于其上方明者木也方四尺設六色青赤白黑玄黃設六玉上圭璋琥璜璧琮公侯伯子男皆就其

旂而立天子祀方明禮日月四瀆山川丘陵彼方雖不言盟其所陳設盟之禮也鄭玄云方明者上下四方神明之象也會同而盟明神監之則謂之天之司盟有象者猶宗廟之有主乎天子巡守之盟其神主日諸侯之盟其神主山川王官之伯會諸侯而盟其神主月是言盟之所告告天神也鄭云神監之謂之司盟司盟非一神也其司慎亦不知指斥何神但在山川之上知其是天神耳名山山之有名者謂五嶽四鎮也名川謂四瀆也**羣神羣祀**羣祀在祀典者**先王先公**先王諸侯之大祖宋祖帝乙鄭祖厲王之比也先公始封君○大音泰凡大祖大廟大宮皆放此比必利反**七姓十二國之祖**七姓晉魯衛鄭曹滕姬姓邾小邾曹姓宋子姓齊姜姓莒己姓杞姒姓薛任姓實十三國言十二誤也○己音紀或音祀任音壬【疏】注七姓至誤也○正義曰十三國為七姓世本世家文也姬即次曹意及則言不以大小為次也實十三國而言十二服虔云晉主盟不自數知不然者案定四年祝佗稱踐土之盟云晉重魯申於是晉為盟主自在盟內何因晉今主盟乃不自數故知字誤也劉炫難服虔云案宣子恐失諸侯謹慎辭令告神要人身不自數已不在盟彼叛必速豈有如此理哉**明神殛**

之殛誅也○殛紀力反注同俾失其民隊命亡氏踣其國家踣斃也○俾本又作卑必爾反隊直類反踣蒲北反徐又敷豆反斃婢世反○楚子囊乞旅于秦乞師旅於秦秦右大夫詹帥師從楚子將以伐鄭鄭伯逆之丙子伐宋鄭逆服故更伐宋也秦師不書不與伐宋而還○詹之廉反與音預○九月諸侯悉師以復伐鄭此夏諸侯皆復來故曰悉師○復扶又反注同鄭人使良霄大宰石㚟如楚告將服于晉曰孤以社稷之故不能懷君君若能以玉帛綏晉不然則武震以攝威之孤之願也楚人執之書曰行人言使人也書行人言非使人之罪古者兵交使在其閒所以通命示整或執殺之皆以為譏也既成而後告故書在蕭魚下石㚟為介故不書○㚟勅略反攝如字又之

滋反使所吏反滋同介音界疏注書行至不書○正義曰釋例曰使以行言言以接事信令之要於是乎在舉不以怒則刑不濫刑不濫則兩国之情得通兵有不交而解者皆行人之勲也是以雖飛矢在上走驛在下及其末節不統大理迁怒肆忿快意於行人譬諸豺狼求食而已傳曰鄭人使伯蠲行成晉人殺之非礼也兵交使在其間可也故夫子特顯行人之文行人有六而傳發其三者因良霄以顯兵称行人之事因干徵師以示其非罪因叔孫婼以同外内大夫則餘三人皆隨例而爲義也諸以行人爲名通及外内以卿出使義取於非其罪也若濤塗甯喜之屬罪在其身鄭叔詹鲁行父之等以執政受罪本非使出故不称行人從實而書皆以罪之也鄭祭仲之如宋也非會非聘與於見誘而以行人應命不能死節訛偽以蔑其君故經不称行人以罪之也是言罪之故不称行人則称行人者皆無罪也鄭人先遣告楚乃從諸侯故傳在會先也經在會後既成而後告執故書執在蕭魚會下○諸侯之師觀兵于鄭東門鄭人使王子伯駢行成甲戌晉趙武入盟鄭伯冬十月丁亥鄭子展出盟晉

侯二盟不書不告十二月戊寅會于蕭魚經書秋史失之疏注經書秋史失之。正義曰會于蕭魚經雖無月但會下有冬故以爲會在秋也傳言日月次第分明是經繆史官失之也庚辰赦鄭囚皆禮而歸之納斥候不相備也。斥徐音尺一音昌袞反禁侵掠晉侯使叔肸告于諸侯叔肸叔向也告諸侯亦使赦鄭囚。掠音亮肸許乙反向許丈反公使臧孫紇對曰凡我同盟小國有罪大國致討苟有以藉手鮮不赦宥寡君聞命矣言晉討小国有藉手之功則赦其罪入恩義如是不敢不承命。藉在夜反注同鮮息淺反宥音又。鄭人賂晉侯以師悝師觸師蠲悝觸蠲皆樂師名。悝苦回反蠲古玄反又音圭疏注悝觸蠲皆樂師名。正義曰樂師稱師下称賂以樂知此三人皆樂師悝觸蠲是其名也服虔見下有鐘鎛師磬即云三師鐘師鎛磬師謂悝能鐘觸能鎛蠲能磬也然則鄭人以師茂師慧賂宋者又能鐘乎能鑄乎三師必是能鐘磬者要不可即以名次配言之廣車軘車淳十五乘甲兵備廣車軘車皆兵車名淳耦也○廣古曠反軘徒溫反淳述倫反徐又之倫反乘繩證反下及注同

疏注廣車至耦也○正義曰皆是兵車而別為之名蓋其形制殊用處異也鄭玄云廣車橫陳之車也服虔云軘車屯守之車也或可因所用遂為名及其用之亦無常此射禮數射筭二筭為純一筭為奇是淳為耦也

凡兵車百乘他兵車及廣軘共百乘

疏注他兵至百乘○正義曰徧見服本皆云淳十五乘則凡兵車百乘者更合言軘廣或軘廣之外別有百乘杜本軘十五乘耍以他兵車七十乘增軘廣共為百乘耳知非軘廣之外更有百乘而云兼軘廣者以上既言廣車軘車下云凡兵車百乘言凡是揔攝之辭故知揔上軘廣也若然直言兵車百乘於理自足上別云廣車軘車者以廣車軘車甲兵備足自外之車甲兵不備又別有車名非軘廣也

歌鐘二肆肆列也縣鐘十六為一肆二肆三十二枚○肆音四縣音玄

疏注肆列至一枚○正義曰以肆為列者鐘磬皆編縣之在簨虡而各有行列也周禮小胥云凡縣鐘磬半為堵全為肆鄭玄云鐘磬者編縣之二八十六枚而

在一虡謂之堵鍾一堵磬一堵謂之肆半之者謂諸侯之卿大夫士也諸侯之卿大夫半天子之卿大夫西縣鍾東縣磬士亦半天子之士縣磬而已如鄭彼言鍾與磬全乃成爲肆此傳於鍾即言肆者十六枚而在一虡古今皆同其虡不可分也虡不可分而云有全有半明如鄭言鍾磬相對肆爲全單虡爲半此傳言歌鍾三肆則兼有磬矣若其無磬不得成肆杜以傳唯云歌鍾故但解鍾數云三十二枚其磬數亦同矣此二肆皆爲編縣也下云及其鎛磬者鎛是大鍾磬是大磬皆特縣之非編縣也據鄭玄礼圖如此也言歌鍾者歌必先金奏故鍾以歌名之晋語孔晁注云歌鍾鍾以節歌也劉炫云傳言歌鍾二肆及其鎛磬則鎛磬亦二肆肆之爲名實由鍾磬相對但傳於磬下不復更言其數於鍾則言二肆明鎛磬數與之同乃成肆若磬無二肆則半賜魏絳無磬矣安得有金石也知色别各三十二枚也歌必先云云同

其鎛磬鎛磬皆樂器○鎛音博女樂二八十六人晋侯以樂之及半賜魏絳曰子教寡人和諸戎狄以正諸華在四年八年之中九合諸侯如樂之和（疏）八年至之和○

正義曰：服虔云八年從四年以來至十一年也。九合諸侯者，五年會于戚一也，其年又會于城棣救陳二也，七年會于鄬三也，八年會于邢丘四也，九年會于戲五也，十年會于相六也，又戍鄭虎牢七也，十一年同盟于亳城北八也，又會于蕭魚九也。晉語說此事云於今八年七合諸侯，孔晁云不數救陳與戍鄭虎牢，餘爲七也。如樂之和，謂諸侯和同，如樂之相應和也。

無所不諧。諧亦和也。○九合諸侯，謂五年會戚，又會城棣救陳，七年會鄬，八年會邢丘，九年盟于戲，十年會相，又伐鄭戍虎牢，十一年同盟亳城北，又會蕭魚。請與子樂之。共此樂。○樂音洛，一音岳，注同。

辭曰：夫和戎狄，國之福也；八年之中，九合諸侯，諸侯無慝，君之靈也，二三子之勞也，臣何力之有焉？抑臣願君安其樂而思其終也。詩曰：樂只君子，殿天子之邦。詩小雅也。謂諸侯有樂美之德，可以鎮撫天子之邦。殿，鎮也。○殿，都遍反，注及下同。樂只君子，福祿攸同。攸，所也。便

蕃左右亦是帥從 便蕃數也言遠人相帥來服從便蕃然在左右○蕃音煩註同數所角反

疏 詩曰至帥從○正義曰詩小雅采菽之篇也言美也言樂美之德君子以有樂美之德可以鎮撫天子之邦國也以有樂美之德政故為福祿之所同歸也既能鎮邦國受福祿維復疏遠之人便蕃然數來在其左右亦於是相帥而來從之也

夫樂以安德 和其心也 義以處之 處位以義 禮以行之 行教令 信以守之 守所行 仁以厲之 厲風俗 而後可以殿邦國同福祿來遠人所謂樂也 言五德皆備乃為樂非但金石 書曰居安思危 逸書 思則有備有備無患敢以此規 規正公 公曰子之教敢不承命抑微子寡人無以待戎 待遇接納 不能濟河 渡河南服鄭 夫賞國之典也藏在盟府 司盟之府有賞功之制

疏 注司盟至之制○正義曰周禮司盟會同

則掌其盟約之載既盟則貳之貳之者寫兩本盟書一埋盟處一藏盟府也唯言會同之盟不掌功勲之事而得有賞功之制者僖五年傳曰虢仲虢叔爲文王卿士勲在王室藏於盟府是司盟之府掌藏功勲典策故有賞功之制也不可廢也子其受之魏絳於是乎始有金石之樂禮也禮大夫有功則賜樂【疏】注禮大至賜樂○正義曰以魏絳家賜始有金石之樂知未賜不得有也賜之而云禮也知禮法得賜之也周禮小胥云大夫判縣士特縣鄉飲酒禮云笙入堂下磬南北面鄉射禮云縣于洗東北西面喪大記云疾病君大夫徹縣是大夫得有鍾磬之樂有功乃賜之正禮也唯言魏絳有金石之樂不言女樂女樂房中私宴之樂或不以賜之○秦庶長鮑庶長武帥師伐晉以救鄭庶長秦爵也不書救鄭已屬晉無所救○長丁丈反下及注同鮑步卯反鮑先入晉地士魴御之少秦師而弗設備壬午武濟自輔氏從輔氏渡河○御魚呂反後放此與鮑交伐晉師己丑秦晉

戰于櫟晉師敗績易秦故也不書敗績晉恥易秦而敗故不告也櫟晉地○櫟力的反徐失灼反又易以豉反

經十有二年春王三月莒人伐我東鄙圍台琅邪費縣南有台亭○台勑才反又音臺一音翼之反季孫宿帥師救台遂入鄆鄆莒邑○鄆音運○夏晉侯使士魴來聘○秋九月吳子乘卒五年會於戚公不與盟而赴以名○與音預【疏】注五年至以名○正義曰劉炫云杜於五年注以為公及其盟還而不以盟告廟也今注云會於戚公不與盟而赴以名何為兩注自相矛楯今知劉難非者以戚盟經既不書公之與否又傳無其事杜弘通其義故為兩解劉不尋杜旨而規其過非也○冬楚公子貞帥師侵宋○公如晉

傳十二年春莒人伐我東鄙圍台季武子救

台遂入鄆乘勝入鄆報見伐。取其鐘以爲公盤。夏晉士魴來聘且拜師謝前年伐鄭師。秋吳子壽夢卒壽夢吳子之號臨於周廟禮也周廟文王廟也周公出文王故魯立其廟吳始通故曰礼。臨力蔭反下同〔疏〕注周廟至曰礼。正義曰杜以下文周廟尊於周公之廟知是文王廟也以鄭與祖厲王立所出王廟知爲周公出文王故魯立其廟也哀二年蒯聵禱云敢昭告皇祖文王衞亦立文王廟也郊特牲曰諸侯不敢祖天子大夫不敢祖諸侯而公廟之設於私家非礼也而諸侯得立王廟者彼謂無功德非王命而輙自立之則爲非礼魯衞有大功德王命立之是其正也鄭祖厲王亦然此是常礼特於吳子而傳發例者以吳始通公能体礼故於此言礼也。凡諸侯之喪異姓臨於外於城外向其國。向或作嚮許亮反〔疏〕注於城外向其國。正義曰禮奔喪之記云哭父之黨於廟母妻之黨於寢師於廟門外朋友於寢門外所識於野張帷此傳言於外與彼於野同於城外向其國張帷而哭之耳同姓於宗廟所出王之廟〔疏〕同姓於宗

廟○正義曰此即周廟也但發大例意通古今故不復斥言周耳其實於周之世亦周廟也異姓之國無所出王之廟者
其異同姓必不得同諸異姓亦當於祖廟同宗於祖廟始封君之廟○同族於
禰廟父廟也同族謂高祖以下○禰乃禮反○是故魯爲諸姬臨於周
廟諸姬同姓國○爲于僞反下皆同○爲邢凡蔣茅胙祭臨於周
公之廟即祖廟也六国皆周公之支子別封爲国共祖周公○邢音刑蔣將文反案富辰所稱邢在蔣下今
傳在凡上未知何者爲是茅亡交反胙才故反祭側界反徐又如字冬楚子囊秦庶長
無地伐宋師于楊梁以報晉之取鄭也取鄭在前年梁
國睢陽縣東有地名楊梁○長丁丈反下同靈王求后于齊齊侯問對
於晏桓子桓子對曰先王之禮辭有之天子
求后於諸侯諸侯對曰夫婦所生若而人不敢

譽亦不敢毀故曰若如人○譽音餘又如字○妾婦之子若而人言非適世也適丁歷反

無女而有姊妹及姑姊妹疏及姑姊妹○正義曰釋親云父之姊妹曰姑樊光曰春秋傳云姑姊妹然則古人謂姑爲姑姊妹若父之姊爲姑姊父之妹爲姑妹列女傳梁有節姑姊入火而救兄子是謂父妹爲姑妹也後人從省故單稱爲姑也古人稱祖父近世單稱祖亦此類也則曰先守

某公之遺女若而人齊侯許昏王使陰里逆之陰里周大夫結成也爲十五年劉夏逆王后傳○守手又反夏戶雅反○公如晉朝且拜士魴之辱禮也士魴聘在此年夏嫌君臣不敵故曰禮之○秦嬴歸于楚秦景公妹爲楚共王夫人○嬴音盈楚司馬子庚聘于秦爲夫人寧禮也子庚莊王子午也諸侯夫人父母既沒歸寧使卿故曰禮疏秦嬴至禮也○

正義曰此事不見於經而傳自廣記備言以明禮之事耳楚共王以成元年即位秦嬴歸楚蓋應多年傳因子庚之聘發

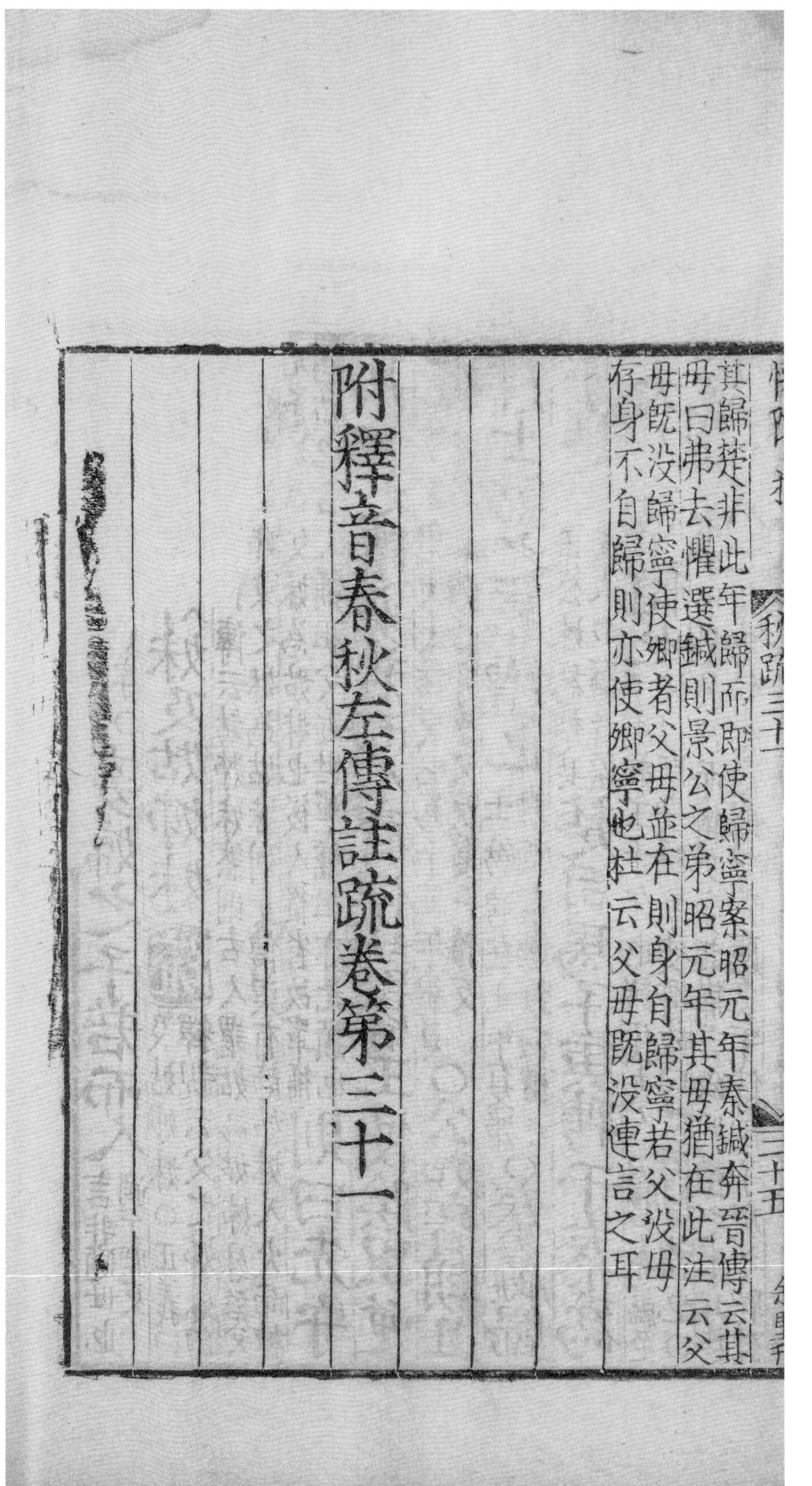
其歸楚非此年歸所即使歸寧案昭元年秦鍼奔晉傳云其母曰弗去懼選鍼則景公之弟昭元年其母猶在此注云父母既沒歸寧使卿者父母並在則身自歸寧若父沒母存身不自歸則亦使卿寧也杜云父母既沒連言之耳

附釋音春秋左傳註疏卷第三十一

附釋音春秋左傳註疏卷第三十二 襄十三年盡十五年

杜氏　孔穎達疏

經十有三年春公至自晉。○夏取邿。邿小國也任城亢父縣有邿亭傳例曰書取言易也○邿音詩任音壬亢苦浪反又音剛父音甫易以豉反傳同○秋九月庚辰楚子審卒。共王也成二年大夫盟于蜀○冬城防。

傳十三年春公至自晉孟獻子書勞于廟禮也。書勳勞於策也桓二年傳曰公至自唐告於廟也凡公行告於宗廟反行飲至舍爵策勳焉禮也桓十六年傳又曰公至自伐鄭以飲至之禮也然則還告廟及飲至及書勞三事偏行一禮則亦書至悉闕乃不書至傳因獻子之事以發明凡例釋例詳之○舍如字又音捨 【疏】注書勳至詳之○正義曰其書勞與策勳一也周禮王功曰勳事功曰勞對則勳大而勞小故傳變文以包之註云書勳勞於策明其不異也桓二年傳發凡例有告廟也飲至也策勳也桓十六年傳言飲至此年傳言書勞二者各舉其一所以反覆凡例以此知三事偏行一禮則亦書至悉闕乃不書至耳所云偏行一禮謂偏行告至其飲至策勳則不可偏行也何則告廟因行飲至舍爵而即策勳策勳飲至並行之於廟豈得不告至而在廟聚飲乎不告至而入廟書勞乎明其决不然矣但告至已後或飲至而不書勞或書勞而不飲至二事或有闕其一者傳因獻子書勞復言禮也所以發明凡例釋例曰公行或朝或會或盟或伐得禮失禮其事非一故傳隨而釋之於盟釋告廟嫌他例不通故復揔云凡公行告于宗廟反行飲至舍爵策勳焉禮也此以明公之出竟當無不告及其反也則必飲至有功成策勳故公至自伐鄭傳重言以飲至之禮孟獻子書勞于廟傳復云禮所以反覆凡例也公朝於晉而獻子書勞知策勳非唯討伐之功雖或常行有以定國安民亦書功於廟也然則凡反行飲至必以嘉會昭告祖禰有功則舍爵策勳無勞告事而已○夏郜亂分爲三國分爲三部志力各異師救郜遂取之魯師也經不稱師不滿二千五百人傳通言之【疏】註魯師至言之○正義曰莊八年師及齊師圍郕彼是大夫將滿師故稱師此亦大夫將所將不滿二千五百人故直言取郜而不得言師也傳言

師者師是衆人捴名雖少亦通言之**凡書取言易也**不用師徒及用師徒而不勞雖國亦曰取

疏注不用至曰取○正義曰宣九年取根牟傳曰言易也成六年取鄟傳曰言易也昭四年取鄫傳曰言易也莒亂著丘公立而不撫鄫鄫叛而來故曰取凡克邑不用師徒曰取與此四發取例傳皆云言易也取鄫之下又發凡例云克邑不用師徒曰取者不用師徒即是易得之狀所以覆明凡例也若用而不勝則與不用相似故杜云用而不勞亦曰取也凡例克邑邿乃是國知雖國亦曰取釋例曰取者乘其衰亂或受其潰叛或用小師而不煩兵勞力則直言取如攜言其易也傳四發取例者邿以師徒鄫叛而來根牟東夷鄟附庸國名各不同故也邿爲小國非邑非東夷以凡例附之

用大師焉曰滅敵人距戰斬獲俘馘用力難重雖邑亦曰滅○馘古獲反

疏注敵人至曰滅○正義曰國大邑小滅邑易國難滅取止見難易不由國邑大小故注辯之上云易則雖國亦曰取此取邿邿是國也此言用力難重則雖邑亦曰滅僖二年虞師晉師滅下陽昭十三年吳滅州來皆邑而言滅是也

弗地曰入謂勝其國邑不有其地

疏注謂勝至其地○正義曰入謂入其鄙邑制其民人當入之日與滅亦

同但尋即去之不爲已有故云㩦其國邑不即有其土地如此之類謂之爲入國邑變舉者國邑皆稱入也文十五年晉郤缺入蔡是入國也成七年吴入州來九年楚人入鄆是入邑也若然閔二年狄入衛哀八年宋公入曹二者傳皆言滅而經書入者釋例曰狄滅衛而書入者狄無文告衛之君臣死盡齊桓存之以告諸侯言狄已去不能有其土地也曹背晉而奸宋是以致討宋公既還而不忍諸師之詬怒而反兵一舉踐曹滅其本志故以入告也○荀罃士魴卒晉侯蒐于緜上以治兵爲將命軍帥也必蒐而命之所以與衆共○爲于僞反帥所類反使士匄將中軍辭曰伯游長伯游荀偃○長丁丈反昔臣習於知伯是以佐之非能賢也七年韓厥老知罃代將中軍士匄佐之匄今將讓故謂尓時之舉不以己賢當事見九年○見賢遍反請從伯游荀偃將中軍代荀罃士匄佐之位如故使韓起將上軍辭以趙武又使欒黶以武位卑故不聽更命黶辭曰臣不如韓

起韓起願上趙武君其聽之使趙武將上軍
武自新軍超四等代荀偃韓起佐之位如故欒黶將下軍魏絳佐
之黶亦如故絳自新軍佐超一等代士魴○新軍無帥將佐皆遷○將子匠反晉
侯難其人使其什吏率其卒乘官屬以從於
下軍禮也得慎舉之禮○難乃旦反或如字什音十率所律反乘繩證反（疏）晉侯至禮也○正義
曰什吏謂十人長也從車曰卒在車曰乘新軍將佐皆遷晉
侯選賢未得難用其人使其軍內十人之長率其步卒車士
與其新軍官屬軍尉司馬之類以從於下軍令下軍將佐兼
領之得慎舉之禮也周禮夏官序云凡制軍萬有二千五百
人為軍軍將皆命卿二千有五百人為師師帥皆中大夫五
百人為旅旅帥皆下大夫百人為卒卒長皆上士二十五人
為兩兩司馬皆中士五人為伍伍皆有長不言十人有長而
此傳云什吏者夏官所云周禮之正法耳其軍時制事未必
盡然尚書牧誓有千夫長百夫長齊語管子設法五人為伍
五十人為小戎二百人為卒二千人為旅萬人為軍吳語王

孫雖習法百人為行十行一旌十旌一將軍引司馬法三二一
人之帥執鉞百人之帥執鐸千人之帥執鼓萬人之將執大
鼓三者數人置帥皆以什討之異於
周禮則晉人為軍或十人置吏也○晉國之民是以大
和諸侯遂睦君子曰讓禮之主也范宣子讓
其下皆讓欒黶為汰弗敢違也晉國以平數
世賴之刑善也夫刑法也○汰音泰數所主反夫音扶一人刑善百
姓休和可不務乎書曰一人有慶兆民賴之
其寧惟永其是之謂乎周書呂刑也一人天子也寧安也永長也義取上有好善
之慶則下賴其福○休許虯反好呼報反周之興也其詩曰儀刑文王
萬邦作孚詩大雅言文王善用法故能為萬國所信孚信也言刑善也【疏】詩曰
至善也○正義曰此大雅文王之篇儀善也刑法也孚信也
善用法者文王也言文王善用法故能為萬國所信言文王

之法善也及其衰也其詩曰大夫不均我從事獨

賢詩小雅刺幽王役使不均故從事者怨恨稱己之勞以爲獨賢無讓心○言不讓也疏

詩曰至讓也○正義曰詩小雅北山之篇刺幽王役使不均平被使之人自稱己之功勞我所以特從王事者在上獨以

我爲賢自云已賢是不讓也○世之治也君子尚能而讓其下

能者在下位則貴尚而讓之○治直吏反小人農力以事其上是以上

下有禮而讒慝黜遠由不爭也謂之懿德及

其亂也君子稱其功以加小人加陵也君子在位者○慝他得反遠

于萬反又如字爭爭鬭之爭○小人伐其技以馮君子馮亦陵也自稱其能爲伐

○技其綺反馮皮冰反是以上下無禮亂虐並生由爭善

也爭自善也謂之昏德國家之敝恒必由之傳言晉之所以

興。○楚子疾告大夫曰不穀不德少主社稷生十年而喪先君未及習師保之教訓而應受多福多福謂爲君○少詩照反喪息浪反是以不德而亡師于鄢鄢在成十六年○鄢音偃以辱社稷爲大夫憂其弘多矣弘大也若以大夫之靈獲保首領以歿於地唯是春秋窀穸之事窀厚也穸夜也厚夜猶長夜春秋謂祭祀長夜謂葬埋○歿音沒窀張倫反一音徒門反穸音夕

疏注窀厚至葬埋○正義曰晉語云窀厚也說文云夕夕暮也從月半見夜字從夕知是以夕爲夜也厚長意同故厚夜猶長夜也孝經云春秋祭祀以時思之故春秋謂祭祀也長夜者言夜不復明死不復生故長夜謂葬埋也以其事施於葬故令字皆從穴王意自服繫之與葬皆不敢從先君之禮所以從先君於禰廟者從先君代爲禰廟

疏注從先至禰廟○正義曰祭法云諸侯立五廟曰考廟王考廟皇考

廟，顯考之廟，祖考廟。此云祢廟，即彼考廟也。曲禮云：生曰父，死曰考。考，成也，言有成德也。祢，近也，於諸廟父最爲近也。禮，三年之喪畢，則次西壁，新主入廟，是從先君代爲祢廟也。計昭穆之次，昭次入昭廟，穆次入穆廟，皆曰代爲祖廟，而言代爲祢廟者，是從先君之近也。

請爲靈若厲。欲受惡謚以歸先君也。亂而不損曰靈，戮殺不辜曰厲。

大夫擇焉，莫對。及五命乃許。秋，楚共王卒，子囊謀謚。大夫曰：“君有命矣。”子囊曰：“君命以共，若之何毁之？赫赫楚國，而君臨之，撫有蠻夷，奄征南海，以屬諸夏，而知其過，可不謂共乎？請謚之共。”大夫從之。傳言子囊之善。○共，音恭，下同。夏，户雅反。○

吳侵楚，養由基奔命，子庚以師繼之。子庚，楚司馬。○養叔曰：“吳乘我喪，謂我不能師也，養叔，養由基也。必易我而不戒戒備也。備亦戒反子爲三覆以待我覆伏兵。覆扶又反我請誘之子庚從之戰于庸浦庸浦楚地。浦判五反大敗吳師獲公子黨君子以吳爲不弔不用天道相弔恤詩曰不弔昊天亂靡有定言不爲昊天所恤則致罪也爲明年會向傳。昊胡老反【疏】不弔至有定。正義曰詩小雅南山之篇○冬城防書事時也土功雖有常節通以事間爲時[illegible]【疏】注土功至爲時。正義曰莊二十九年傳例曰凡土功龍見而畢務戒事也火見而致用水昏正而栽是土功之常節也本設此節以爲農事既間故得用力於土功今此冬城防經傳皆不言月當在火見致用之前當待農收差早雖天象未至而民事已間故云土功雖有常節通以事間爲時言時節未足時而事以得待故言書事時也經[illegible]曰冬城防臧武仲請畢農事故傳曰書事時也此作出火見致用之前亦得兼以事時而禮之於是將早城臧武仲請俟畢農事禮也○鄭良

霄太宰石㚟猶在楚十一年楚人執之至今石㚟言於子囊曰先王卜征五年先征五年而卜吉凶也征謂巡守征行。○先征悉薦反守手又反注同

注先征至征行。○正義曰先征五年而卜其吉凶也者以謂征前五年而預卜之也征訓行也先王之行謹敬之至况禮之大者大禮遠行莫過巡守故知征謂巡守征行之禮文也傳言卜征五年未知何代之礼案尚書舜時五載一巡守孔安國云堯舜同道舜攝則然堯又可知矣周官又云十有二歲王巡守殷國王制云天子五年一巡守傳云天子以海内為家時一巡省之五年者虞夏之制周則十二歲一巡守如孔鄭之言唐虞及夏皆五年一巡守是卜征五年虞夏法也在周之世而遠陳虞夏法者之或周之巡守不必十二年也周十二年一巡守者歲星天一周也虞夏五年一巡者五行遞王而徧也而歲習其祥祥習則行五年習卜皆同吉乃巡狩

疏而歲至則行。○正義曰禮記云卜筮不相襲鄭玄云襲因也釋詁云祥善也習其祥謂去年吉今年又吉也善因則行謂五年五吉歲歲因襲則先王然後行巡狩也傳稱卜不習吉而得五

年吉者彼不習吉謂不可一時壹吉此則每年卜非相習也不習則增脩德而

改卜不習謂卜不吉。不習則增絶句一本無增字則連下總為句〔疏〕注不習謂卜不吉。正義曰淇

日不習者是謂不習吉也脩德改行以六年為始又得五吉乃行也今楚實不競行人

何罪不能脩德與晉競止鄭一卿以除其偪一卿謂良霄使睦

而疾楚以固於晉焉用之位不偪則大臣睦怨疾楚則事晉固。焉用之本或

作何用之於虔反〔疏〕止鄭至用之。正義曰貴者多則勢相偪今止鄭一卿於楚以除其國内相偪之患

不偪則大臣和睦使鄭在家之人和睦而疾楚以堅事於晉焉用之何須用此良霄留之於楚使歸而

發其使行而見執於楚鄭又遂堅事晉是鄭發本見使之意。其使所吏反注同怨其君

以疾其大夫而相牽引也不猶愈乎楚人歸

之〔疏〕使歸至愈乎。正義曰往者鄭使良霄向楚其意欲使楚執良霄鄭得堅事晉國是鄭本遣良霄其意如

此今若放良霄使歸於鄭則鄭不得堅事晉國是廢其本使之意蘇氏之說亦然也良霄被執久留在楚今若歸之則怨根其君以憎疾其大夫而相牽引令鄭國大臣不和則事晉之心不固不猶必差乎方言云病差謂之愈後年注以愈為差此亦當為差也服虔云愈猶病愈是愈為差之義也鄭玄論語注云愈猶勝也

經十有四年春王正月季孫宿叔老會晉士匄齊人宋人衛人鄭公孫蠆曹人莒人邾人滕人薛人杞人小邾人會吴于向叔老聲伯子也魯使二卿會晉敬事霸國晉人自是輕魯幣而益敬其使故叔老雖介亦列於會也齊崔杼宋華閲衛北宫括在會惰慢不攝故貶稱人蓋欲以督率諸侯奬成霸功也吴來在向諸侯會之故曰會吴向鄭地○其使所吏反介音界惰徒卧反

[疏]十四年注叔老至鄭地○正義曰叔老聲伯子叔肸孫故以叔為氏也卿出聘使及盟會皆以大夫為介禮之常也此會魯使季孫宿與叔老二卿會晉敬事霸國故以卿為介於例唯征戰重安詳内畧外魯師出征伐則諸將並書其聘與會

唯書使王其介不合書也晉人自是輕會弊而益敬其使叔老雖則為介而晉為盟主亦列之於會魯人次其並列於會故並書之也傳稱宋華閱仲江會伐秦向之會亦如之則此會宋亦二卿華閱猶尚彼賤仲江仲江因不在列者二卿並敬其事俱得列會亦當並書於策何則盟主列之於會魯史無容略之也故傳言崔杼華閱會伐秦不書惰也向之會亦如之北宮括不書於向書於伐秦攝也是齊宋衛三國之卿於此會也惰慢不自整攝故貶稱人罪其身故去名氏猶序鄭卿之上從其大小雖次也在會惰慢未是大允即加貶責者此是仲尼新意蓋欲督率諸侯獎成晉悼霸功故也次吳來在向諸侯就向會之故不序吳於列而云會吳于向與鍾離善道同也○二月乙未朔日有食之無傳○夏四月叔孫豹會晉荀偃齊人宋人衛北宮括鄭公孫蠆曹人莒人邾人滕人薛人杞人小邾人伐秦齊宋大夫不書義與向同○己未衛侯出奔齊諸侯之策書孫甯逐衛侯春秋以其自取奔亡之禍故諸侯失國者皆不書逐君之賊也不書名從

告疏注諸侯至從告○正義曰二十年甯子疾召悼子曰
諸侯之策云云甯殖自為此言明知諸國策書皆云
孫林父甯殖逐衛侯不言衛侯自出奔也仲尼脩春秋以其
自取奔亡之禍故諸失國者皆是被臣逐之悉非其君自出
仲尼乞其不能自安皆不書逐君之賊所以責其君也北燕
伯款出奔齊蔡侯朱出奔楚並書名此不書名從告也釋例
曰諸侯奔亡皆迫逐而苟免非自出也傳稱孫林父甯殖出
其君名在諸侯之策此以臣名赴告之文也仲尼之經更没
逐者之名主以自奔為文責其君不能自安自固所犯非徒
所逐之臣也衛赴不以名而燕赴以名各隨赴而書之義在
於彼不在此也杜言在彼不在此者義在自出為罪不在名
與不名以其失國已足罪賊不假復以名責故史記随赴而
書仲尼依舊為定也曲禮云諸侯失地名滅同姓名記之所
言當據春秋為義滅同姓名春秋既依用之則失地書名亦
是大例而杜云名與不名無義例者案經書衛侯燬滅邢傳
云同姓也故名其言與記符同左氏本有此例也失地書名
則傳無其事且記言失地者謂國被人奪非棄位出奔者也
州公如曹紀侯大去皆是失地之君經不書名亦不發傳知
失地之君不以名為貶也穀伯綏鄧侯吾離來朝公羊傳皆
云何以名失地之君也則禮記之文或據公羊之義不可通

於左氏故杜不為此說○莒人侵我東鄙無傳報入鄆○秋楚公子
貞帥師伐吴○冬季孫宿會晉士匄宋華閱
衛孫林父鄭公孫蠆莒人邾人于戚
傳十四年春吴告敗于晉前年為楚所敗會于向為
吴謀楚故也謀為吴伐楚○為于偽反注為吴卒不為同范宣子數吴
之不德也以退吴人吴伐楚喪故以為不德數而遣之卒不為伐楚執莒
公子務婁在會不書非卿○務徐莫侯反又音如字婁力侯反或力俱反以其通楚
使也莒貳於楚故比年伐魯○使所吏反將執戎子駒支駒支戎子名范
宣子親數諸朝行之所在亦設朝位曰來姜戎氏昔秦人
迫逐乃祖吾離于瓜州四嶽之後皆姓姜又別為允姓瓜州地在今燉煌○迫音

百瓜古華反敦徒門反煌音皇【疏】傳註四嶽至敦煌○正義曰周語稱堯遭洪水使禹治之共之從孫四嶽佐之胙四嶽國命為侯伯賜姓曰姜賈逵云共共工也從孫同姓末嗣之孫四嶽官名大嶽也主四嶽之祭焉姜炎帝之姓其後變易至於四嶽帝復賜之祖姓以紹炎帝之後是四嶽為姜姓也下傳云謂我諸戎四嶽之裔胄是姜戎為四嶽之後姜姓故稱姜戎也昭九年傳云先王居檮杌于四裔故允姓之姦居于瓜州伯父惠公歸自秦而誘以來同說此事而云允姓知姜姓之後又別為允姓也其姜姓是帝堯所賜允姓不知誰賜之也周語云胙四嶽國為侯伯謂為諸侯之長下注云四嶽堯時方伯據彼文而知之

乃祖吾離被苫蓋蓋苫之別名○被普支反苫式占反蓋戶臘反爾雅曰白蓋謂之苫

蒙荊棘以來歸我先君蒙冒也○冒莫報反

【疏】注蓋苫之別名○正義曰釋器云白蓋謂之苫孫炎曰白蓋茅苫也郭璞曰白茅苫也今江東呼為蓋○被苫蓋蒙荊棘○正義曰被苫蓋言無布帛可衣唯衣草也蒙荊棘言無道路可從冐榛藪也說其窮困之極耳

我先君惠公有不腆之田腆厚也○腆他典反與女剖分而

食之（中分爲剖○女音汝下同剖普口反中丁仲反又如字）令諸侯之事我寡君不如昔者蓋言語漏洩則職女之由（職主也○洩息列反徐音以世反）詰朝之事爾無與焉（詰朝明旦不使復得與會事○詰起吉反朝如字注同與音預注及下同復扶又反）與將執女對曰昔秦人負恃其衆貪于土地逐我諸戎惠公蠲其大德（蠲明也○）

【疏】昔秦至諸戎○正義曰僖二十二年傳云秦晉遷陸渾之戎于伊川則秦晉共遷之也昭九年傳云惠公歸自秦而誘以來又似晉侯獨誘之也此云秦人逐之惠公與田乃是被秦逐而自歸晉也三文不同者此戎本處瓜州明逐在秦之西北秦貪其土晉貪其人二國共誘而使遷僖傳是其實也昭傳王專責晉故指言晉耳此傳宣子施恩於戎故言被逐歸晉駒支順宣子之旨故云秦貪土地逐我諸戎秦本貪其土地而遷也

謂我諸戎是四嶽之裔冑也（四嶽堯時方伯姜姓也裔遠也冑後也○裔以制反冑直又反）毋

是翦棄翦削也。毋音無。○賜我南鄙之田狐貍所居豺
狼所嘷我諸戎除翦其荆棘驅其狐貍豺狼
以爲先君不侵不叛之臣至于今不貳不內侵亦不外
叛。○貍力之反又作狸同豺仕皆反嘷戸羔反昔文公與秦伐鄭秦人竊
與鄭盟而舍戍焉在僖三十年於是乎有殽之師
在僖三十三年○殽戸交反晉禦其上戎亢其下亢猶當也。○亢若浪反秦
師不復我諸戎實然譬如捕鹿晉人角之諸
戎掎之掎其足也。○捕音步徐又音賦掎居綺反與晉踣之踣僵也。○踣蒲北反又蒲
豆反僵居良反【疏】譬如至踣之。○正義曰角之謂執其角也掎之言戾其足也前覆謂之踣言與晉共倒之戎
何以不免自是以來晉之百役與我諸戎相

繼于時言給晉役不曠時以從執政猶殽志也意常如殽無中二也豈敢離遏今官之師旅無乃實有所闕以攜諸侯而罪我諸戎我諸戎飲食衣服不與華同贄幣不通言語不達何惡之能爲不與於會亦無瞢焉瞢悶也○遏他歷反贄音至不與音預瞢莫贈反徐又武登反一音武忠反○賦青蠅而退青蠅詩小雅取其愷悌君子無信讒言○蠅似仍反愷開在反悌徒禮反下文及注同宣子辭焉辭謝使即事於會成愷悌也成愷悌不信讒也不書者戎爲晉屬不得特達於是子叔齊子爲季武子介以會自是晉人輕魯幣而益敬其使齊子叔老字也言晉敬魯使經所以並書二卿○介音界使所吏反注同○吳子諸樊旣除喪諸樊吳子乘之長子

也秉卒至此春十七月既葬而除喪○長丁丈反將立季札札諸樊少弟○札則八反少詩照反季札辭曰曹宣公之卒也諸侯與曹人不義曹君曹君公子負芻也殺太子而自立事在成十三年將立子臧子臧去之遂弗爲也以成曹君君子曰能守節君義嗣也諸樊適子故曰義嗣○適丁歷反誰敢奸君有國非吾節也札雖不才願附於子臧以無失節固立之棄其室而耕乃舍之傳言季札之讓且明吳兄弟相傳○好音干傳直專反○舍

諸侯之大夫從晉侯伐秦以報櫟之役也櫟役在十一年晉侯待于竟使六卿帥諸侯之師以進言經所以不稱晉侯○竟音境及涇不濟諸侯之師不肯渡也涇水出安定朝那縣至京兆高陸縣入渭○朝

如字如呂音殊那乃多反叔向見叔孫穆子穆子賦匏有苦葉詩邶風也義取於深則厲淺則揭言已志在於必濟○匏白交反揭起例反（疏）注詩邶至必濟○正義曰此詩本文云匏有苦葉濟有深涉深則厲淺則揭釋水全引下三句而釋之云揭者揭衣也以衣涉水爲厲繇膝以下爲揭繇膝以上爲涉繇帶以上爲厲李巡云濟渡也水深則厲水淺則揭衣渡也不解衣而渡水曰厲孫炎曰揭褰衣裳也以衣涉水濡褌也詩意言遇水深淺揭之必渡是子賦此詩言已志在於必濟也魯語云叔向見叔孫穆子穆子曰豹之業在匏有苦葉矣叔向退召舟虞與司馬曰夫苦匏不材於人共濟而已魯叔孫賦匏有苦葉必將涉矣彼叔向之意取匏有苦葉爲義此注取深厲淺揭爲義者穆子上賦此詩不言所取之意未必叔向因得其情杜以厲揭爲義切於取匏有苦葉故不從國語而別爲此解叔向退而具舟魯人莒人先濟鄭子蟜見衛北宮懿子曰與人而不固取惡莫甚焉若社稷何懿子說二子見諸侯之師

而勸之濟濟涇而次言見宮括所以書從伐秦○說音悅秦人毒涇上流師人多死飲毒水故鄭司馬子蟜帥鄭師以進師皆從之至于棫林棫林秦地○棫位逼反徐于目反一音域鞠反不獲成焉服秦不（疏）不獲成焉○正義曰此役止為報櫟之敗非欲求與秦成而云不獲成以者凡興師伐國彼若服罪謝過即當與和平故注解其意不獲成焉者止謂秦不服也服虔云不得成戰陳之事案傳諸伐國皆皆服之而已不是皆成戰陳之事此何以獨云不獲成戰也荀偃令曰雞鳴而駕塞井夷竈示不反唯余馬首是瞻言進退從己欒黶曰晉國之命未是有也余馬首欲東乃歸黶惡偃自專故棄之歸○惡烏路反下軍從之左史謂魏莊子曰不待中行伯乎中行伯荀偃也莊子魏絳也左史晉大夫莊子曰夫子命從帥

士子謂荀偃○帥所類反下及注皆同欒伯吾帥也吾將從之從帥所以待夫子也以從命爲待也欒黶下軍帥荀子爲佐故曰吾帥伯游曰吾令實過悔之何及多遺秦禽軍帥不和恐多爲秦所禽獲○遺于季反乃命大還晉人謂之遷延之役遷延却退欒鍼曰此役也報櫟之敗也役又無功晉之恥也吾有二位於戎路欒鍼欒黶弟也二位謂黶將下軍鍼爲戎右敢不恥乎與士鞅馳秦師死焉士鞅反鞅士匄子欒黶謂士匄曰余弟不欲往而子召之余弟死而子來是而子殺余之弟也弗逐余亦將殺之士鞅奔秦欒黶汰侈誣逐士鞅也而女也○侈昌氏反本或作奓又尺氏反女音汝【疏】注欒黶至女也○正義曰

（欒鍼自以家有二位恥其無功與士鞅共馳秦師非鞅召之是誣逐士鞅也）於是齊崔杼宋華閱仲江會伐秦不書惰也（臨事惰慢不脩也仲江宋公孫師之子）向之會亦如之衛北宮括不書於向（亦惰）書於伐秦攝也（能自攝整從鄭子蟜俱濟涇）秦伯問於士鞅曰晉大夫其誰先亡對曰其欒氏乎秦伯曰以其汰乎對曰然欒黶汰虐已甚猶可以免其在盈乎（盈黶之子）秦伯曰何故對曰武子之德在民如周人之思召公焉愛其甘棠況其子乎（武子欒書黶之父也召公奭聽訟於甘棠之下周人思之不害其樹而作勿伐之詩在召南○召上照反注同奭詩亦反）欒黶死盈之善未能及人武子所施沒矣而黶

之怨實章將於是乎在秦伯以爲知言爲之請於晉而復之爲傳二十一年晉滅欒氏張本○施如字又始豉反爲之于僞反○衛獻公戒孫文子甯惠子食勑戒二子欲共宴食疏注勑戒至宴食○正義曰君之於臣有禮食宴食儀禮公食大夫禮者主國之君食聘賓之禮也其食已之大夫亦當放之而迎送拜之儀有差降耳曲禮云凡進食之禮左殽右胾鄭玄云此大夫士與賓客燕食之禮其禮食則宜放公食大夫禮也如鄭之言大夫與客禮食尚放公食大夫禮明知國君與臣禮食亦當放之公食大夫之禮其禮甚大衛侯雖則無道不應與臣禮食而得棄之射鴻於是公自勑戒二子欲則爲宴食宴食者閒燕無事乃召臣與之共食耳皆服而朝服朝服待命於朝疏注服朝服○正義曰言服而朝明朝服也諸侯每日視朝其君與臣皆服玄冠緇布衣素積以爲裳禮通謂此服爲朝服宴食雖非大禮要是以禮見君故服朝服公食大夫之禮賓朝服則臣於君雖非禮食亦當服朝服也日旰不召旰晏也○旰古旦反而射鴻於囿二子

餐之從公於囿。射食亦反囿音又不釋皮冠而與之言皮冠田獵之冠也既不釋冠又不與食【疏】注皮冠至與食。正義曰此公射鴻於囿而冠皮冠明皮冠是田獵之冠也且虞人掌獵昭二十年傳曰皮冠以招虞人又十二年傳言雨雪楚子皮冠以出此田獵也是諸侯之礼皮冠以田獵周禮司服云凡甸冠弁服鄭玄云甸田獵也冠弁委貌也其服緇布衣素積以爲裳是服諸侯視朝之服也彼天子之禮故以諸侯朝服而田畏於此也昭十二年傳又云右尹子革夕王見之去皮冠杜云敬大臣是君敬大臣宜釋皮冠既不釋皮冠又不與食二子所以怒也二子怒孫文子如戚戚孫文子邑孫蒯入使孫蒯孫文子之子。使所吏反又如字公飲之酒使大師歌巧言之卒章巧言詩小雅其卒章曰彼何人斯居河之麋無拳無勇職爲亂階戚衛河上邑公欲以喻文子居河上而爲亂大師掌樂大夫。飲於引反麋亡悲反本或作湄拳音權大師辭師曹請爲之辭以爲不可師曹樂人初公有嬖妾使師曹誨之琴誨教也。

嬖必許反 師曹鞭之入公怒鞭師曹三百故師曹欲歌之以怒孫子以報公公使歌之遂誦之恐孫蒯不解故○解音蟹 蒯懼告文子文子曰君忌我矣弗先必死欲先公作亂○欲先息薦反 并帑於戚帑子也○并必政反帑音奴

（疏）并帑於戚○正義曰孫子衛朝大臣食邑於戚其子先分兩處將欲作亂慮禍及其子故令并帑就於戚

而入見蘧伯玉曰君之暴虐子所知也大懼社稷之傾覆將若之何伯玉蘧瑗○蘧其居反覆芳服反瑗于眷反 對曰君制其國臣敢奸之奸猶犯也 雖奸之庸知愈乎言逐君更立未知當差否○愈羊主反愈差也差初賣反 遂行從近關出懼難作欲速出竟○難乃旦反竟音境下文皆同

（疏）從近關出○正義曰聘礼及竟謁關人鄭玄云古者竟上爲關以譏異服識異言又周禮司關注云

關界上之門也衛都不當竟中其界有遠有近欲速出竟故從近關出也公使子蟜子伯子皮與孫子盟于丘宮孫子皆殺之三子衛羣公子疑孫子故盟之丘宮近戚地○蟜吉表反近附近之近四月己未子展奔齊子展衛獻公弟公如鄄鄄衛地○鄄音絹使子行於孫子孫子又殺之子行羣公子使往請和也公出奔齊孫氏追之敗公徒于河澤濟北東阿縣西南有大澤鄄人執之公徒因敗散還故爲公執之○爲于僞反下爲孫氏同【疏】注公徒至執之○正義曰服虔云執追公徒者公如鄄故鄄人爲公執之計孫氏追公徒衆必盛鄄人爲公可言與之戰耳不得言執之也且文承敗公徒下豈敗公徒之後乃執之乎下文方說二子追公豈復是鄄人執二子也故杜以爲公徒因敗而散土鄄人爲公執散走者初尹公佗學射於庾公差庾公差學射於公孫丁二子追公二子佗與差爲孫氏逐公○佗

徒何反差初佳反徐初宜反公孫丁御公為公御也子魚曰射為背師不射為戮射為禮乎子魚庾公差禮射不求中○射食亦反下及注除禮射一字皆同或一讀射而禮乎食夜反背音佩中丁仲反射兩軥而還軥車軶卷者○軥其俱反徐又古豆反軶於革反卷音灌又起權反尹公佗曰子為師我則遠矣乃反之佗不從丁學故言遠始與公差俱退悔而獨還射丁公孫丁授公轡而射之貫臂貫佗臂○貫古亂反一音官注同

疏初尹至貫臂○正義曰孟子云鄭人使子濯孺子侵衛衛使庾公之斯追之子濯孺子疾作庾公之斯至曰夫子何為不執弓曰今日我疾作不可以執弓庾公之斯曰小子學射於尹公之佗尹公之佗學射於夫子我不忍以夫子之道反害夫子雖然今日之事君事也我不敢廢抽矢叩輪去其金發乘矢而後反其姓名與此略同行義與此正反不應一人之身有此二行孟子辯士之說或當假為之辭此傳應是實也○注軥車軶○正義曰說文云軥車軶下曲者服虔云車軶兩邊叉馬頸者

子鮮從公子鮮

公毋偩及竟公使祝宗告亡且告無罪告宗廟定姜曰無神何告若有不可誣也誣欺也定姜公適母○適丁歷反有罪若何告無舍大臣而與小臣謀一罪也先君有冢卿以爲師保而蔑之二罪也謂不釋皮冠之比○舍音捨比必二反也余以巾櫛事先君而暴妾使余三罪也告亡而已無告無罪時姜在國故不使得告無罪○櫛側乙反疏暴妾使余○正義曰言暴虐使余如妾公使厚成叔弔于衛曰寡君使瘠聞君不撫社稷而越在他竟越遠也瘠厚成叔名○厚本或作郈音同弔于衛本或作弔于衛侯侯衍字也瘠在亦反若之何不弔以同盟之故使瘠敢私於執事執事衛諸大夫曰有君不弔弔恤也有臣

不敏（敏達也）【疏】有臣不敏○（正義曰不敏不達於禮也）君不赦宥臣亦不帥職增淫發洩其若之何衛人使大叔儀對（大叔儀衛大夫○洩息列反大音泰）曰君羣臣不佞得罪於寡君寡君不以即刑而悼棄之以爲君憂君不忘先君之好辱弔羣臣又重恤之（重恤謂愍其不達也○好呼報反重直用反注及下同）敢拜君命之辱重拜大貺（謝重恤厚之賜）孫歸復命語臧武仲曰衛君其必歸乎有大叔儀以守（守於國○語魚據反守手又反）有母弟鱄以出或撫其內或營其外能無歸乎齊人以郲寄衛侯（郲齊所滅郲國○鱄徐市轉反又音專郲音來）及其復也以郲糧歸（言其貪）右

宰穀從而逃歸衛人將殺之穀衛大夫也以其從君故欲殺之○從才用反又如字注同辭曰余不說初矣言初從君非說之不獲已耳○說音悅注及下同

【疏】余不說初矣○正義曰言余之不說於君初即然矣不得已而從之出耳非是變君而從在道始悔而反也

余狐裘而羔袖言一身盡善唯少有惡喻己雖從君出其罪不多○袖本又作褏在又反

【疏】狐裘而羔袖○正義曰玉藻云君衣狐白裘錦衣以裼之又曰錦衣狐裘諸侯之服也是裘之用皮狐貴於羔也

乃赦之衛人立公孫剽剽穆公孫○剽匹妙反一音甫遥反字林父召反孫林父甯殖相之以聽命於諸侯聽盟會之命○相息亮反衛侯在郲臧紇如齊唁衛侯與之言虐退而告其人曰衛侯其不得入矣其言糞土也亡而不變何以復國武仲不書未為卿○唁魚變反徐作喭音唁弔失國曰唁糞方

問反子展子鮮聞之見臧紇與之言道順道理臧孫說謂其人曰衛君必入夫二子者或輓之或推之欲無入得乎為二十六年衛侯歸傳。輓音晚推如字又他回反。師歸自伐秦晉侯舍新軍禮也成國不過半天子之軍成國大國○舍音捨下及注同

【疏】注成國大國○正義曰周禮大宗伯以九義之命正邦國之位五命賜則七命賜國鄭玄云則地未成國之名王之下大夫四命出封加一等五命賜之以方百里二百里三百里之地者方四百里以上為成國如鄭之言成國者唯公與侯耳伯雖與侯同命地方三百里未得為成國也成國乃得半天子之軍未成則不得也夏官序云大國三軍次國二軍小國一軍當以公侯為大國伯為次國子男為小國也諸侯五等唯有三等之命伯之命數可以同於侯其軍則計地大小故伯國之軍不得同於侯也此據禮正法耳春秋之世鄭置六卿未必不為三軍周為六軍諸侯之大者三軍可也於

是知朔生盈而死〔朔知罃之長子，盈朔弟也。盈生而朔死。○知音智，長丁丈反。〕盈生六年而武子卒，彘裘亦幼，皆未可立也。新軍無帥，故舍之。〔裘，士魴子也。十三年荀罃、士魴卒，其子皆幼，未任爲卿，故新軍無帥，遂舍之。○彘直例反，帥所類反，注同，任音壬。〕

○師曠侍於晉侯，〔師曠，晉樂大師子野。〕晉侯曰：「衛人出其君，不亦甚乎？」對曰：「或者其君實甚。良君將賞善而刑淫，養民如子，蓋之如天，容之如地。民奉其君，愛之如父母，仰之如日月，敬之如神明，畏之如雷霆，其可出乎？夫君，神之主也，民之望也。若困民之主，匱神之祀，百姓絕望，社稷無主，將安用之？弗去何爲？

天生民而立之君使司牧之勿使失性有君而爲之貳貳卿佐○出如字徐音黜仰本亦作卬音仰霆徒丁反又音挺本又作電䨪其位反之祀本或作之祀誤也去起呂反使師保之勿使過度是故天子有公諸侯有卿卿置側室側室支子之官大夫有貳宗貳宗宗子之副貳者士有朋友庶人工商皂隸牧圉皆有親暱以相輔佐也善則賞之賞謂宣揚○暱女乙反疏注賞謂宣揚○正義曰賞者善善之名也但上之善下則賜之以財故遂以賞爲賜財之號此言天子以下皆有臣僕以輔佐其上而下之賞上不得奉以貨財唯當宣其譽耳故知賞謂宣揚也過則匡之匡正也患則救之救其難也○難乃旦反失則革之革更也自王以下各有父兄子弟以補察其政補其愆過察其得失史爲書謂大史君舉則書疏

注謂大至則書。正義曰周禮有大史小史内史外史御史史官有五名知此史謂大史者以傳稱齊崔杼弑其君云大史書之知君舉則書皆大史書也

瞽為詩音古盲莫庚反風芳鳳反

【疏】注瞽盲至風刺。正義曰周禮樂官大師之屬有瞽矇之職鄭玄云凡樂之歌必使瞽矇為焉命其賢知者以為大師小師鄭衆云無目眹謂之瞽有目眹而無見謂之矇無目是盲者也詩者民之所作采得民詩乃使瞽人為歌以風刺非瞽人自為詩也周語云天子聽政公卿至於列士獻詩瞽獻曲韋昭云公以下至上士各獻諷諫之詩瞽陳樂曲獻之於王是言瞽為歌詩之事

工誦箴諫。工樂人也誦箴諫之辭。箴之林反

【疏】注工樂至之辭。正義曰儀禮通謂樂人為工工亦瞽也詩辭自是箴諫而箴諫之辭或有非詩者如虞箴之類其文似詩而别且諫者萬端非獨詩箴而已詩必播之於樂餘或直誦其言與歌誦小别故使工瞽異文也周語云師箴瞍賦矇誦亦是因事而異文耳

大夫規誨規正諫誨其君

【疏】注規正諫誨其君。正義曰規亦諫也鄭玄詩箋云規者正圓之器以愚規正君曰規然則物有不圓者規之使圓行有不周者正之使備猶規正物然故云規正諫誨其君也。

士傳言士卑不得徑達聞君過失傳告大夫○傳直專反注同庶人謗庶人不與政聞君過則誹謗○與音預非如字本或作誹音亦同又甫味反疏注庶人至誹謗○正義曰庶人卑賤不與政教聞君過失不得諫爭得在外誹謗之謗謂言其過失使在上聞之而自改亦是諫之類也○昭四年傳鄭人謗子産周語厲王虐國人謗王皆是言其實事謂之為謗但傳聞之事有實有虛或有妄謗人者今世遂以謗為誣類是俗易而意異也周語云庶人傳語是庶人亦得傳言以諫上也此有士傳言故別云庶人謗為等差耳商旅于市旅陳也陳其貨物以示時所貴尚疏注旅陳至貴尚○正義曰旅陳釋詁文也商旅于市謂商人見君政惡陳其不正之物以諫君也易云商旅不行旅亦是商此云陳者彼云商旅不行故以旅為商此文連于市若以旅為商且云商旅于市則文不成義故以旅為陳也劉炫云王制言巡守之事云命市納賈以觀民之所好惡志淫好辟鄭玄云市典市者賈謂物貴賤厚薄也質則用物貴淫則侈物貴此亦彼類彼上觀民此民觀上商陳此物自為求利非欲諫君但觀所陳則貴尚可見在上審而察之其過足以自改故亦為諫類則齊衛蹁之比是也百工獻藝獻其技藝

埶喻政事。殺其綺反【疏】百工獻埶。正義曰周禮考工記云審曲面埶以飭五材以辨民器謂之百工鄭玄云五材各有工言百衆言之也則工是巧人能用五材金木水火土器也說百事之工各自獻其藝能以其所能譬喻政事因獻所造之器取喻以諫上即夏書所云工執藝事以諫是也

故夏書曰遒人以木鐸徇于路逸書遒人行令之官也木鐸木舌金鈴徇於路求歌謠之言。遒在由反徐又在幽反又子由反鐸待洛反徇似俊反鈴力丁反【疏】注逸書至之言。正義曰此在胤征之篇其本文云每歲孟春遒人以木鐸徇于路官師相規工執藝事以諫其或不共邦有常刑此傳引彼略去每歲孟春直引遒人以下乃以正月孟春結之殷勤以示歲首恒必然也孔安國云遒人宣令之官木鐸金鈴木舌所以振文教也周禮無遒人之官彼云其或不共邦有常刑是號令群臣百工使之諫也木鐸徇是號令之事孔言宣令之官杜必以爲行人之官者以其云徇於道路故以爲行人之官采訪謌謠者與孔宣令之官其事不異劉炫以爲杜不見古文以遒人爲宣令之官徇路求謠而規杜氏不見古文識如劉說然杜之所解於義自通苟生異見其義非也

官師相規官師大夫

自用規正【疏】注官師至規正。正義曰杜意謂師爲長故以官師爲大夫言大夫是學官之長大夫自相規正衆孔安國云官衆衆官也更相規闕其意以師爲衆杜必知官師是大夫者此云官師相規上云大夫規誨規文既同故以爲大夫尚書文無所對故孔云官衆衆官也工執藝事以諫所謂獻藝正月孟春於是乎有之諫失常也有遒人徇路之事天之愛民甚矣豈其使一人肆於民上肆放也以從其淫而棄天地之性必不然矣傳善師曠能因問盡言。從才用反本或作縱。秋楚子爲庸浦之役故役在前年。爲于僞反子囊師于棠以伐吳吳不出而還子囊殿殿軍後。殿多練反以吳爲不能而弗儆吳人自皐舟之隘要皐舟吳險阨之道。儆音景隘於懈反要一遥反阨於賣反而擊之楚人不能相救吳人敗之獲楚公子宜穀傳言不備不可以師○王使劉定公賜齊侯命將昏於齊故也定公劉夏也位賤以能而使之傳稱謚舉其終○曰昔伯舅大公右我先王股肱周室師保萬民世胙大師以表東海胙報也表顯也謂顯封東海以報大師之功○右音又胙才故反○【疏】師保萬民○正義曰師法也保安也言大公與民為法而民得以安也尚書泰誓云武王數紂之罪云放黜師保孔安國云可法以[illegible]音反放黜之人是謂良臣為民之師保也○王室之不壞繄伯舅是賴繄發聲○壞如字服本作懷繄烏兮反○【疏】王室至是賴○正義曰服虔本壞作懷解云懷柔也繄發聲也賴恃也王室之不懷柔諸侯恃蒙齊桓之臣正也孫毓云案舊本及賈氏皆作壞杜雖不注當謂王室之不傾壞者唯伯舅大公是賴也上文不言桓公不得爲賴桓公也今余命女環環齊靈公名○女音汝環戶關反也茲率舅氏之典纂乃祖考無忝乃舊

敬之哉無廢朕命纂繼也因昏而加襃顯傳言王室不能命有功○晉侯問衛故於中行獻子問衛逐君當討否獻子荀偃○對曰不如因而定之衛有君矣謂剽已立伐之未可以得志而勤諸侯史佚有言曰因重而撫之重不可移就撫安之仲虺有言曰亡者侮之亂者取之推亡固存國之道也仲虺湯左相○虺許鬼反侮亡甫反相息亮反〔疏〕仲虺至道也○正義曰尚書仲虺之誥云兼弱攻昧取亂侮亡推亡固存邦乃其昌孔安國云弱則兼之闇則攻之亂則取之有亡形則侮之有亡道則推而亡之有存道則輔而固之王者如此國乃昌盛此傳取彼之意而改爲之辭其言非本文也○君其定衛以待時乎待其昏亂之時乃伐之○冬會于戚謀定衛也定立剽○范宣子假羽毛於齊而弗歸齊人

始貳析羽爲旌王者遊車之所建鄭私有之因謂之羽毛宣子聞而借觀之○析星歷反【疏】注析羽至觀之○正義曰周禮司常掌九旗之物名全羽爲旞析羽爲旌道車載旞斿車載旌鄭玄云全羽析羽皆五采繫之於旞旌之上所謂注旄於干首也凡九旗之帛皆用絳道車象路也王以朝夕燕出入斿車木路也王以田以鄙是其析羽爲旌王者游車之所建也鄭玄唯言全羽析羽有五采耳猶不辨羽是何羽周禮有夏采之官鄭玄云夏采夏翟羽色禹貢徐州貢夏翟之羽有虞氏以爲緌後世或無故染鳥羽象而用之謂之夏采其職云掌大喪以乘車建綏復于四郊鄭玄云明堂位曰有虞氏之旂夏后氏之綏則旌旗有是綏者或以旄牛尾爲之綴於幢上所謂注旄於干首者釋天云注旄首曰旌李巡曰以旄牛尾著旌首者也孫炎曰析五采羽注旄上也下亦有旒縿緣旐諸文言之則羽旄者有五色鳥羽又有旄牛尾也言全羽析羽者盡有全取其翅或析取其翮皆有全析二名也繫此鳥羽牛尾而於干首亦自別有絳爲旒縿縣之於干今之旗亦尚然也此傳直言羽耳注不引全羽而以析羽解之者以全羽尊於析羽齊人肆以赴會當是羽之賤者故以爲析羽不然則無以知之計羽毛所用貴賤無多晉人自應有之而此年范宣子假羽毛於齊定四年晉

人服羽旄於鄭，皆假之他國者。或當制作巧異，故聞而借觀之。○楚子囊還自伐吳，卒。將死，遺言謂子庚：必城郢。楚徙都郢，未有城郭。公子燮、公子儀因築城爲亂，事未得訖。子囊欲訖而未暇，故遺言見意。○見，賢遍反。君子謂子囊忠。君薨不忘增其名，謂前年謚君爲共。○將死不忘衛社稷，可不謂忠乎？忠，民之望也。詩曰：行歸于周，萬民所望。忠也。詩小雅。忠信爲周，言德行歸於忠信，即爲萬民所瞻望。○行，下孟反，注同。疏行歸于周○正義曰：此詩小雅都人士之篇也。○注云城郭之城曰都，言都人之士所行要歸於忠信，其餘萬民寡識者咸瞻望而法效之。

○經十有五年春，宋公使向戌來聘。二月己亥，及向戌盟于劉。疏十五年及向戌盟于劉。○正義曰：荀庚、孫良夫、郤犨等來聘，且尋盟，皆直云及某盟，不言地者，由在國與之盟也。此言盟于劉者，出國與盟，故書其盟地，猶如晉侯與公出盟于長樗也。釋例

闕蓋魯城之近地也○劉夏逆王后于齊劉采地夏名也天子卿書字劉夏非卿故書名天子無外所命則成故不言逆女

【疏】注劉采至逆女○正義曰宣十年天王使王季子來聘傳稱劉康公是王季子食采於劉遂為劉氏此劉夏當是康公之子即前年傳稱劉定公是也釋例曰天子公卿書爵此言天子卿書字又云劉夏非卿其實非大夫而云非卿者以名相配以劉夏非卿稱名故云天子卿書字以決之傳稱卿不行故云劉夏非卿以對之皆望經傳為義也或以為無爵卿書字杜何意於此獨舉無爵之卿也諸侯之娶言逆女此與桓八年皆言逆王后者天子無外所命則已成后矣故不言逆女也劉炫云劉云天子公卿書爵此言卿書字者以其有爵則書爵無則書字傳稱官師即此劉夏釋例以夏為士則夏此時以未有爵若夏是卿當書字傳言卿不行非禮則此禮本當使卿故以卿決之卿當書字夏非卿故書名卿○夏稱天子大夫書字但此禮不使大夫故不以大夫決之

齊侯伐我北鄙圍成公救成至遇無傳遇魯地書至遇公畏齊不敢至成

季孫宿叔孫豹帥師城成郛備齊故夏城非例所譏

○秋八月丁巳日有食之無傳八月無丁巳丁巳七月一日也日月必有誤

○邾人伐我南鄙○冬十有一月癸亥晉侯周卒四同盟（疏）注四同盟○正義曰周以成十八年即位盟其年盟于虛朾襄三年于雞澤五年于戚九年于戚十一年于亳城北凡五同盟言四者略戲盟公盟也

傳十五年春宋向戌來聘且尋盟報二年豹之聘尋十一年亳之盟見孟獻子尤其室尤責過也曰子有令聞而美其室非所望也對曰我在晉吾兄為之毀之重勞且不敢間傳言獻子友于兄且不隱其實○間音閒重直用反閒閒廁之閒（疏）傳注傳言至其實○正義曰間非也不敢非兄是友于兄也不隱其實者謂恕情實言無所隱諱也故云不隱其實也

○官師從單靖公逆王后于齊卿不行非禮

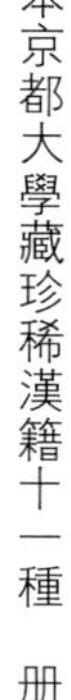

也官師劉夏也天子官師非卿也劉夏獨過魯告昏故不書單靖公天子不親昏使上卿逆而公監之故曰卿不行非禮○過古禾反監工銜反【疏】注官師至非禮○正義曰祭法云官師一廟鄭玄云官師中士下士也釋例云元士中士無名劉夏者尚是也下士稱人公會王人于洮是也是天子之宮師非卿故劉夏位卑靖公而譏卿不行也桓八年祭公來遂逆王后于紀經書祭公此云官師從單靖公唯書劉夏知劉夏獨過魯告昏靖公不至魯也祭公言來遂逆此劉夏不言來遂逆者彼祭公命魯主昏則是因來遂逆此不命魯主昏直過魯告耳故不言來遂也公羊穀梁亦皆直云過我也此公就行矣唯譏卿之不行不譏王不親逆是知於禮天子不親昏使上卿逆而公臨之故唯言卿不行非禮也釋例據此傳知天子當使公卿天子不親逆也

○楚公子午爲令尹代子囊○公子罷戎爲右尹蔿子馮爲大司馬子馮叔敖從子○罷音皮又戶買反蔿于委反馮皮冰反從才用反【疏】注子馮叔敖從子○正義曰案世本蔿艾獵是孫叔敖之兄馮是艾獵之子則爲是叔敖兄之子也杜集解及釋例皆以蔿艾獵叔敖爲一人馮是叔敖之子世本轉寫多誤杜當考得

其公子橐師爲右司馬公子成爲左司馬屈到爲莫敖屈到屈蕩子○橐音託成音城屈居勿反公子追舒爲箴尹追舒莊王子子南○箴之林反屈蕩爲連尹養由基爲宮廄尹以靖國人君子謂楚於是乎能官人官人國之急也能官人則民無覦心無覬覦以求幸○覬徐苦毅反覦羊朱反徐音踰○覬音冀○【疏】屈蕩爲連尹○正義曰服虔云連尹射官言射相連屬也若是主射當使養由基爲之何以使由基爲宮廄尹棄能不用豈得爲能官人也官名臨時所作莫敖之徒並不可解故杜皆不解之詩云嗟我懷人寘彼周行能官人也詩周南也寘置也行列也周徧也詩人嗟歎言我思得賢人置之徧於列位是后妃之志以官人爲急○寘之豉反下同行戶郎反注及下同徧音遍下同【疏】注詩周至爲急○正義曰周南卷耳之篇也序云后妃之志又當輔佐君子求賢審官故詩人述其意后妃嗟

嘆言我思得賢人置之使徧於列位是后妃之志以官人爲急故嗟嘆思之王及公侯伯子男甸采衛大夫各居其列所謂周行也言自王以下諸侯大夫各在其職則是詩人周行之志也甸采衛五服之名也天子所居千里曰圻其外曰侯服次曰甸服次曰男服次曰采服次曰衛服五百里爲一服不言侯男略舉也○圻音祈【疏】王及至行也○正義曰后妃之志志在輔王求賢置之於公卿以下之位耳非欲更別求賢置之於王位也但公卿以下尚欲使之皆賢豈欲王之不賢乎鄭不欲使他賢代王而欲使王行益賢也以周訓爲徧言徧在列位故自王以下及六服之內大夫以上皆言之各以賢能居其列位是詩人所謂周行者也討后妃之意亦下及士但傳以士卑故指言大夫耳詩注以周行謂周之列位此注云周徧者斷章爲義與詩說不同也此云能官人者謂能官用賢人爲公侯以下王則天之所命非人所用兼言王者王居天位將行善政則是爲能官人故杜云自王以下各任其職○鄭尉氏司氏之亂其餘盜在宋亂在十年鄭人以子西伯有子產之故

納賂于宋三子之父皆爲尉氏所殺故以馬四十乘百六十匹乘繩證反下千乘同與師茷師慧樂師也茷慧其名○茷扶廢反徐音伐○二月公孫黑爲質焉公孫黑子皙○質音致皙星歷反司城子罕以堵女父尉翩司齊與之良司臣而逸之賢而放之○女音汝託諸季武子武子寘諸卞子罕以司臣託季氏○卞皮彥反鄭人醢之三人也三人堵女父尉翩司齊○疏鄭人醢之三人○正義曰以文承司臣之下嫌其亦醢司臣故言之三人師慧過宋朝將私焉私小便其相曰朝也相師者○相息亮反注及下同慧曰無人焉相曰朝也何故無人慧曰必無人焉若猶有人豈其以千乘之相易淫樂之矇必無人焉故也千乘相謂子產等也

言不爲子産殺三盜得賂而歸之是重淫樂而輕相國○易以豉反輕也瞍音蒙爲于僞反下文爲之攻之同子罕聞之固請而歸之言子罕能改過○夏齊侯圍成貳於晉故也不畏霸主故敢伐魯於是乎城成郛郛郭也○秋邾人伐我南鄙亦貳於晉故使告于晉晉將爲會以討邾莒十二年十四年莒人伐魯未之討也晉侯有疾乃止冬晉悼公卒遂不克會爲明年會溴梁傳○溴古闃反○鄭公孫夏如晉奔喪子蟜送葬夏子西也言諸侯畏晉故卿共葬○共音恭○宋人或得玉獻諸子罕子罕弗受獻玉者曰以示玉人玉人能治玉者玉人以爲寶也故敢獻之子罕曰我以不貪爲寶爾以玉爲寶若以與我

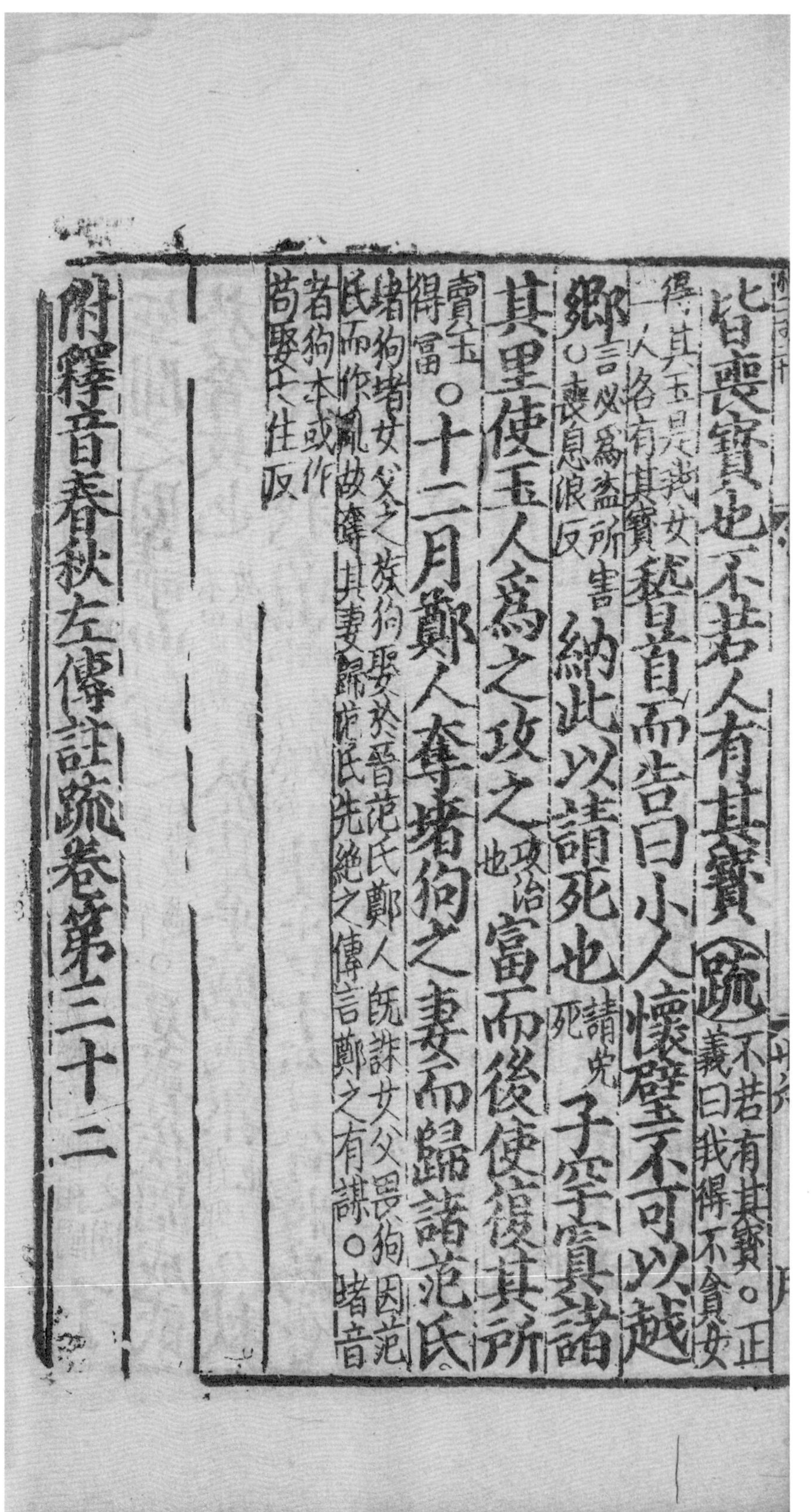

皆喪寶也不若人有其寶〔疏〕不若有其寶○正義曰我得不貪安得其玉是我女一人各有其寶稽首而告曰小人懷璧不可以越鄉言必爲盜所害○喪息浪反納此以請死也請免死子罕寘諸其里使玉人爲之攻之攻治也富而後使復其所賣玉得富○十二月鄭人奪堵狗之妻而歸諸范氏堵狗堵女父之族狗娶於晉范氏鄭人既誅女父畏狗因范氏而作亂故奪其妻歸范氏先絕之傳言鄭之有謀○堵音者狗本或作苟娶七住反

附釋音春秋左傳註疏卷第三十二

附釋音春秋左傳註疏卷第三十三 襄十六年盡十八年

杜氏註　孔穎達疏

經十有六年春王正月葬晉悼公踰月而葬速也[疏]注十六年注踰月而葬速○正義曰四年七月夫人姒氏薨八月葬我小君定姒纔別月杜云踰月而葬速也今晉悼往年十一月卒此年正月葬積三月也杜亦云踰月而葬者踰越也所越有多有少俱是踰越之義故杜以通兩解之○

三月公會晉侯宋公衛侯鄭伯曹伯莒子邾子薛伯杞伯小邾子于湨梁不書高厚逃歸故也湨水出河內軹縣東南至温入河○湨古闃反徐公壁反軹之氏反韋昭音枳[疏]注不書至故也○正義曰傳於會湨梁之下晉侯與諸侯宴乃言高厚逃歸則高厚會訖乃逃也於會不書齊者以高厚逃歸晉人怒之諸侯即有伐齊之志不與高厚得為來會公歸告廟歷告所會不出高厚故不書也

戊寅大夫盟諸大夫本欲盟高厚高厚逃歸故遂

自共盟雖溴上會重序諸侯今此間無異事即上諸侯大夫可知。重直用反（疏）注諸大至可知。正義曰公羊以爲溴梁之盟君若贅旒然穀梁云不曰諸侯之大夫大夫不臣也晉以爲此時諸侯微弱權在大夫諸侯皆在而大夫自盟政教若信在於大夫其事不由君也不曰諸侯之大夫者刺大夫不臣也賈服取以爲說言惡大夫之專而君失權也案傳荀偃恐使諸侯大夫盟高厚以君臣不敵故使大夫盟之君使之盟非自專也以齊人既有二心高厚歌詩不類而小國必有從齊者也諸侯大夫本意欲盟高厚高厚雖已逃歸仍恐餘國有二故大夫盟自共盟使同會之國皆一其志也雖澤之會乃獨表爲鄭會其重言諸侯之大夫今此間無異事直言大夫即是上會諸侯之大夫不言諸侯以可知故也。

晉人執莒子邾子以歸邾莒二國數侵魯又無道於其民故稱人以執不以歸京師非禮也。數所角反（疏）注邾莒至禮也。正義曰十二年莒人伐我東鄙十四年莒人侵我東鄙十五年邾人伐我南鄙是邾莒二國數侵伐魯也此例云君不道於其民則稱人以執之此二國君又皆無道於民故稱人以執之也諸侯不得相治故成十五年晉侯執曹伯僖二十八年晉人執衛侯皆書歸于京師此言以歸乃是自歸晉國故非禮

也○齊侯伐我北鄙無傳齊弍晉故○夏公至自會無傳○

五月甲子地震無傳○叔老會鄭伯晉荀偃衛甯殖宋人伐許荀偃主兵當序鄭上方示叔老可以會鄭伯故荀偃在下疏注荀偃至在下○正義曰春秋之例征伐則主兵者爲先晉大夫爲將諸侯從之亦以主兵爲先僖二十七年楚人陳侯蔡侯鄭伯許男圍宋取其事也但礼卿不會公侯會伯子男可也方示叔老可以會鄭伯故退荀偃於下所以特見此義故發傳云爲夷故也宋大夫於衛稱人而在衛下宋使大夫爲將故也○秋齊侯伐我北鄙圍郕○郕音成○大雩無傳書過○冬叔孫豹如晉

傳十六年春葬晉悼公平公即位平公悼公子彪彪彼糾反○羊舌肸爲傅肸叔向也代士渥濁○肸許乙反向許丈反疏傳羊舌肸爲傅○正義曰成十八年傳士渥濁爲大傅此代士渥濁亦當爲大傅也○宣十六年士會將中軍且爲大傅注云大傅孤卿彼以中軍

之將兼之故知是孤卿也士渥濁以大夫居之今此植代渥濁亦一孝大夫也昭五年傳楚子稱叔向為上大夫明此以上大夫為傳也諸侯之有孤卿猶天子之有三公無人則闕故隨其本官高下而兼攝之也而衛蔑堕不違此意以士渥濁叔向尊皆為卿故為大傅蓋是大夫何得居孤卿之任妄以斷杜於義非也○張君臣為中軍司馬張老子代其父祁奚韓襄欒盈士鞅為公族大夫祁奚去中軍尉為公族大夫去劇爲就間官韓襄無忌子也○間音閑也虞丘書為乘馬御代程鄭○乘繩證反改服脩官烝于曲沃既葬改喪服脩官選賢能曲沃晉祖廟烝冬祭也諸侯五月而葬既葬卒哭作主然後烝嘗於廟今晉踰月葬作主而烝祭傳言晉將有溴梁之會故速葬○烝之承反警守而下會于溴梁順河東行故曰下○警居領反守手又反命歸侵田諸侯相侵取之田○以我故執邾宣公莒犂比公犂比莒子號也十二年十四年莒人侵魯前年邾人伐魯晉將為會討之悼公卒不克會故平公終其事

○犨徐方弘反一音方兮反比音毗注同爲于僞反下文爲夷同 且曰通齊楚之使郳音在齊楚往來道中故并以此責之經書執在大夫盟下既盟而後告○使所吏反○ 晉侯與諸侯宴于溫使諸大夫舞曰歌詩必類歌古詩當使各從義類○類 齊高厚之詩不類齊有二心故○【疏】注齊有二心故○正義曰歌古詩各從其恩好之義類高厚所歌之詩獨不取恩好之義類故云齊有二心劉炫云歌詩不類知有二心者不服晉故違其令違其令是有二心也 荀偃怒且曰諸侯有異志矣使諸大夫盟高厚高厚逃歸齊爲大國高厚若此知小國必當有從者【疏】注齊爲至從者○正義曰荀偃不言齊有異志而云諸侯有異志故解之以高厚若此故知小國必當有從者總疑諸侯有異志不獨疑齊故高厚雖逃猶曰諸國共盟也 於是叔孫豹晉荀偃宋向戌衛甯殖鄭公孫蠆小邾之大夫盟曰同討不庭

自曹以下大夫不書故傳舉小邾以包之○向舒亮反戊音恤蠆勑邁反○許男請遷于晉
許欲叛楚諸侯遂遷許許大夫不可晉人歸諸侯唯以
其師討許之不肯遷鄭子蟜聞將伐許遂相鄭伯以從諸
侯之師鄭與許有宿怨故其君親行○蟜居表反相息亮反穆叔從公從公歸○從才
用反又如字注同齊子帥師會晉荀偃書曰會鄭伯爲
夷故也夷平也春秋於魯事所記不與外事同者客主之言所以爲文固當異也魯卿每會公侯春秋無譏
故於此示例不先書主兵之荀偃而書後至之鄭伯時皆諸侯大夫義取皆平故得會鄭伯○【疏】注夷平至鄭伯
○正義曰春秋於魯事所記不與外事同者於外則依實而言於魯則言不以實不實者魯國大小是宋衛之匹其常會
序列當在宋下衛上及其書策皆云公會某侯雖會霸主亦魯在其上大夫出會魯亦在先如此者客主之言所以爲文
其言固當有異耳以主客之故先魯而後他國魯非實在先也傳稱在禮卿不會公侯而魯卿每會公侯春秋無譏文元

年公孫敖會晉侯于戚是也杜云依例已舉據用舊典成文是春秋無譏既常不譏無以示可否之義故於此變文以示例特言書曰是仲尼新意舊史當書荀偃在前今仲尼改之不先書主兵之荀偃而書後至之鄭伯以當時共伐許諸皆是諸侯之大夫義取與鄭伯尊卑皆平得會鄭伯故也言後至之鄭伯者三月會于溴梁夏公至自會則鄭伯亦已歸矣五月之下始書伐許鄭伯聞將伐許乃從諸侯之師是諸侯謀伐已定鄭伯始來從之故杜言後至也

夏六月次于棫林庚寅伐許次于函氏棫林函氏皆許地○棫為逼反徐于目反函音咸之○晉荀偃欒黶帥師伐楚以報宋揚梁之役晉師獨進揚梁役在十二年○黶於斬反楚公子格帥師及晉師戰于湛阪襄城昆陽縣北有湛水東入汝○格古核反湛而林反徐又丈林反一音直斬反阪音反徐或扶板反楚師敗績晉師遂侵方城之外不言不告復伐許而還許未遷故○復扶又反○秋齊侯圍郕郕魯孟氏

邑弍晉故伐魯孟孺子速徼之○孟獻子之子莊子速也徼要也○孺本作獳如住反速本亦作
遫音同徼古堯反要一遙反齊侯曰是好勇去之以爲之名
速遂塞海陘而還海陘魯隘道○好呼報反陘音刑徐古定反隘於懈反○冬
穆叔如晉聘且言齊故言齊再伐魯晉人曰以寡君
之未禘祀禘祀三年喪畢之吉祭○禘大計反【疏】注禘祀至吉祭○正義曰僖三十三年傳
云凡君薨卒哭而祔祔而作主特祀於主烝嘗禘於廟如彼
傳文則既祔之後可以爲烝嘗也閔二年五月吉禘于莊公
以其時未可吉書吉以譏之此年正月晉已烝于曲
沃仍云未得禘祀知其禘祀是三年喪畢之吉祭也與民
之未息新伐許及楚不然不敢忘穆叔曰以齊人之
朝夕釋憾於敝邑之地是以大請敝邑之急
朝不及夕引領西望曰庶幾乎庶幾晉來救○朝夕如字下同惑本

亦作感户暗反比執事之間恐無及也見中行獻子賦圻父圻父詩小雅周司馬掌封畿之兵甲故謂之圻父詩人責圻父爲王爪牙不脩其職使百姓受困苦之憂而無所止居○比必利反間音閑行户郎反圻其依反父音甫注同【疏】圻父○正義曰此詩小雅篇刺宣王也云圻父予王之爪牙胡轉予于恤靡所止居注云宣王之末司馬職廢此勇力之士責司馬云我乃王之爪牙之士當爲王閑守之衛女何移我於憂使我無所止居乎謂見使從軍與姜戎戰于千畝而敗之時也獻子曰偃知罪矣敢不從執事以同恤社稷而使魯及此及此憂見范宣子賦鴻鴈之卒章鴻鴈詩小雅卒章曰鴻鴈于飛哀鳴嗸嗸唯此哲人謂我劬勞言魯憂困嗸嗸然若鴻鴈之失所大曰鴻小曰鴈○嗸五刀反劬求于反宣子曰匄在此敢使魯無鳩乎鳩集也○匄古害反鳩居牛反【疏】注鳩集也○正義曰釋詁云鳩聚也聚亦集之義國有兵寇則民人不得集聚也

經十有七年春王二月庚午邾子牼卒無傳宣公也四同盟。牼苦耕反又戶耕反（疏）十七年注宣公也四同盟。正義曰經不書葬故詳言其謚牼以成十八年即位其年盟于虗朾襄三年于雞澤五年于戚九年于戲十一年于亳城北十六年于溴梁皆魯邾俱在凡六同盟沈氏云去虗朾之盟又不數溴梁故為四刘炫以為杜氏誤非也。宋人伐陳。夏衛石買帥師伐曹買石僂子。秋齊侯伐我北鄙圍桃。高厚帥師伐我北鄙圍防弁縣東南有桃虛。虛起居反。九月大雩無傳書過。宋華臣出奔陳暴亂宗室懼而出奔實以冬出書秋者以始作亂時來告〇華戶化反（疏）注暴亂至來告。正義曰傳說此事文在冬不知其實以冬出經書在秋故知追以秋告實冬出而告以秋明以華臣始作亂時來告也但傳因華臣之出本其懼罪之由故於冬之下追言華閱卒耳其實華閱之卒或在九月之前華臣弱其室殺其宰不在九月內耳。冬邾人伐我南鄙傳十一年春宋莊朝伐陳獲司徒卬卑宋也司徒卬陳大夫卑宋不設備○朝如字凡人名字皆放此卬五郎反注同○衛孫蒯田于曹隧越意而獵孫蒯林父之子○蒯苦怪反隧音遂竟音境飲馬于重丘重丘曹邑○飲於鴆反重直龍反○毀其瓶重丘人閉門而詢之詢罵也○瓶步經反詢呼豆反罵馬嫁反曰親逐而君爾父為厲厲惡鬼林父逐君在十四年○

【疏】傳親逐至為厲○正義曰蒯與其父共逐其君則是身親為惡故言親逐而君爾父為厲者父為惡首故以惡罵罵之○

是之不憂而何以田為夏衛石買孫蒯伐曹取重丘孫蒯不書非卿

【疏】注孫蒯不書非卿○正義曰經書他國征伐例書元帥而已此經已書石買縱蒯是卿亦不書杜為此注者蘇氏云孫氏世為上卿蒯若是上卿應書蒯不書石買故云非卿也或可事由孫蒯故決之

曹人愬于晉為明年晉人執石買傳○愬悉路反齊人以

襄東 校　林重校

其未得志于我故（前年圍成臣孟孺子）秋齊侯伐我北鄙圍桃高厚圍臧紇于防（防臧紇邑○紇根發反也）師自陽關逆臧孫至于旅松（陽關在泰山鉅平縣東旅松近防地也魯師畏齊不敢至防○近附近之近下居近同○）郰叔紇臧疇臧賈帥甲三百宵犯齊師送之而復（郰叔紇叔梁紇臧疇臧賈臧紇之昆弟也三子與臧紇共在防故夜送臧紇於旅松而復還守防○郰側留反復還扶又反○）齊師去之（失臧紇故）齊人獲臧堅（堅臧紇之族○）齊侯使夙沙衛唁之且曰無死（使無自殺○唁音彥）堅稽首曰拜命之辱抑君賜不終姑又使其刑臣禮於士以杙抉其傷而死（言使賤人來唁己是惠賜不終也夙沙衛奄人故謂之刑臣○杙羊職反抉烏穴反徐又古穴反傷如字一本作湯音羊）

【疏】君賜不終

正義曰來啗是君之恩賜使賤者啗是爲惠不終也服虔云言君義已然來啗之是惠賜也謂已無死不以義望已是不終也○冬邾人伐我南鄙爲齊故也齊未得志於魯故邾助之○爲于僞反○宋華閱卒華臣弱皋比之室臣閱之弟皋比閱之子弱侵易之○比音毗易以豉反使賊殺其宰華吳賊六人以鈹殺諸盧門合左師之後盧門宋城門合向戌邑後屋後○鈹普皮反左師懼曰老夫無罪賊曰皋比私有討於吳遂幽其妻曰畀余而大璧畀與也○畀必利反注同宋公聞之曰臣也不唯其宗室是暴大亂宋國之政必逐之左師曰臣也亦卿也大臣不順國之恥也不如蓋之乃舍之左師爲己短策苟過華臣之

門以騁惡之○騁敕領反惡烏路反年末注同〔疏〕不如盍之○正義曰服虔云盍覆盍之言左師經庭爲鶴之志而盍不義之人故尤之此未必然正是左師諱國惡聞於外故盍之耳非畏華臣也○爲己短策○正義曰服虔云策馬捶也自爲短策過華臣之門助御者擊馬而馳惡之甚也必爲短策者私助御者不欲使人知也十一月甲午國人逐瘈狗瘈狗入於華臣氏國人從之華臣懼遂奔陳華臣心不自安見逐狗而驚走○瘈徐居世反一音制字林作狾九世反狂犬也○宋皇國父爲大宰爲平公築臺妨於農功周十一月今九月收斂時○大音泰後放此爲平于僞反妨音芳收如字又手又反子罕請俟農功之畢公弗許築者謳曰澤門之皙實興我役澤門宋東城南門也皇國父白皙而居近澤門○謳烏侯反澤門本或作臯門者誤之皙星歷反徐思益反邑中之黔實慰我心子罕黑色而居邑中○黔徐音琴一音其

康反子罕聞之親執扑扑，普卜反。以行築者而抶其不勉者曰吾儕小人皆有闔廬以辟燥溼寒暑闔謂門戶閉塞。○行，下孟反。抶，音恥乙反。儕，仕皆反。闔，戶臘反。廬，力居反。(疏)注闔謂門戶閉塞。○正義曰：月令仲春脩闔扇，鄭玄云：用木曰闔，用竹葦曰扇。是闔爲門扇，所以閉塞；廬爲舍之門戶也。今君爲一臺而不速成何以爲役役事也。謳者乃止或問其故子罕曰宋國區區而有詛有祝禍之本也傳言子罕分謗。○區，丘于反。詛，莊慮反。祝，之又反。○齊晏桓子卒晏嬰父也。晏嬰麤縗斬斬不緝之也。縗在胸前。麤，三升布。○麤，本又作麤。縗，本又作衰，七雷反。注同。緝，七入反。○(疏)注斬不至升布。○正義曰：喪服斬衰裳傳曰：斬者何？不緝也。馬融云：不緝，不纏也。謂斬布用之，不纏其端也。衰用布爲之，廣四寸，長六寸，當心，故云在胸前也。喪服傳曰：衰三升。鄭玄云：布八十縷爲升。然則傳以三升之布，布之最麤故謂之麤也以麤布爲衰而斬之故以麤縗斬爲之次苴絰帶杖菅屨苴麻之有子者取甚麤也杖竹杖菅屨草屨○苴七余反絰直結反以苴麻爲絰及帶杖禮記云苴杖竹也菅古顏反屨九具反（疏）苴絰帶杖菅屨○正義曰喪服云苴絰杖絞帶此傳帶不言絞亦當爲絞帶也若要帶則謂之絰故喪服注云麻在首在要皆曰絰喪服傳曰苴絰者麻之有蕡者也杖竹杖也絞帶者繩帶也馬融云蕡者枲實枲麻之有子者其色麤惡故用之苴者麻之色鄭玄士喪禮注云苴麻者其貌苴服重者尚麤惡喪服及此傳絰帶杖三者皆在苴下言其色皆苴也絰帶用麻杖用竹麻竹雖異而其苴則同故云三者共象苴也鄭玄云麻在首在要皆曰絰此言絰者謂首絰也凡喪服冠纓帶屨皆象吉時常服但變之使麤惡耳其衰與絰是新造以明義故特爲立其名衰之言摧也絰之言實也明孝子之心實摧痛故制此服立此名也衰當心絰在首獨立名於心首者心是發哀之主首是四體所先故制服以表之要絰之下又有絞帶絰殺首絰五分之一絞帶殺要絰亦然雖大小有三等而同用苴麻喪服杖在帶上此傳杖在帶下者喪服具明其服故杖在上然後言絞帶冠繩纓此傳略言其礼欲明帶與絰俱用麻故杖在帶下喪服傳云菅屨者菅菲也菲者

寢之別名故杜注云草寢也

食鬻居倚廬寢苫枕草此礼與士喪禮略同其異唯枕草耳然枕凵亦非喪服正文○鬻之六反一音羊六反謂朝一溢米暮一溢米倚於綺反廬倚東牆而爲之故曰倚廬苫始廉反編草也枕之鴆反注同疏注此禮與王儉云夏枕凵冬枕草苫音占塊苦對反一音苦怪反

士喪禮至正文○正義曰喪服傳文及士喪禮記皆云居倚廬寢苫枕凵歠粥朝一溢米夕一溢米是此禮與士喪禮畧同其異者唯彼言枕凵此言枕草耳然枕凵者乃是禮記及喪服傳耳亦非喪服正文杜意言古禮未必無枕草之法也居倚廬寢苫者鄭玄云同木爲廬在中門外東方北戶苫編稾生此初喪爲然其既虞之後則每事有變具於禮文鄭玄云二十兩曰溢爲米一升二十四分升之一然者古者一斛百二十斤一斗十二斤十二斤百九十二兩一升十九兩二分少八分未充二十兩更取一升分作百九十二分二十四分取一得八分添前十九兩二分是爲二十兩也其

老曰非大夫之禮也詩之所行士及大夫縗服各有不同晏子爲大夫而行士禮其家臣不解故譏之疏注時之至譏之○正義曰雜記云大夫爲○解音蟹也其父母兄弟之未爲大夫者之喪服如士

服士爲其父母兄弟之爲大夫者之喪服如士服如彼記文
則大夫與士喪服不同記是後人所記記當時之事今此晏
子之老亦譏晏子所爲非大夫之禮是時之所行士及大夫
喪服各有不同也晏子實爲大夫而行當時之士禮晏子反
時以從正其家老不解謂晏子爲失故據時所行而譏之也
晏子其父始卒則晏子未爲大夫言晏子爲大夫者禮喪服
大夫之子行從大夫之法 曰唯卿爲大夫 晏子惡直己以斥時失禮故孫辭畧荅家老○
【疏】注晏子至家老○正義曰檀弓云魯穆公之母卒使人
問於曾申曾申對曰哭泣之哀齊斬之情饘粥之食自
天子達然則天子以下其服父母尊卑皆同無大夫士之異
晏子所行是正禮也言唯卿得服大夫服我是大夫得服士
服又言己位卑不得從大夫之法者是惡其直己以斥時之
失禮故孫辭畧荅家老也家語曾子問此事孔子云晏平仲
可謂能辟害也不以己是而駮人之非孫辭以辟咎義也夫
家語雖未必是孔子之言要其辭合理故王肅與杜皆爲此
說鄭玄註雜記引此傳言晏子云唯卿爲大夫此平仲之謙
也言喪服服布縷衰斬衰三升義服斬衰三升半爲母服齊
衰四升正服齊衰五升義服齊服六升降服大功七升正服
大功八升義服大功九升降服小功十升正服小功十一升

義服小功十二升緦麻十五升去其半鄭注雜記云士爲父斬衰縷如三升半而三升不緝言縷之精麤如三升半成布而縷三升故云縷衰在齊斬之間鄭又云士爲母衰五升縷而四升爲兄弟衰六升縷而五升鄭玄以雜記之文士爲父母兄弟之服不得與大夫同皆縷細降一等其縷數與大夫同但雜記之文記當時之亂以當時大夫與士有異數爲此解非杜義也

經十有八年春白狄來不言朝不能行朝禮○夏晉人執衛行人石買石買即是伐曹者宜即懲治本罪而晉因其爲行人之使執之故書行人以罪晉。○使所吏反○秋齊師伐我北鄙不書齊侯齊侯不入竟○竟音境○冬十月公會晉侯宋公衛侯鄭伯曹伯莒子邾子滕子薛伯杞伯小邾子同圍齊齊數行不義諸侯同心俱圍之○數所角反曹伯負芻卒于師無傳禮當與許男同三同盟○芻初俱反【疏】十八年往禮當至同盟○正義曰僖四年許男新臣卒傳曰葬之以侯禮也凡諸侯薨于朝會加一等諸侯命有三等男加一等葬之以侯禮此曹是伯爵與許男同當葬以公禮也彼許男之卒不書于師此言卒于師者釋例曰若卒于朝會或書師或書地者史之成文非義例所存也貢獻以成十四年即位十五年盟于戚十七年于柯陵襄五年于戚九年于戲十一年于亳城北十六年于溴梁凡六同盟不數成公之盟溴梁是大夫去之是爲三盟劉炫以杜爲誤非也○楚公子午帥師伐鄭

傳十八年春白狄始來白狄狄之別名未嘗與晉接故曰始○夏晉人執衛行人石買于長子執孫蒯于純留長子純留二縣今皆屬上黨郡孫蒯不書父在位蒯非卿○長丁丈反或如字純徒溫反或如字地理志作屯爲曹故也前年衛伐曹○爲于僞反○秋齊侯伐我北鄙中行獻子將伐齊夢與厲公訟弗勝厲公獻子所弑者○弑申志反公

以戈擊之首隊於前跪而戴之奉之以走見梗陽之巫皋梗陽晉邑在太原晉陽縣南皋巫名也夢見之○隊直位反跪其委反奉芳勇反梗古杏反皋古刀反他日見諸道與之言同巫亦夢見獻子與厲公訟巫曰今茲主必死若有事於東方則可以逞巫知獻子有疾故勸使快意伐齊獻子許諾晉侯伐齊將濟河獻子以朱絲係玉二瑴雙玉曰瑴○瑴古學反而禱曰齊環怙恃其險負其衆庶環齊靈公名負依也○禱丁老反一名丁報反怙音戶棄好背盟陵虐神主神主民也謂數伐魯殘民人○好呼報反背音佩數所角反曾臣彪將率諸侯以討焉彪晉平公名稱臣者明上有天子以謙告神曾臣猶末臣

疏傳注彪晉至末臣○正義曰王制云五嶽視三公四瀆視諸侯則諸侯於河神其辭不得無稱臣故謙其意稱臣

者以明上有天子言己是天子之臣以謙告神也曾祖曾孫
者曾為重義諸侯之於天子無所可重曾臣猶末臣謙辭之
意耳 其官臣偃實先後之 守官之臣偃獻子名○先悉薦反後戶豆反守手又
反又如字 苟捷有功無作神羞 羞恥也 官臣偃無敢
復濟 偃信不言故以死自誓○復扶又反下注復濟同 唯爾有神裁之沈
玉而濟○冬十月會于魯濟尋湨梁之言同
伐齊 湨梁在十六年盟曰同討不庭○沈音鴆或如字濟子禮反 齊侯禦諸平
陰塹防門而守之廣里 平陰城在濟北盧縣東北其城南有防防有門於門外作
塹橫行廣一里故經書圍○禦魚呂反塹七豔反廣古曠反注同 疏 注平陰至書圍○正義曰平陰城南有防
者形猶在杜觀其跡而知之也言塹防門而守之明是郭人自於門外作塹以周之故也平陰齊邑而言圍齊者就氏兵
君在故稱圍劉炫云案下傳范鞅門于雍門又門于揚門州綽門于東閭既門其三門即是圍事杜何知不以門于三門

為圍必以禦諸平陰為圍乎今刪定知不然者案上九年諸侯伐鄭傳稱門其三門而經不稱圍則攻門非圍也此傳云塹防門而守之則是諸圍之道劉以門其三門為圍而規杜氏非也夙沙衛曰不能戰莫如守險謂防門不足為險弗聽諸侯之士門焉齊人多死范宣子告析文子析文子齊大夫子家〇析星歷反曰吾知子敢匿情乎魯人莒人皆請以車千乘自其鄉入既許之矣若入君必失國子盍圖之子家以告公公恐晏嬰聞之曰君固無勇而又聞是弗能久矣不能久敵晉〇匿女力反乘繩證反盍戶臘反恐曲勇反齊侯登巫山以望晉師巫山在盧縣東北晉人使司馬斥山澤之險雖所不至必旆而疏陳之斥候也旆建旗以

爲陳示衆也○斥音尺一音昌
疑反旆步蓋反陳直覲反注同
使乘車者左實右偽
以旆先偽以衣服爲人形
也建旆以先驅
輿曳柴而從之以揚塵
齊侯見之畏其衆也乃脫歸脫不張旗幟○脫勑活
反注同一音他括反幟
昌志反一
音尺志反
丙寅晦齊師夜遁師曠告晉侯曰鳥
烏之聲樂齊師其遁烏烏得空營故樂也○
遁徒困反樂音洛注同
邢伯
告中行伯邢伯晉大夫邢侯
也中行伯獻子
曰有班馬之聲夜
遁
馬不相見故鳴班
別也○別彼列反
齊師其遁叔向告晉侯曰城
上有烏齊師其遁十一月丁卯朔入平陰遂
從齊師夙沙衛連大車以塞隧而殿出衛所欲
守險○連
大並如字隧者遂道也
殿都練反下及注同
殖綽郭最曰子殿國師齊

之辱也（衛人殿師，故以爲辱。○㝡，徐子會反）子姑先乎！乃代之殿。衛殺馬於隘以塞道。（恨二子，故塞其道，欲使晉得之。○隘，於懈反）晉州綽及之，射殖綽，中肩，兩矢夾脰，（脰，頸也。○射，食亦反，下注同。中，丁仲反。夾，古洽反，或古協反。脰音豆）【疏】注"脰，頸也"。○正義曰：《説文》云："脰，項也。"《考工記》云："以脰鳴者。"又曰："大體短脰。"數目顧脰。《公羊傳》稱宋萬搏閔公，絶其脰。鄭玄、何休注以脰爲頸。頸之與項，亦一物也。曰："止，將爲三軍獲；不止，將取其衷。"（不止，復欲射兩矢中央。○衷音忠）顧曰："爲私誓。"州綽曰："有如日！"（言必不殺女，明如日。○女音汝）乃弛弓而自後縛之。（反縛之。○弛，式氏反，本又作㢮，音同）其右具丙（州綽之右）亦舍兵而縛郭最，皆衿甲面縛，（衿甲，不解甲。○舍音捨。衿，其鴆反）【疏】"乃弛弓"。○正義曰：下云"其右具丙亦舍兵"，則此是州綽弛弓也。坐于中軍之鼓下。晉人欲遂歸者曾衛請攻險險周城守者○守手又反己卯荀偃士匄以中軍克京茲在平陰城東南乙酉魏絳欒盈以下軍克邿欒黶黑死其子盈佐下軍平陰西有邿山邿音詩趙武韓起以上軍圍盧弗克十二月戊戌及秦周伐雍門之萩秦周魯大夫趙武及之共伐萩也雍門齊城門○雍於用反萩音秋本又作楸范鞅門于雍門其御追喜以戈殺犬于門中殺犬示閒暇○閒音閑孟莊子斬其橁以爲公琴莊子孺子速也橁木名○橁敕倫反又相倫反己亥焚雍門及西郭南郭劉難士弱率諸侯之師焚申池之竹木二子晉大夫○難乃多反又如字壬寅焚東郭北郭范鞅門于揚門齊西門州綽門于東

闔（齊東門）左驂迫還于東門中，以枚數闔（枚，馬檛也。闔，門扇也。數其枚，示不恐。○驂，七南反。迫音百。還音旋，一音患。枚，每回反。數，所主反，注同。闔，戶臘反。檛，陟瓜反。恐，曲勇反。）

齊侯駕，將走郵棠（郵棠，齊邑。○郵音尤。）大子與郭榮扣馬（大子，光也。榮，齊大夫。○扣音口。）曰：「師速而疾，略也（言欲略行其地，無久攻意。○行，下孟反。）將退矣，君何懼焉？且社稷之主不可以輕，輕則失衆。君必待之。」將犯之，大子抽劍斷鞅，乃止。甲辰，東侵及濰，南及沂（濰水在東莞東北，至北海都昌縣入海。沂水出東莞蓋縣，至下邳入泗。○輕，遣政反，下同。斷音短。濰本又作維，音同。沂，魚依反。莞音官。蓋，古害反。邳，蒲悲反。泗音四。）

○鄭子孔欲去諸大夫（欲專權。○去，起呂反，下同。）將叛晉而起楚師以去之，使告子庚，子庚弗許（子庚，楚令尹公子午。）楚子聞之使楊豚尹宜告子庚曰國人謂不穀主社稷而不出師死不從禮（不能承先君之業死將不能先君之禮○）豚（徒門反）不穀即位於今五年師徒不出人其以不穀爲自逸而忘先君之業矣（謂已未嘗統師自出）大夫圖之其若之何子庚歎曰君王其謂午懷安乎吾以利社稷也見使者稽首而對曰諸侯方睦於晉臣請嘗之（嘗試其難易也○使所吏反易以豉反）若可君而繼之不可收師而退可以無害君亦無辱子庚帥師治兵於汾（襄城縣東北有汾丘城○汾扶云反）於是子蟜伯有子張從鄭伯伐齊（子張公孫黑肱）子孔子展

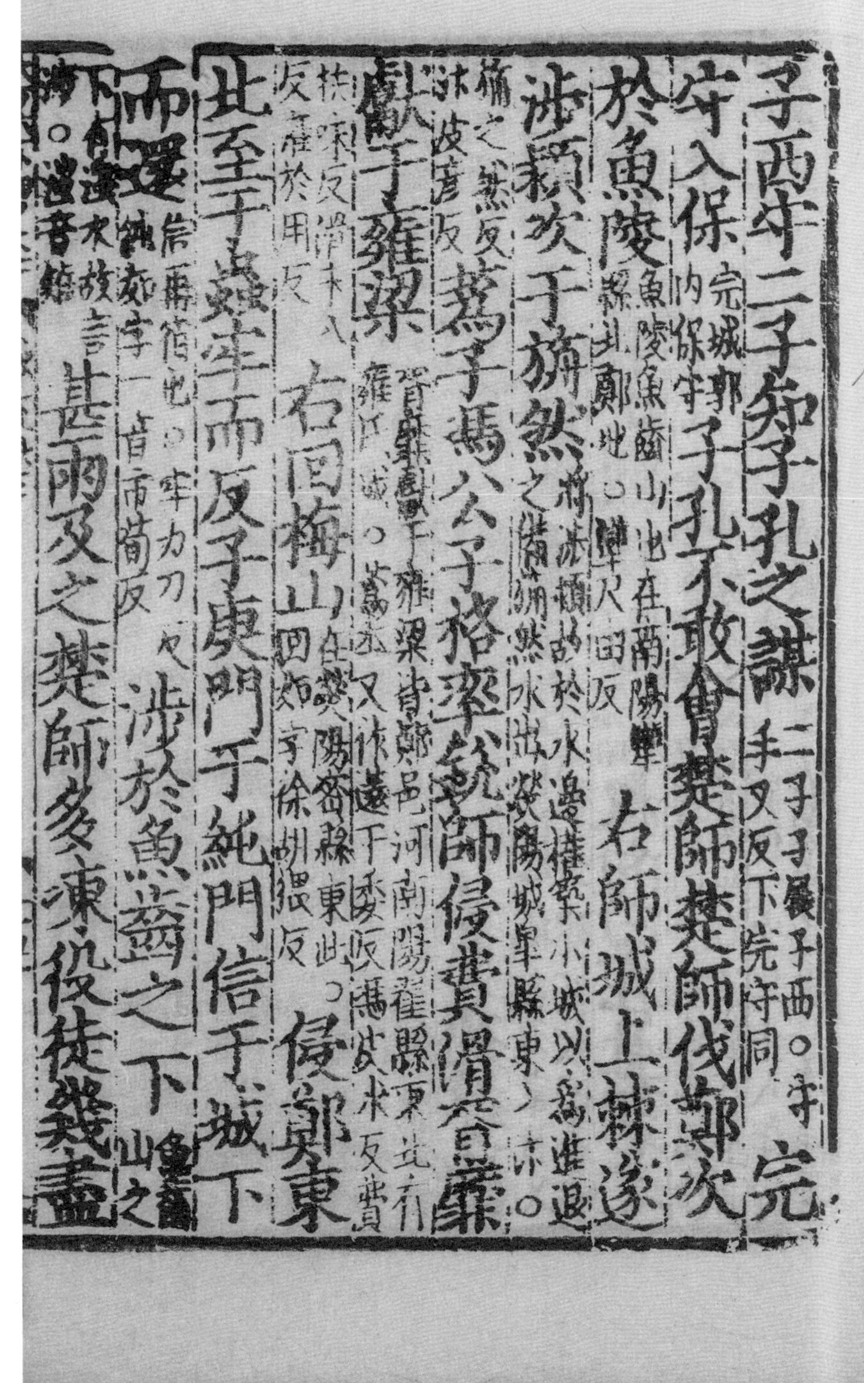

子西守。二子知子孔之謀，二子，子展、子西。○守，手又反，下完守同。完守入保。完城郭，內保守。子孔不敢會楚師。楚師伐鄭，次於魚陵。魚陵，魚齒山也，在南陽犨縣北，鄭地。○犨，尺由反。右師城上棘，遂涉潁，次于旃然。將涉潁，故於水邊權築小城以為進退。旃然，水出滎陽成皋縣東，入汴。○旃，之然反。汴，皮彥反。蔿子馮、公子格率銳師侵費滑、胥靡、獻于、雍梁，費滑、胥靡、獻于、雍梁皆鄭邑。河南陽翟縣東北有雍氏城。○蔿，于委反，又作遠，下委反。馮，皮冰反。費，扶味反。滑，乎八反。雍，於用反。右回梅山，在滎陽密縣東北。○回，如字，徐胡猥反。侵鄭東北，至于蟲牢而反。子庚門于純門，信于城下而還。信，再宿也。○牢，力刀反。還，如字，一音而尚反。涉於魚齒之下，魚齒山之下有滍水，故言涉。○滍，音雉。甚雨及之，楚師多凍，役徒幾盡。

晉人聞有楚師師曠曰不害吾驟歌北風又歌南風南風不競歌者吹律以詠八風南風音微故曰不競也師曠唯歌南北風者聽晉楚之強弱○凍丁弄反幾音祈驟仕救反疏甚雨及之○正義曰楚師南行有大雨從北而南遂及楚師○注歌者至彊弱○正義曰律呂雖有十二其風有八八風者乾風不周坎風廣莫艮風調震風明庶巽風清明離風景坤風涼兌風閶闔八方之風風別先有一音曲總吹律呂以詠八方音曲合師曠以律呂歌南風音曲南風音微不與律聲相應故云不競服虔以爲卯酉以北律呂爲北風以南爲南風與杜八風義違非杜義也多死聲楚必無功董叔曰天道多在西北歲在豕韋月又建亥故曰多在西北南師不時必無功不時謂觸歲月叔向曰在其君之德也言天時地利不如人和疏多死聲○正義曰服虔云南風律氣不至故聲多死○注歲在至西北○正義曰歲君右行於天大率一歲行一次二十八年歲在星紀距此十一年卻而數之此年在豕韋豕韋一名娵訾

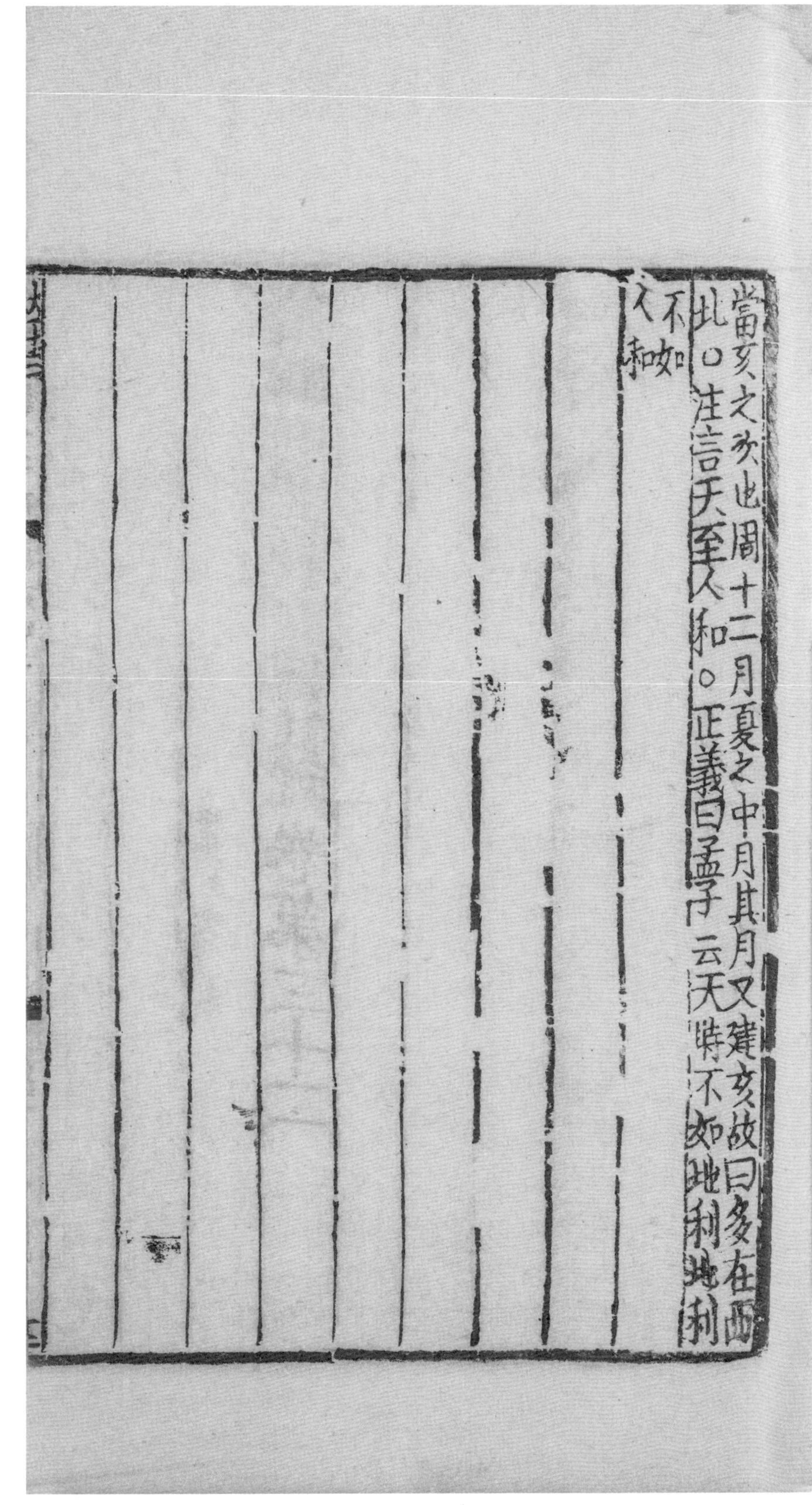
當亥之次也周十二月夏之中月其月又建亥故曰多在西
北○注言天至人和○正義曰孟子云天時不如地利地利
不如人和

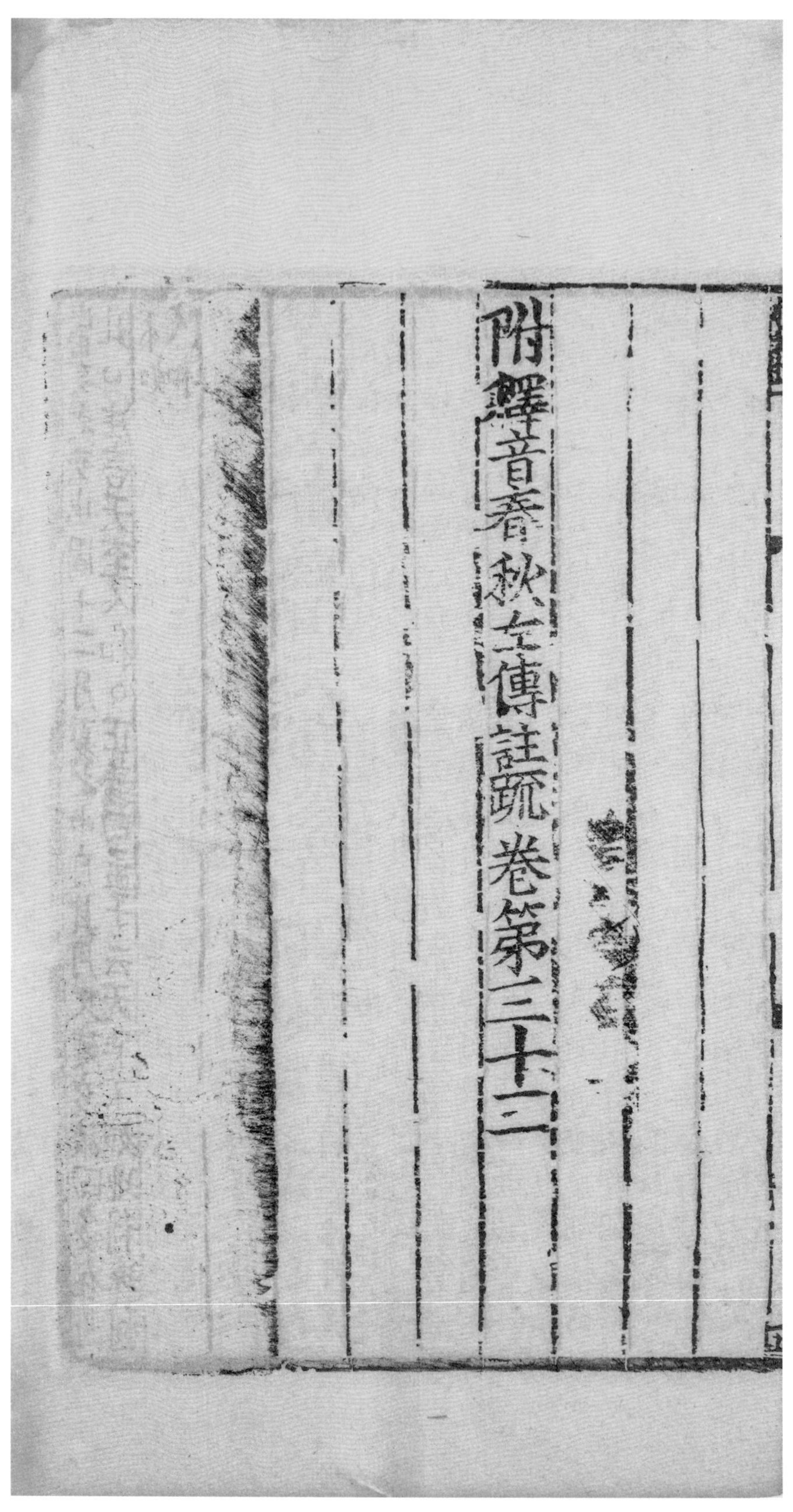

附釋音春秋左傳註疏卷第三十二